概説

中国史

上　古代—中世

冨谷 至・森田憲司 編

昭和堂

刊行にあたって

2005年に昭和堂から故愛宕元先生を編集主幹として出版した『中国の歴史』上・下は、大変好評を博した。

ただ、初版から10年以上が経ち、新しい発見、学説、解釈が、その後発表されたことから、このたび、新しい教科書、一般概説書を編集して出版することとした。

執筆担当者は、現在第一線で活躍し、当該分野を代表する研究者に新しくお願いした。かかる執筆者の布陣がそろったこと、編者はいささか誇りに思っている。それは、この書のレベルの高さを物語るものだと自負するからに他ならない。

各章の内容は、決して独自の新説、大胆な仮説を述べているものではない。今日学界で認められている考えから逸脱することなく、堅実で、しかし歴史を見る観点、時代の分析は執筆者独自の考えが盛り込まれている。

本書の役割のひとつは、大学における中国史の講義に使用する教科書としてのものであるが、それだけではなく、悠久の中国の歴史を俯瞰する概説書として、一般の読者にも利用してもらいたい。いったい、教科書、参考書は何かを調べるために必要な箇所だけを読むというのが一般であろう。しかし、読者にはどうか本書を最初から最後まで通して読んでいただきたい。通読された後には、かならずや中国史に対する知見が広がるだけでなく、世界史、さらには現代の社会に対して自分の考えが期せずして深まっていることに気づかれるであろう。

さらに10年先を視野に入れて、『概説中国史』上・下をここに提供する。

2015年初秋

編者

概説中国史　上　古代—中世　目次

刊行にあたって …………………………………………………………… i

総論 ……………………………………………………………… 冨谷至　1

1 …漢字の効用 …………………………………………………………… 3
2 …漢文と支配階級 ……………………………………………………… 6
3 …書物と学問 …………………………………………………………… 10
4 …中国・中華思想 ……………………………………………………… 13

先秦 ……………………………………………………………… 吉本道雅　19

1 …先史時代 ……………………………………………………………… 21
　1）旧石器時代 …………………………………………………………… 21
　2）新石器時代 …………………………………………………………… 22
　3）二里頭文化 …………………………………………………………… 24
2 …殷 ……………………………………………………………………… 26
　1）殷前・中期 …………………………………………………………… 26
　2）殷後期 ………………………………………………………………… 27
　　コラム 三星堆文化と『華陽国志』 ………………………………… 32
3 …西周 …………………………………………………………………… 33
　1）西周前期 ……………………………………………………………… 33
　2）西周中・後期 ………………………………………………………… 38
4 …春秋 …………………………………………………………………… 40
　1）東遷期 ………………………………………………………………… 40
　2）春秋前期 ……………………………………………………………… 42
　3）春秋中期 ……………………………………………………………… 43
　4）春秋後期 ……………………………………………………………… 47
5 …戦国 …………………………………………………………………… 48
　1）戦国前期 ……………………………………………………………… 48
　2）戦国中期 ……………………………………………………………… 50
　　コラム 新出戦国楚簡 ………………………………………………… 54
　3）戦国後期 ……………………………………………………………… 55

秦・漢 …………………………………………………………… 鷹取祐司　59

1 …秦の統一 ……………………………………………………………… 61
　1）始皇帝の統一政策 …………………………………………………… 61
　2）全国巡幸 ……………………………………………………………… 62

３）対外戦争 ……………………………………………………………… 64

　４）焚書坑儒 ……………………………………………………………… 65

　５）秦帝国の崩壊 ………………………………………………………… 67

2…漢帝国の統治 …………………………………………………………… 69

　１）漢王朝の成立と異姓諸侯王 ………………………………………… 69

　２）呂后の臨朝称制 ……………………………………………………… 72

　３）漢帝国の統治体制 …………………………………………………… 73

　　コラム 秦漢時代の役人生活 ………………………………………… 76

　４）諸侯王対策 …………………………………………………………… 78

3…武帝の時代 ……………………………………………………………… 80

　１）武帝の登場 …………………………………………………………… 80

　２）対外積極政策 ………………………………………………………… 80

　３）経済政策 ……………………………………………………………… 85

　４）官吏登用制度の整備と酷吏の活用 ………………………………… 87

　５）祭祀制度の整備と方士 ……………………………………………… 90

　６）巫蠱の乱と武帝の死 ………………………………………………… 92

4…霍光から王莽へ──前漢後半期 ……………………………………… 94

　１）霍光政権 ……………………………………………………………… 94

　２）宣帝・元帝・成帝の治世 …………………………………………… 97

　３）宦官と外戚の進出 ………………………………………………… 100

5…王莽政権 ……………………………………………………………… 101

　１）王莽の帝位簒奪 …………………………………………………… 101

　　コラム 秦漢時代の社会と占い …………………………………… 104

　２）王莽の政治 ………………………………………………………… 106

　３）王莽政権の崩壊 …………………………………………………… 109

後漢・三国鼎立 …………………………………………………… 角谷常子 113

1…後漢時代の政治 ……………………………………………………… 115

　１）後漢の最盛期～光武帝・明帝・章帝期～ ……………………… 115

　２）和帝・安帝期 ……………………………………………………… 119

　３）順帝期 ……………………………………………………………… 121

　４）桓帝・霊帝期～清濁の争いと党錮の禁～ ……………………… 123

　５）黄巾の乱～太平道と五斗米道～ ………………………………… 126

　６）三国鼎立へ ………………………………………………………… 128

　７）外戚 ………………………………………………………………… 128

　８）宦官 ………………………………………………………………… 129

2…三国時代の政治 ……………………………………………………… 130

1）魏‥‥‥‥‥‥‥‥‥‥‥‥‥‥‥‥‥‥‥‥‥‥‥‥‥‥‥‥‥‥ 130

2）禅譲‥‥‥‥‥‥‥‥‥‥‥‥‥‥‥‥‥‥‥‥‥‥‥‥‥‥‥‥‥ 131

3）九品官人法‥‥‥‥‥‥‥‥‥‥‥‥‥‥‥‥‥‥‥‥‥‥‥‥ 132

4）呉の成立と三国鼎立‥‥‥‥‥‥‥‥‥‥‥‥‥‥‥‥‥‥ 133

5）呉の皇帝誕生から滅亡‥‥‥‥‥‥‥‥‥‥‥‥‥‥‥‥ 134

6）孫呉政権の性格‥‥‥‥‥‥‥‥‥‥‥‥‥‥‥‥‥‥‥‥ 136

7）蜀‥‥‥‥‥‥‥‥‥‥‥‥‥‥‥‥‥‥‥‥‥‥‥‥‥‥‥‥‥ 137

8）周辺諸民族との関係‥‥‥‥‥‥‥‥‥‥‥‥‥‥‥‥‥ 139

3…後漢・三国の社会と文化‥‥‥‥‥‥‥‥‥‥‥‥‥‥ 141

1）新たな人的結合〜師と学生、故主と故吏‥‥‥‥‥ 142

コラム 活発な交際〜刺と謁〜‥‥‥‥‥‥‥‥‥‥‥‥ 144

2）批判的精神・実証主義と総合化・体系化‥‥‥‥‥ 146

・科学技術　146 ／・思想〜儒教・仏教・道教〜　148

コラム 碑の流行‥‥‥‥‥‥‥‥‥‥‥‥‥‥‥‥‥‥‥ 150

・個人の自覚　〜文学〜　153

魏晋南北朝‥‥‥‥‥‥‥‥‥‥‥‥‥‥‥‥‥‥‥ 藤井律之 157

1…魏晋‥‥‥‥‥‥‥‥‥‥‥‥‥‥‥‥‥‥‥‥‥‥‥‥‥ 159

1）禅譲革命‥‥‥‥‥‥‥‥‥‥‥‥‥‥‥‥‥‥‥‥‥‥‥ 159

2）司馬氏の奪権‥‥‥‥‥‥‥‥‥‥‥‥‥‥‥‥‥‥‥‥ 160

3）つかの間の統一‥‥‥‥‥‥‥‥‥‥‥‥‥‥‥‥‥‥‥ 161

4）八王の乱と永嘉の乱‥‥‥‥‥‥‥‥‥‥‥‥‥‥‥‥ 161

2…東晋・南朝‥‥‥‥‥‥‥‥‥‥‥‥‥‥‥‥‥‥‥‥‥ 164

1）晋の南遷‥‥‥‥‥‥‥‥‥‥‥‥‥‥‥‥‥‥‥‥‥‥‥ 164

2）桓温の北伐と淝水の戦い‥‥‥‥‥‥‥‥‥‥‥‥‥‥ 165

3）軍人皇帝の登場‥‥‥‥‥‥‥‥‥‥‥‥‥‥‥‥‥‥‥ 166

4）元嘉の治‥‥‥‥‥‥‥‥‥‥‥‥‥‥‥‥‥‥‥‥‥‥‥ 167

5）寒門・寒人の台頭‥‥‥‥‥‥‥‥‥‥‥‥‥‥‥‥‥‥ 168

6）南斉の興衰‥‥‥‥‥‥‥‥‥‥‥‥‥‥‥‥‥‥‥‥‥‥ 169

7）梁の武帝と賢才主義‥‥‥‥‥‥‥‥‥‥‥‥‥‥‥‥ 170

8）侯景の乱‥‥‥‥‥‥‥‥‥‥‥‥‥‥‥‥‥‥‥‥‥‥‥ 172

9）南朝の終焉‥‥‥‥‥‥‥‥‥‥‥‥‥‥‥‥‥‥‥‥‥‥ 173

3…五胡十六国・北朝‥‥‥‥‥‥‥‥‥‥‥‥‥‥‥‥‥ 174

1）胡族の蜂起‥‥‥‥‥‥‥‥‥‥‥‥‥‥‥‥‥‥‥‥‥‥ 174

2）前秦の覇権と破綻‥‥‥‥‥‥‥‥‥‥‥‥‥‥‥‥‥‥ 177

3）北魏の華北統一‥‥‥‥‥‥‥‥‥‥‥‥‥‥‥‥‥‥‥ 179

4）漢化政策と洛陽遷都‥‥‥‥‥‥‥‥‥‥‥‥‥‥‥‥ 181

5）六鎮の乱と北魏の東西分裂 ………………………………………… 182

　　6）勲貴・漢人・恩倖 ……………………………………………………… 184

　　7）宇文泰の改革 …………………………………………………………… 186

　　8）華北の再統一 …………………………………………………………… 187

　　　　コラム 梁職貢図 ……………………………………………………… 188

4…魏晋南北朝の制度 …………………………………………………………… 190

　　1）九品官人法 ……………………………………………………………… 190

　　2）官制 ……………………………………………………………………… 192

　　3）税制 ……………………………………………………………………… 193

　　4）法制 ……………………………………………………………………… 195

5…魏晋南北朝の社会と文化 …………………………………………………… 196

　　1）思想と宗教 ……………………………………………………………… 196

　　2）学術 ……………………………………………………………………… 201

　　　　コラム 墓誌 …………………………………………………………… 203

　　3）文学 ……………………………………………………………………… 204

　　4）芸術 ……………………………………………………………………… 206

　　5）都城と集落 ……………………………………………………………… 207

　　　　コラム 洛陽と建康 …………………………………………………… 208

　　6）民族 ……………………………………………………………………… 210

隋・唐 …………………………………………………………… 辻正博　213

1…隋──「中華」の再統一 ………………………………………………… 215

　　1）隋王朝の成立──文帝の治世 ………………………………………… 215

　　2）「北」による「南」の併合──南北朝統一がもたらしたもの ……… 218

　　3）煬帝の時代──「中華」皇帝の気概と挫折 ………………………… 220

　　4）楊玄感の乱 ……………………………………………………………… 222

2…「貞観の治」 ………………………………………………………………… 223

　　1）唐王朝の成立と隋王朝の滅亡 ………………………………………… 223

　　2）群雄勢力との戦い──国内統一戦争の時代 ………………………… 225

　　3）玄武門の変と「貞観の治」──太宗とその時代 …………………… 226

　　4）「羈縻体制」の成立 …………………………………………………… 228

　　5）高句麗侵攻と後継者問題──太宗晩年の苦悩 ……………………… 229

3…武周革命と「開元の治」 ………………………………………………… 230

　　1）則天武后の登場 ………………………………………………………… 230

　　2）武周革命 ………………………………………………………………… 232

　　3）クーデタの時代、そして「開元の治」……………………………… 237

　　4）安史の乱──恩寵政治の果てに ……………………………………… 239

vi

4…大帝国の衰亡 ……………………………………………… 243
　1）統治システムの再建──榷塩法と両税法 ……………… 243
　2）藩鎮の乱──安史の乱の「残り火」 ……………………… 244
　3）「元和中興」──憲宗朝の光と闇 ……………………… 246
　4）宦官と党争──「定策国老、門生天子」………………… 250
　5）黄巣の乱──沈みゆく大帝国 …………………………… 254
　6）唐王朝の滅亡──軍閥割拠時代へ ……………………… 258

5…隋唐制度史の基調 ………………………………………… 260
　1）士庶の別と良賤制 ………………………………………… 260
　2）礼と法 ……………………………………………………… 261
　3）官制 ………………………………………………………… 263
　4）税制──租調庸制から両税法へ ………………………… 265
　5）軍制──府兵制から募兵（傭兵）制へ ………………… 266

6…隋唐時代の社会と文化 …………………………………… 267
　1）貴族制社会の変質 ………………………………………… 267
　2）長安と洛陽──都の風景 ………………………………… 269
　　コラム 隋唐洛陽城 …………………………………………… 270
　3）隋唐文化──南北朝貴族文化の集大成と国際性 ……… 273

索　引 ……………………………………………………………… 275

総論

冨谷 至

1 漢字の効用

多くの日本人がその名を知っている『論語』、この書物は、今から約2500年前に生きた孔子の言行を彼の死後に弟子たちが編纂した書であり、現存する中国の古典のなかで、最も古いもののひとつといってもよいかもしれない。

『論語』を紐解くと、そこには現代にも通ずる社会分析、人間観察、そして思想が記されており、それがこの書を、ひとびとが共感をもって広く愛読してきた理由であろう。

—— 知識を得るばかりで、自分の頭のなかで考えてみなければ、見識に欠け、思考するだけで、知識を得なければ、誤りやすい。　　　　　　　　　　　　　　　　　　　　　　　　為政篇

—— 昔の学者は自分のために学問をする。今の学者は、他を意識して学問をする。　　　　　　　　　　　　　　　　　憲問篇

—— どのような者が、立派な政治家といえるのでしょうか？
　自己の行動に恥というものをわきまえており、外国に使者として出向いても、君主の命を貶めない者。それより一段下はといえば、一族のなかでは孝の誉れがあり、郷里では悌であるとの評判をえている。その一段下は、言ったことは信用性があり、行動は果敢である。融通性には欠けていて未完成な者だが、まあ見所はあるといってよい。
　今の政治家はどうでしょう？　情けない器の小さい者ばかりで、話にならない。　　　　　　　　　　　　　　　子路篇

いま一度確認しよう。これは、いまから2500年前の時代の問答である。

そこで、次のような問いを出してみたい。

「2500年前も、人間の思想はそれほど変わらない。今も昔も同じだ。そうであれば、孔子の時代からさらにさかのぼった昔も、考え方は変わらない。孔子の時代から2500年前、つまり今から5000年前も、さらに1万年前も人間は同じような思想をもっていた、と理屈のうえではなろう。しかしである。いまから1万年前とは、現生人類である周口店上洞人が採集と狩猟の生活をしていた時代である。彼らいわゆる原始的人類が、「温故知新」といい、「思いて学ばざれば殆し」と考えていたのだろうか」。

そう問われると、ひと皆、それには首肯しないだろう。

ならば、中国ではいつから『論語』にみられるような考え方が出現したのであろうか。 またそれは何が原因で、人はかく思想的に成長したのであろう。突然変異が人に思弁をもたらしたのか。

結論をいえば、それは文字（漢字）の効用である。

中国の文字は、黄帝の書記官であった蒼頡が鳥獣の足跡を模倣して作った、これは、紀元後2世紀初に許慎がものした『説文解字』の序文に見える記載である。しかし黄帝といい蒼頡といった人物は、神話伝説の中の人物であり、歴史的事実ではもとよりない。

よく知られているように、古代殷王朝時代（紀元前1600年～紀元前1040年）、亀の甲羅や牛の肩胛骨に刻まれた甲骨文字が存在した。甲骨文字以前の文字としては、たとえば、紀元前3000年あたりの山東省大汶口文化、長江中流 良渚文化の陶器の絵文字、さらには、近年山東省龍山文化の遺跡（紀元前2300年）から発見された陶文、それが原甲骨文字という説もあるが、いまだ定説にはなってはいない。

甲骨文字は天上の人格神もしくは祖先神と、地上の殷王との間で占トという手段をとってなされた交信の記録であり、そこで使われた象形文字が漢字という表意文字へとつながっていき、また甲骨に刻まれた占いの内容、過程、結果を刻んだ簡単な甲骨文が、数百年後の諸子百家の思想書へと展開していく。その発展をもたらした原動力は、話

し言葉ではなく、書き言葉としての漢字であり、それが意味の多様性を膨らませていくなかで、具体的名称から抽象的概念を示す観念的意味に広がり、複数の漢字の組み合わせからなる文章、つまり漢文が人間の思考を培養させたのである。

　例をひとつあげよう。「知」という文字は、「矢」と「口」からなるが、「矢」は誓約のときに使用し、そこから「矢」にも誓約という意味が込められる。――『論語』にも「矢」を「誓う」という意味の「矢」の字がみえる（雍也篇「夫子、之を矢（ちか）っていわく」）。――「口」は、誓約の時に祝禱を収める祭器の形象、その組み合わせから「知」が、天に誓約して確認するという抽象的意味となり、「こころの認識、認知、理解」「認知されること」「評価される」「識別する」「記憶する」と意味の多様性が広がっていった。さらに、より観念的なこととして、「知」とは何か、といった問いも生じ、認識論、学問論へと傾斜する。その典型的なものが『論語』の次の条文である。

　　「子曰、由、誨女知之乎。知之為知之、不知為不知、是知也」（『論語』為政篇）
　　（子曰く。由よ、女に之を知るを誨（おし）えんか。之を知るを之を知ると為し、知らざるを知らざると為す、是れ知るなり）
さらにそれは、認識する主体の人性とつながっていく。
　　「是非之心，智之端也」（『孟子』公孫丑）
　　（是非の心は、智の端なり）

　ところで、『論語』の使用漢字は1500字あまり、それは諸子百家の書の中では平易であり、それゆえ文字数も少ない。先述の『説文解字』に解説されている漢字数は9353文字であり、春秋戦国期の諸子百家の時代の漢字数も変わりは無かったといってよかろう。今日の漢和辞典の採録漢字の数が1万字前後（諸橋轍次『大漢和辞典』は約5万字、

『康熙字典』は4万字餘、ただしここにはほとんど使用されない字が載せられている）であるから、今日の普通に使う漢字数と変わりが無い。換言すれば、中国の文献を読むのに必要な基本字は、すでに『論語』の時代にそろっていたと考えて差し支えない。

　漢字とそれによって形成される文章は、今日と変りなく、漢字・漢文が人間の思想に大きく関与するということが言えるとすれば、そこから、孔子の時代も現代も人間の思考は変わらないという結論が導き出される。

2　漢文と支配階級

　神と人との交流、通信手段としての漢文は、やがて人と人とのあいだの情報伝達、知識の共有の手段へと移行していく。その場合の情報伝達の内容は、個人同士の連絡というよりも、国家統治に必要な行政文書、帳簿が何よりも主体であった。また数量の上で、『論語』や『史記』といった書籍よりも、行政関係の書類が圧倒的な数をしめていた。

　皇帝の命令、それは詔書といわれるが、文書で書かれた詔書が各官署、地方の役所にあたかも扇が広がるように下付されていく。また、地方から中央に向かって、日常的定期的な業務報告、臨時的不定期に下された命令遵守に対する遵守や執行の報告が扇の要に向かうがごとくになされる。すべての文書のやりとりには、必ず副本が作られ、事後の確認、査察に備える。文字で書かれた文章といえば、書物を連想しがちであるが、漢文で伝達される内容の絶対的な量は、行政関係の文書、帳簿であり、それを取り扱うのが、官吏であった。ちなみに、『漢書』にみえる前漢末の統計によれば、官員の数は、12万285人という。当時の人口は5959万4978人という数が記録されている。ここからすれば、漢代では500人に1人が役人であった。漢代の東海郡から出

土した木版に記された簿籍には、東海郡の人口が139万7343人（『漢書』地理志では、155万9357人）、吏員2203人とある。700年後の唐にあって、開元25年（737）の中央・地方官つまり内外文武官（流内官）は1万8805人、そのほかの胥吏などの下級役人をあわせると36万8668人（『通典』巻40）、人口は天宝14載（755）段階で、5291万9309人、150人に1人が何らかの意味で役人であった。

　ここで考えねばならないのは、漢字を判読でき、また漢文を読解できる能力、つまり識字能力は、すべての人間が有している訳ではない。人はだれでも言葉をしゃべり、会話はできるが、手紙を読み書きすることはできない。古代中国において漢字を理解できる者は、ごく限られた少数であったのだ。

　行政文書を取り扱う役人は、一応は漢文を読み書きすることはできたと考えてよいかもしれない。しかしながら、彼らが扱っていたのは、帳簿、戸籍といったもので、いわゆる書物つまり我々の考える中国古典を役人がその内容を読解し、批評文を書けるかといえば、その数は、一層低くなる。

　そもそも漢字を習得することからはじまり、漢字で書かれた書籍を読解するには、時間と努力が必要なことはいうまでもない。しかし、話し言葉と書き言葉の差が、他の言語よりも大きく、また表意文字である漢字が複数の意味を包含していることから、漢字で書かれた文章を正確に解読することは、たとえ学者であったとしても、決して簡単ではなかった。多くの注釈、訓詁が作成されたことがそれを如実に示している。

　文字を読みかつ文章が書ける人間、その階層は、全時代を通じては士大夫、宋代以降はとくに読書人などと呼ばれた。難解な漢文を解読し、作文できる彼らは、時代によってその社会的立場は異なり、あるときには豪族貴族であり、またある時代には官僚であった。しかし貴族官僚が読書人、士大夫と呼ばれるに値したのかといえば、そうでは

ない。士大夫たるべき条件は書物が読め、また文章を書けることであり、政治はこういった士大夫階級、知識人階級によって担当されるものと考えられ、文章を読み書きできない庶民は彼らに従うものであった。

「民は之に由らしむべし、之を知らしむべからず」、『論語』泰伯篇のこの表現はその一端を物語るとともに、読書人と庶民の区別がはや孔子の時代から存在していたことを示すものに他ならない。換言すれば、漢文の読解力は、支配者層たらしめる有力な要素であり、支配の有力な武器であったと言ってよい。

かく、読解力、作文力は社会の限られた階層が享受するものであれば、万人がその能力を持つことを社会もしくは為政者は期待しそれを要求するものではあり得ない。むしろそれは排他的に作用し、漢文を読めないものは、ともに語るに足らず、読書人の仲間としては認められないということになろう。読解できるのが前提であり、読解できない者のために解りやすくする必要などない。私は、漢文が句点を打たれず所謂白文であるのは、そういった意識が背景にあるのではないかと考えている。

文章、単語がそこで切れることを記す句読点についていえば、古代中国人の念頭になかったわけではない。今日数多く発見されている木簡、竹簡の中には、語句の右端に小さく「レ」という記号が付けられ、それは、続けて読むと誤読となることを恐れた措置であった。漢人が句読点ということを知っていたことは確実である。

にもかかわらず、漢文は句読点をつけない白文が一般的であるということは、右にのべた排他性、つまり白文を理解できないものは、相手にはしない、読書人である限り、句読点の助けなしに理解して当たり前、という前提にたっていることを如実に物語っている。

中国文献学は、注釈にかんしても、先に述べたように難解な文章、語句の解釈の提示であることは、間違いはないのだが、訓詁の学とい

われるかかる注釈の学がなぜ近代まで絶えることなく続き、経書、史書、思想書、詩文集にわたって、数多くの注釈がなされてきたのか、そこには、読書人世界の選良意識と排他性が背景に横たわっているのではないだろうか。注釈はその初めは今日のように、本文の中に小さく両行でもって付されていたのではなく、独立した編纂物であり、だれが注釈をものしたのか、注釈者の名は当然わかっていた。つまり注釈は独立した一つの学問であったのだ。注釈の種類には、語義を解説するもの、語句の典拠を明らかにするもの、さらには書かれた内容の詳説などがあるが、いずれの注釈も、その文章をいかに自分が正確に解釈できたのか、つまり自己の読書人としての資格を顕示する目的がそこにあったのではないだろうか。

　読書人に要求されるかかる学識は、時代を経るごとにそのハードルが高くなり、彼らは己の学を競うかの如くに、古典を典拠とする熟語を使って文章を書き、読み手はそれを読解できたことを誇示する。別の方向からいえば、読書人・士大夫階級の差別化を維持するには、そこに入る資格、つまり読解力のレベルを時代をおって高くしていかねばならない。

　六朝時代になると四六駢儷文という、4字と6字からなる句を基準_{しろくべんれい}として、限られた字句の中に深い背景をこめた文を美文でもって綴ろうとする。読解には万巻の書籍を頭の中に暗記することが必要とされる。かくして、漢文はますます難解になり、士大夫階級と庶民の差はますます広がっていくのである。

　作文のなかでも最も難しいのは、詩である。つまり限られた字数、平仄（決められた音韻の組み合わせ）、決められた位置での対句等々、自由詩とは全く異なる制約の多い定型詩としての漢詩（唐詩）、その中で巧みに典拠をもつ熟語をつかって質の高い詩文を作る、これこそ読書人に求められる、ないしは読書人の程度を知る最適の文字表現に他ならない。

唐代以降の官吏としての資格をみる試験、すなわち科挙で何故に作詩が最も重要な科目として課せられたのか、それは文学者としての官僚を要求するのではなく、読書人かどうかを選別する最も有効なメルクマールであったからなのである。

　かく漢文を読めかつ書けることが、社会の指導者の資格であり、士（士大夫）と庶（人民）、支配と被支配を確定する有力な「武器」となる。それは、秦漢から始まる帝政中国を通して武人よりも文人を常に優位に置き、かつ文人支配を継続させる要因だったのだ。

　1912年、清帝国の終焉とともに支配階級は交替し、科挙が廃止された（科挙廃止は、1904年に決定された）。そして人民中国となり、文字改革が進められ、それまでの漢字、文語的漢文は、簡体字と口語的中国語へと変わっていった。文字を読め、文字を書ける層の広がりとともに、難解、高度な文章とそこから醸し出される洗練された思想が後退していく。異なった政治、社会、思想の出現であった。

3　書物と学問

　漢字で書かれた書籍は、はじめは木簡や竹簡の上に書かれていた。儒教の経典、諸子百家の書、司馬遷の『史記』などもしかりである。後漢のはじめ、105年に蔡倫が蔡侯紙を製造して以後、徐々に紙本がでてくる。材料としての紙（paper）ということに関していえば、蔡倫以前、前漢時代の紙が発見されているが、そこに文章を書いた書物といったものは、未だ発見されてはいない。「洛陽の紙価を高める」で有名な左思（3世紀後半の詩人　彼のものした「三都賦」がベストセラーになったという故事）の西晋期には紙本が一般的であったとも言えるが、ただその時期、木簡・竹簡も使用されていたこと、3世紀から4世紀にかけての遺跡であるタクラマカン砂漠の東の端の楼蘭から、紙に書いた手紙、典籍と木簡が同時に見つかっていることが、それを

物語る。

　木簡・竹簡にしろ紙にしろ、書物は時代を降るにしたがって増加していくわけだが、書物は整理、分類されねばならない。その場合、分類の基準となるのは、書物の内容である。今日の図書館でもそうであるが、大きさ、材料などに基づく分類は、なされてはいない。ある書物がどこに分類されるのか、それを書かれた内容に基づいて決めるということは、つまり書物がどの学問領域に属するのかを判断することであり、いくつの類を設定するのかは、学問分野を一定の数のなかに区分することであり、学域の設定を意味することとなる。

　漢籍と一般的には呼ばれ、膨大な数にのぼる前近代の中国の書籍の分類が、いつ始まったのかははっきりしない。現在確認されているもっとも古い図書分類は、前漢末期に劉向の書籍解題『別録』にもとづき、その子劉歆によってなされた七分類であり、『七略』と題した図書目録が作られた。七つの分類とは、輯略（総論）、六芸略（儒教経典）、諸子略（諸子百家思想書）、詩賦略（文学書）、兵書略（軍事関係書）、術数略（天文、五行、占卜関係書）、方技略（医学、養生書）である。劉歆『七略』は、現在では残ってはいないが、それをふまえて書かれた『漢書』芸文志は、輯略をのぞく六略に属する書籍が分類列挙されているので、分類の内容を詳細に知ることができる。

　その後、晋の荀勖（？～289）が『中経新簿』という目録を作成した。その時に分類は、甲（経書）・乙（諸子・兵書・術数）・丙（歴史書）・丁（詩賦書）の四つの分類となり、このやり方を『隋書』経籍志の経（経書）、史（歴史書）、子（思想書）、集（文学詩文書）が踏襲し、以後18世紀の清の乾隆帝（1736～1795）が政治的かつ文化的威信をあげて編纂した叢書『四庫全書』へと引き継がれていく。前近代中国の図書分類は、3世紀から20世紀にいたるまで、経書、史書、諸子思想書、文学書の4部からなる分類が変わることなく採用された。引き継がれたのは、ひとり図書の分類だけではない。図書の分類が規定する学問

劉向（別録）・劉歆（七略）	輯略、六芸略、諸子略、詩賦略、兵書略、術数略、方技略
『漢書』芸文志	六芸略、諸子略、詩賦略、兵書略、術数略、方技略
荀勗（中経新簿）	甲 乙 丙 丁
『隋書』経籍志	経、史、子、集
四庫全書	経、史、子、集

領域もこの4分類の枠を出なかったのである。

　前近代の中国の図書分類が3世紀に四部分類になったとき、注目されることとして、第一に挙げられるのは、歴史書が独立した固有の分類（丙部）となったことである。これまで六芸略の「春秋」類の中にはいり、儒教の教義書とも見なされていた歴史書の独立により、ここに歴史学は経学とはなれ、一層客観的事実の記録をその使命とする学となる。司馬遷の『史記』を例に取れば、司馬遷自身、『春秋』を強く意識し、自分の思想、史観を「太史公書」の中に書き込んだことは、しばしば指摘され、またあまたの研究者が司馬遷『史記』執筆の意図を探ろうとしてきた。「正史」と称される歴代王朝を記す歴史書、それは基本的には24種類を数えるが、前四史と称される『史記』『漢書』『後漢書』そして『三国志』が個人の、もしくは家学としての個性がそこに発揮されている著作であること、その後の『晋書』以降の歴史書のいくつかは例外があるが、多くが皇帝の命令のもとで編纂され、それ故、個性に欠けた記録に終始する面白みのないものになっている。この変化は、史部の創設、歴史学の独立が将来した現象であることは否定できないであろう。

　いまひとつ、指摘したいのは、四部分類になった段階で、それまでの兵書略、術数略、方技略が子部に吸収されたことである。術数、方技に含まれる書物は、天文、数学、農学、工学、医学など、いわゆる

自然科学分野の書物である。中国古代においては、自然（天）と人事（人）が密接な関係をもち、自然現象が人事とは全くかけ離れたところに起こるとは、考えられなかった。天文現象、化学、さらには、数字の組み合わせには、自然と人事と有機的連関性があると見なされる。自然の摂理、神秘的原理を解明することが「術」であり、算術、医術、術数といった子部の一領域を占める。それは、数学、医学という西洋の自然科学、実験科学に基づく合理主義とは方向を異にした自然思想を追求する人文科学であった。

前近代中国は自然科学が発達しなかった、否、それなりに発達したが西洋社会とは異なった展開をもち、産業革命、市民革命、資本主義という、西洋社会を特徴づける「西洋的近代化」は起こらなかった。その根柢には、図書の分類とそこから生じる学問の分類と価値付けが与って力あったのだ。

4　中国・中華思想

今日、我々が普通に「中国」と呼んでいるアジア大陸の東部に位置し、13億以上の人口を有する国家の正式名称は、中華人民共和国（People's Republic of China）であり、この国号は1949年9月に決められた。同時に現在の国旗（五星紅旗）と国歌（義勇軍行進曲）も成立する。

それ以前に「中国」という国名があったのかといえば、そうではない。各時代の王朝名、それを「国名」と考えれば、それらは秦、漢、魏から明、清と称したことは、周知のことであり、「中国」といった国家は悠久の中国史を通じて、存在しなかった。

確かに「中国」という国名はなかったが、この2字の言葉自体は紀元前の文献、たとえば『礼記』『詩経』『春秋左氏傳』『春秋公羊伝』などのいわゆる儒教の教典に「世界の中心」「中心の国」という意味で登場する。しかし、それは場所、地域をさす言葉ではなく、極めて

観念的、抽象的な意味であり、「中国」の対語は「夷狄」「四夷」であった。

　前漢時代始めに成立したと考えられる『礼記』の王制篇には、四夷つまり東夷・南蛮・西戎・北狄といった夷狄と中国は、もともと異なった相容れない素質をもつ存在という。

　　　——中国、戎夷の五方の民、皆な性あるなり。推移すべからず。

　中国は別に中華、諸夏との称謂もあるが、その夷狄と中国の間に引かれた超えられない一線は、文明と野蛮、より具体的にいえば、道義、倫理、礼儀と、そうでない非文明・未開である。

　　　夷狄の君あるは、諸夏の亡きに如かざる也——夷狄はたとえ君主がいて統治されていたとしても、君主がない混乱の中国には、及ばない。（『論語』八佾篇）
　　　中国に莅みて、四夷を撫んず——中国に君臨して、夷狄を懐柔する。（『孟子』梁恵王）

　かの孔子や孟子も懐いていた強烈な中華思想、「中国」とは、世界の文明の中心という意味に他ならない。

　かかる中国、そして中華思想は漢武帝期に名実ともに現実のものとなる。儒教思想が政治・制度のうえで、影響力をもち、また積年の敵であった匈奴を駆逐して西はタリム盆地、東は朝鮮半島全域を領土とした漢帝国は、まさに世界の中心に君臨する「中華帝国」を成し遂げたのであった。歴代の王朝はこの漢武帝の時代を理想とし、最も崇敬してやまない。

　漢帝国が古代史の舞台から退場し、魏晋時代そして南北朝にはいるとともに、中華世界の性格は変化していく。

その第1段階は、五胡十六国から南北朝時代、つまり4世紀初頭から6世紀末にいたる300年近い分裂の時代である。分裂と統一が繰り返される中国史において、この4世紀にはじまる混乱は、それまで漢族が支配していた中華世界が異民族（胡族）により占領され、華北黄河流域に胡族の国家が登場したことによって生じた。

ただ、匈奴をはじめとする胡族が、西方、北方から侵攻してきて漢民族国家を滅ぼしたのかといえばそうではない。後漢時代には、かつての強敵であった匈奴は分裂し、その勢力が衰えるとともに、諸部族が後漢に従属し、中国内地に移住、胡族と漢族の融合がすすんでいった。ひとり匈奴のみならず、五胡と呼ばれる多数の異民族も漢人王朝下での武将となったり、また使役されたりして胡漢融合が進みつつあった。

胡漢融合とは、単に同じ空間を共有するということではなく、文化、思想、制度等において、胡族、漢族が互いに影響を受けて、時代が変化し歴史の原動力になっていくことを意味する。そのもっとも大きなことがらとして、胡族の首長のなかには漢人の教養を身につけたものが少なくなく、彼らはむしろ漢人よりもより漢人士大夫的であった。漢人国家の衰退と堕落を目にし、胡族国家が新たな「中華帝国」を再建するという大義名分のもと西晋を打倒し、華北に胡族国家が起こったのである。

後述する遼・金・元は、歴史家が「征服王朝」と呼んできたが、この4世紀から6世紀の五胡十六国そして鮮卑族の北魏を私は「孵化王朝」と呼びたい。それは、内部に巣をつくりそれが孵化して取って代わったからである。

五胡十六国を統一して華北に登場した胡族孵化王朝が鮮卑族の北魏であった。後の隋唐帝国の均田制、律令などの隋唐帝国の制度の骨格は、実はこの鮮卑族の北魏で作られ、それが北斉、北周へと受け継がれる。そして北周王朝に仕える随国公楊忠の子であり、北周宣帝の

外戚となる楊堅（隋文帝）が起こした国が隋に他ならない。その後、20年も経たないうちに、楊堅と姻戚関係にあった唐国公李淵は、煬帝に反旗を翻し唐王朝が成立するのだが、隋、唐は北朝つまり異民族の系列をひくもので、事実、楊氏は陝西（弘農華陰）を出自とし、唐李氏は甘粛（隴西）を出自とする。それゆえ李氏は鮮卑族であるとの説もある。つまり、秦漢にはじまる漢民族の王朝の流れは、南朝の滅亡とともに終焉した、と言っても誤りないであろう。教科書では、北魏の漢化政策が必ずとり上げられ、そこから、鮮卑族が漢民族の制度、習慣を全面的に採用したと思われがちであるが、律令という法制一つを取ってみても、そこには、秦漢の制度とは異なり、異民族の影響が色濃く反映されているのである。ここで、次のことを指摘しておかねばならない。一つは、秦漢帝国の時代の中華思想・華夷思想と隋唐帝国のそれとは、異なるということ。そして今ひとつは、遣隋使、遣唐使を通じて我が国が受容した中国の政治制度、思想、文化は、西北異民族の影響が強いということを。

　第2段階は、遼、金、元の中国支配である。916年に契丹族の耶律阿保機が渤海を滅ぼし遼を建国して、華北燕雲十六州を宋に先だつ後晋から獲得した。その遼を女真族の完顔阿骨打が建国した金が滅ぼし、その勢いで、1127年には宋の都開封を陥落させ滅亡にみちびく。

　1234年モンゴルが金を滅ぼし、1279年に広州崖山にまで追い詰められた南宋の命運は、南海の海中に果てるのである。

　中国に侵入し支配した遼、金、そして元の王朝に、歴史家は「征服王朝」（Dynasties of Conquest）という呼称をあたえている。名称はドイツのハイデルベルグ大学でマックス・ウェーバーに師事したウイットフォーゲル（Karl August Wittfogel）の命名による。

　第2段階のこの征服王朝は、第1段階の「孵化王朝」とは、異なった特徴を有している。第1段階の異民族王朝は禅譲という形で政権を委譲したのであったが、第2段階のそれは、その名の通り、中国を武

力でもって攻撃支配し、いわゆる漢人——上述のごとく、隋唐以降は
もはや漢人王朝とはいえないのだが——の国家を滅ぼして成立した王
朝であった。

　さらに、胡漢融合を目指した孵化王朝とは異なり、政治制度、軍事、
経済の面で部族制遊牧社会と州県制漢人農耕社会との二元的世界を征
服王朝は志向する。先の孵化王朝の鮮卑族は独自の文字はなかったが、
征服王朝では契丹、女真、そして蒙古はいずれも文字をもち、漢字と
併用したことは、その二元性の表れといってもよい。

　征服王朝という学説、およびその分析にかんしては、今日いくつか
の異論が出され、特に二元的世界の貫徹ということは修正され、むし
ろ異民族国家の中華思想、自身を中華と見なす正統性の存在が指摘さ
れている。いずれにしても10世紀〜13世紀にかけて、「中国王朝」が
異民族によって再度滅亡をきたし、これが中華思想の第2段階の変化
であったことは、否定できない。

　第3段階は、1616年から1911年まで290年続いた最後の中華帝国の
清である。清は中国北部ツングース系満洲女真が建国した王朝であり、
いわゆる征服王朝であった。漢民族に強制した弁髪は、他でもないそ
の異民族の習慣であったのだが、「最後の中華帝国」と述べたように、
清が漢民族国家と誤解し、中華帝国と称することに違和感を覚えない
人は少なくないだろう。

　それは、1644年、北京に遷都して以降、康熙、雍正、乾隆の三代
の皇帝の政治と政策による。康熙帝をはじめとする皇帝たちは、北魏
の胡族が漢族の政治制度に接近するといった胡漢融合の漢化政策とは
異なり、またモンゴルが漢民族との差別化を図った胡漢二元体制とも
違っていた。清王朝の皇帝達は、清を「中華」と「夷狄」を止揚した
多民族国家と位置づけ、そこに正統性を求めたのである。皇帝は天の
命をうけた地上の支配者であり、天は徳を有する清の皇帝を天子とし
て認める。そこには夷狄も徳があれば中華となることができる、「夷

狄の君あるは、諸夏の亡きに如かざる也」というかの『論語』の条文は、清儒においては、「夷狄の君あるは、諸夏の亡きが如きにあらざるなり——夷狄に君主が存在するのは、混乱の中国に君主が存在しないよりもずっと優れている」と解釈する（これは南宋朱熹の解釈である）ことは、このことを象徴すると言わねばならぬ。天、天命、徳治政治を標榜し、皇帝は中華文明、儒教政治の継続者として「治国平天下」を目指したのである。

　第3段階は、新たに侵入してきた異民族と、すでに名実を喪失した漢民族の両者が伝統的中華文明、儒教国家の完成の大義名分のもとに昇華した中華帝国であったのだ。それは東洋的中華国家といってもよく、それに対面するものは、西洋国家、西洋の列強であった。

　ヨーロッパの諸国が中国との貿易をめざしたとき、彼らは清と通商協定を締結しようとする。さらにヨーロッパ列強との対立抗争の結果、清が締結を余儀なくされた終戦の講和条約をはじめとした各種の条約、それらは近代国家の間の協定に他ならない。しかしながら、中華帝国において諸外国は中国の属国であり、双務的立場を認めない。国家間の商取引としての貿易は、朝貢を前提とする中華国家には、原則では認められず、通商貿易は存在しない。しかしながら、19世紀末に清は立て続けに諸外国と条約、それも不平等な条約を結ばざるを得なくなっていく。それは中華帝国の存立の自己否定であり崩壊であったのだ。

　かくして、文明の中心としての観念的「中華」とは別の地域的「中国」つまり中華民国、中華人民共和国が誕生する。

先秦

吉本道雅

年　表

80〜70万	**旧石器時代**　元謀人・藍田人。 ○周口店の北京人。○大茘人。○丁村人・許家窯人・馬壩人。
25000年前	周口店上洞人。
前10000	**新石器時代**
前6000	磁山・裴李崗・老官台文化。
前5000	仰韶文化。
前2500	河南龍山文化（王湾三期・後崗二期文化）
前1900	二里頭文化
前1600？	**殷王朝**成立。二里岡期。
前1300？	殷墟期。甲骨文・金文の出現。
前1046？	**西周王朝**成立。
前841	共和元年。
前771	幽王敗死、西周王朝滅亡。 周平王洛陽遷都（周の東遷）。
前722	魯隠公元年、『春秋』の記述始まる。**春秋時代**。
前679	斉桓公、霸者となる。
前632	晋文公、霸者となる。
前546	宋の盟、晋楚講和。
前453	晋の知伯、趙・韓・魏に敗死。**戦国時代**。
前403	周、魏文侯・韓景侯・趙烈侯を諸侯に公認（三晋成立）。
前386	魏武侯の斡旋で、周王朝が斉の田和を諸侯に公認（田斉成立）。
前361	秦孝公即位。商鞅を登用。
前343	周王朝が秦孝公を霸者に認証。 馬陵の戦、斉威王が魏恵王を破る
前338	徐州の会、斉威王・魏恵王が王号を相互に承認。
前328	張儀、秦の相となる。
前325	秦恵文王が王号を称する。
前310	秦武王、張儀を魏に追放。
前288	秦昭襄王・斉湣王、西帝・東帝を称する。
前284	斉湣王敗滅。蘇秦卒。
前278	秦、楚の都城郢を攻略。
前260	長平の戦、秦が趙を大破。
前256	周王朝断絶。
前247	秦王政（のちの始皇帝）即位。

1 先史時代

1）旧石器時代

　現時点で確認されている最古の猿人は、2001年に発見されたサヘラントロプス属（700〜600万年前）である。オロリン属（600万年前）・アルディピテクス属（580〜430万年前）を経て、420万年前にはアウストラロピテクス属が出現する。240万年前には原人に属するホモ＝ハビリスが、180万年前にはホモ＝エレクトゥスが、60万年前には旧人に属するホモ＝ハイデルベルゲンシスが、20万年前には現代人の直接の祖先であるホモ＝サピエンス（新人）が出現する。

　アフリカで進化した原人、ついで新人がユーラシアに拡散したとするアフリカ単一起源説が有力である。

　ホモ＝ハビリスによる打製石器の使用が、旧石器時代の始まりである。中国における旧石器時代前期前半の遺跡には、山西省芮城県西侯度村・雲南省元謀県上那蚌村・陝西省藍田県公王嶺村および陳家窩村などがある。元謀からは170万年前のものとされる原人の歯の化石が発見されている。藍田では原人の頭蓋骨・下顎骨の化石が発見されており、80〜75万年前とされている。そのほか、湖北省十堰市鄖陽区弥陀村・南京市江寧区湯山鎮南京古猿人洞でも原人の人骨化石が発見されている。

　前期後半の遺跡には北京原人で有名な北京市房山区周口店（46〜23万年前）のほか、山西省芮城県匼河村・陝西省大荔県解放村（23〜18万年前）・湖北省大冶市石龍頭などがある。遼寧省大石橋市金牛山（28万年前）からは原人の、大荔からは旧人の人骨化石が発見されている。

　中期の遺跡としては、前半に山西省襄汾県丁村（12万年前）・周口店第15地点・陝西省漢中盆地の諸遺跡・広東省韶関市曲江区馬壩鎮などがあり、後半に山西省陽高県許家窯村（12.5〜10万年前）・貴州省黔

西県観音堂などがある。丁村・許家窯・馬壩のほか、河南省許昌市霊井鎮から旧人の人骨化石が発見されている。

後期（3〜1万年前）の遺跡としては、華北では、山西省朔州市朔城区峙峪村・河南省安陽市小南海洞・山西省沁水県下川鎮・河北省陽原県虎梁頭村などが代表的である。この時期には周口店上洞人（山頂洞人。2.5万年前）など新人が出現している。

２）新石器時代

氷河期の終わりとともに、新石器時代に入り、農耕が開始される。中国本土（統一秦の領土にほぼ重なる）の新石器文化は、①黄河流域；アワ作を中心に多様な雑穀を栽培、多種の家畜の飼養と狩猟、②長江流域；イネ作と漁労・狩猟、③東北；狩猟・漁労・採集を中心に雑穀栽培・家畜飼養、の三系統に分かれる。

前1万年頃の湖南省道県玉蟾岩遺跡と江西省万年県仙人洞・吊桶環遺跡ではイネの資料が出土し、前8000年頃の河北省徐水県南荘頭遺跡から出土した土器と石製磨盤・磨棒はアワ作の最古の証拠とされる。

ここでは華北を中心に新石器時代の推移をたどっていくことにしよう。

前6000年紀の磁山・裴李崗・老官台文化の住居跡は、直径2〜3mほどの小規模な竪穴式住居であり、集落の規模も小さい。5人以下の核家族を単位とする、数十人規模の小集団が形成されていたとされる。

前5000年紀には、仰韶文化が出現する。1921年、スウェーデンの考古学者アンデショーン（アンダーソン）が、河南省澠池県仰韶村で彩陶を発見したことにちなんで名付けられた。仰韶文化においては、陝西省西安市灞橋区半坡村・臨潼区姜寨村などで大規模な環壕集落遺跡が発見されている。姜寨の集落は三期に区分され、前期では二つ、中期では四つの小群に分かれる。これらの小群は双分制に基づく「半族」のような血縁集団と考えられている。環壕の存在とともに、集落

新石器文化の編年 （**文化／類型**）

	6000	5000	4000	3500	3000	2500	2000
遼河流域		興隆窪	趙宝溝	紅山		小河沿	
甘粛					馬家窯 馬家窯	半山 馬廠	斉家
陝西		老官台	仰韶 半坡	廟底溝	西王村	廟底溝二期	客省荘二期
山西							陶寺
河北		磁山	後崗一期				後崗二期
河南		裴李崗		閻村	秦王塞	谷水	王湾三期
山東		後李	北辛	大汶口			龍山
長江下流			河姆渡 馬家浜	崧沢	良渚		
長江中流		彭頭山 城背渓	大渓			屈家嶺	石家河

内部の氏族制的秩序の強さを示している。

　前3000年紀の後半、山東で龍山文化が出現する。1930〜31年に発掘された山東省章丘県龍山街道の城子崖遺跡にちなんで名付けられた。黒陶が特徴的である。

　この時期、仰韶文化の集落に認められた集団性の強さは解体に向かい、数棟の住居からなる小集落が散在する居住形態が出現する。ところがその一方で、多数の住居が整然と配置された集落も出現する。集落間の戦争が頻繁化したため、小集団への分解が抑制され、画一性が強化された結果であるとされる。山西省襄汾県陶寺遺跡の共同墓地では、700基余りの墓が発掘されているが、大型墓１％強・中型墓10％強・小型墓90％弱となっている。また陶寺より７km離れた陳郭村遺跡では小型墓しか発見されていない。大型墓の墓主である首長を頂点

とする集落内部の階層化が進むとともに、そのような首長をいただく大集落が他の小集落を従属させていたのであり、国家の萌芽と評価される。

　国家とそれ以前の社会を分かつ指標としては、階級分化のほかに、都市・冶金術・文字の出現などを挙げうるが、龍山期にはこれらの要素がほぼ出揃っている。

　まず、都市の起源ともいうべき、城壁で囲まれた集落としては、1992〜95年、河南省鄭州市西山で仰韶文化に属する前3300年頃のものが発見されている。龍山期には遺跡が増大し、河南省では安陽市後崗・淮陽県平糧台・登封市王城崗、山東省では、城子崖のほか、すでに20か所近い遺跡が発見されている。このほか、長江中流域の湖北省天門市石家河や成都盆地の四川省新津県宝墩でも城壁集落が発見されている。

　銅器・青銅器については、王城崗遺跡で、青銅製の鬵の腹部と袋足の一部が出土し、陶寺遺跡で銅製の鈴が出土している。黄河上流域の斉家文化では各地の遺跡から工具・装飾具などが出土している。

　文字については、裴李崗文化の段階で、すでに土器に記号が刻まれており、文字の起源とされる。1992年、山東省鄒平県の丁公遺跡から出土した龍山文化に属する陶片に11個の符号が書かれており、文章をなしている可能性がある。

3）二里頭文化

　1959年、『中国古史的伝説時代』の著者・徐旭生は夏王朝の実在を証明するため、河南省西部の潁河上流域と洛陽周辺、山西省南部の汾河下流域の遺跡の分布調査を行った。その折りに発見されたのが、河南省偃師市の二里頭遺跡である。この遺跡にちなんで名付けられた二里頭文化は、前1900〜前1600年に年代付けられている。現在では、殷代前半の二里岡文化との相違が確認されている。

二里頭遺跡からは、一号宮殿遺址（南北100m、東西108m）、二号宮殿遺址（南北58m、東西73m）、大型墓（東西5.2〜5.3m、南北4.3m、深さ6.1m）などが発見されている。青銅器の使用が本格的に始まるのも二里頭文化からで、工具や武器のほかに礼器としての爵が出現している。

二里頭文化を代表する二里頭類型の遺跡は、河南省西部に集中しているが、二里頭文化に特徴的な封頂盃とよばれる土器や軟玉製の牙璋は、中国本土のほぼ全域から出土している。二里頭文化は、龍山文化以前には認められなかった全中国的な影響力をはじめて有した文化だったのであり、そこに殷・周に先行する「王朝」の存在を想定することも決してゆえなきことではない。しかし、そのことをただちに夏王朝の実在とみなすことは困難である。

夏王朝は西周後期の『詩経』大雅「殷鑒　遠からず、夏后の世に在り」に初見する。おそらくは殷人の伝承に基づくものであろう。殷王朝の後裔である宋人が、春秋時代に夏王朝とその最後の王である桀のことを伝えていたことは、宋襄公（在位前650〜前637―以下、王侯については元年〜卒年を括弧内に附記する―）の時の『詩経』の商頌や、斉霊公（前581〜前554）の時に宋出身の人物が製作した叔夷鐘・鎛の銘文より確認される。叔夷鐘・鎛は、殷王朝の建国者である湯が征服した夏の領土を「禹の堵」と称している。禹は、『詩経』大雅に初見した段階では、夏王朝との関係は何ら示唆されず、もっぱら大地の造り主たる神としてうたわれている（なお2002年に北京の保利芸術博物館が公開した西周中期の青銅器の銘文には禹の治水が見えるが、発掘品ではなく香港の骨董商から購入したものである）。春秋期の宋人によって夏王朝の開祖とされるようになったものであろう。禹と桀の間の諸王については、戦国中期の『左伝』（『春秋左氏伝』。『春秋』の注釈書の形式をとる、前722〜前468年の年代記）にようやく見える。確かに、戦国後期以降の作品である『戦国策』に桀の都が伊水・洛水の北にあったと見

え、二里頭の所在地に正しく合致する。この事実を重視して二里頭を夏王朝の遺跡とみなすことは決してゆえなきことではないが、そうなると、晋が山西省南部の「夏墟」（「墟」は都城遺址）に封建された、衛の都城帝丘（河南省濮陽市）が夏后相の都だったなどの『左伝』の伝える「夏」は、二里頭の夏とは別物だったと考えざるを得なくなる。二里頭期あるいはそれ以降に各地に発生したいくつかの地方王権に関わる伝説が、春秋から戦国の間に、一個の王朝の歴史としてまとめられたものが、夏王朝ではなかったかと考えられる。

2　殷

1）殷前・中期

　1950年より河南省鄭州市の二里岡で殷代前期の遺跡が発掘され、1955年、南・東城壁1700m・西城壁1870m・北城壁1690m、全周6960mの城壁が発見された。近年、南城壁より900〜1200m の地点で鄭州外城の城壁が発見され、すでに5000m が確認されている。中国では1996年に夏殷周の絶対年代決定を図る「夏商周断代工程」が発動されたが、2000年に公刊された報告書では、二里岡の遺物の年代は、前1600〜前1400年と測定されている。二里岡遺跡にちなみ、殷代前半の文化は二里岡文化とよばれる。

　さらに、1983年、河南省偃師市の尸郷溝で、大規模な都城遺跡が発見された。城壁は南北1700m・東西1200m に及ぶ。1997年、城壁内の南部に南北1100m・東西740m の内城が発見され、二重城郭であることが確認された。内城の中央部には、全周800m の宮城がある。「断代工程」報告書は、尸郷溝の遺物の年代をほぼ前1600〜前1350年頃と測定している。

　殷王朝初代の王である湯（大乙）は亳に都したと伝えられる。亳の

所在については、『左伝』に見える春秋時代の鄭（河南省新鄭市を都城とする）の毫城を鄭州商城に比定する説があり、他方、唐代の地理書『括地志』に河南偃師を湯の都「西毫」とする説が見える。いずれにせよ、前1600年は、後代の文献に伝えられる殷王朝の開始年代ともさほど矛盾しない。

二里岡期には、山西省夏県東下馮・垣曲県古城鎮南関・河南省焦作市府城・輝県市孟荘鎮・湖北省武漢市黄陂区盤龍城などの城郭が確認されている。これらはいずれも鄭州を都城とする殷王朝によって建設され、とくに遠隔の盤龍城は、長江流域の銅資源を獲得するための基地であったと考えられているが、鄭州の都城と軌を一にして廃絶していることは、殷王朝の国制を考える上でまことに興味深い。殷後期である殷墟期の巨大な王墓や甲骨文の出現にも関わらず、殷王朝の政治的な支配力は、殷後期にはかえって後退していたのである。

従来の考古学的時代区分では、殷文化を前後に二分し、鄭州商城・安陽殷墟をそれぞれ代表的な遺跡とする二里岡文化・殷墟文化を前期・後期としてきたが、近年、これらの中間に位置する遺跡が発見されたことにより、殷中期を独立させるようになっている。

1989年、鄭州の西北郊外石仏郷で発見された小双橋遺跡では、1995年以降、大型建築遺址や祭祀坑が発掘されている。「断代工程」報告書では、出土した人骨を前1435～前1412年と測定している。この遺跡を殷王中丁の都である隞（隞）に比定する説が提起されている。ついで、1999年、河南省安陽市殷墟の西北、洹河北岸の花園荘附近で1辺2200mの城壁（洹北商城）が発見され、2001～2002年、東西173m・南北90mの一号宮殿が発掘された。盤庚・小辛・小乙時代の遺跡であると考えられている。

2）殷後期

亀甲獣骨に刻まれた文字を略して甲骨文という。甲骨文が王懿栄に

よって発見されたのは1899年だが、ほどなく殷代の文字であることが確認された。『竹書紀年』（西晋時代に河南郡汲県（今日の河南省衛輝市）の戦国魏墓より出土。前299年までの魏国の年代記）に盤庚が遷都してより、紂（帝辛）が周に滅ぼされるまで「殷」に都したと見える。殷は本来、都城の名前である。甲骨文では殷は「商」と自称しており、中国では商代・商王朝という呼び方が普通である。「殷」については、『史記』項羽本紀に、「洹水の南の殷墟」と見える。1908年に羅振玉が河南省を調査し、安陽県（現安陽市）小屯村が甲骨文の出土地点であることを確認した。小屯村は洹河（洹水）の南岸に位置し、殷墟の位置が正しく伝えられていたことが証明された。1928年、中央研究院歴史語言研究所は董作賓を隊長として殷墟の発掘を開始し、以後今日に至るまで発掘が続けられている。

殷王朝系譜（『史記』殷本紀の系譜を甲骨文により一部補正）
上甲─報乙─報丙─報丁─示壬─示癸─大乙┬大丁─大甲┬沃丁
　　　　　　　　　　　　　　　　　　├外丙　　　└大庚
　　　　　　　　　　　　　　　　　　└中壬

┬小甲┬中丁─祖乙┬祖辛┬祖丁┬陽甲
├大戊├外壬　　　└羌甲├南庚├盤庚
└雍己└戔甲　　　　　　　　├小辛　　　　┬祖己
　　　　　　　　　　　　　└小乙─武丁─┼祖庚　┬廩辛
　　　　　　　　　　　　　　　　　　　└祖甲─┼康丁─武乙
└ 文武丁─帝乙─帝辛

　1933年、董作賓は「甲骨文断代研究例」を著し、貞人や先王の称謂によって甲骨文を五期に分類した。すなわち、第一期；武丁、第二期；祖庚・祖甲、第三期；廩辛・康丁、第四期；武乙・文武丁、第五期；帝乙・帝辛、である。今日では部分的な修正を求める学説がすでに提示されている（落合淳思はⅠ期；武丁、ⅠⅡ間期；祖己、Ⅱ期；祖庚・祖甲、Ⅲ期；廩辛・康丁、Ⅴ期；武乙・文武丁・帝辛とする）が、殷墟期を考える基本的な枠組みである。

　ごく簡単な甲骨文は二里岡期にもすでに存在するが、歴史研究の資

料としての十分な内容を備えたものは、やはり殷墟の甲骨文である。『竹書紀年』によると、盤庚が殷に遷都してから、王朝が滅亡するまで「二百七十五年」あるいは「二百七十三年」だったとする。「断代工程」は、盤庚の殷遷都を前1300年、武丁の即位を前1250年、殷王朝の滅亡を前1046年としている。およその年代観としては支持しうるものであろう。

甲骨文
(郭沫若『卜辞通纂』、文求堂書店、1933)

甲骨文はほぼ200年間の記録ということになる。殷代には、青銅器に鋳込まれた金文も登場する。その青銅器を使って祭られる祖先の名や、作器者の属する集団を示したと思われる図像記号といったごく簡単な内容の金文は二里岡にすでに存在するが、第五期に至って、文章をなした金文が出現するようになる。狭い意味での歴史学が文字資料による過去の研究であるとすれば、同時代的文字資料としての甲骨文の出現する武丁時代が、歴史学の対象としての過去の始まりということになろう。

甲骨文が記録するのは、そのほとんどが占卜の文言である。従って、甲骨文は卜辞とも称される。一例を挙げておこう。

癸巳卜して、殻（貞人の名）貞う、旬に咎（とが）亡きか。王占いて曰く、旤（わざわい）又らん、其れ来嬉（外敵の侵攻）又らん。五日丁酉に至

るに乞び、允に来嬉又り、西自りす、沚或告げて曰く、土方　我
が東啚に征し、二邑を伐つ、舌方も亦た我が西啚の田を侵す。

　春秋時代以前の国家は、都市国家あるいは邑制国家とよばれる。邑
は城壁の下に人が座っている会意字であり、城壁で囲まれた集落が
「邑」である。甲骨文で、殷王朝は「大邑商」と自称している。殷王
朝の都城が「大邑」であり、それが王朝そのものだったわけである。

　王の周りには、占卜をつかさどる貞人があった。占卜は、亀甲獣骨
にうがたれたくぼみに火のついた木片を当ててわれめを入れる。「卜」
はわれめの象形であり、その上古音 puk は骨のわれる音である。貞
人が占うべき内容を発問し、王がわれめによって判断を下す。王は神
秘的な能力をもった最高の祭司であった。

　さらに、甲骨文には、「子」「帚」を冠する人々が見え、その実態に
ついては定説がないが、王后が「帚」（婦）と称されることがあった
ことは確かであり、1976年に発掘された殷墟婦好墓の墓主は甲骨文に
も見える武丁の王后と考えられている。甲骨文には、さらに、「臣」
「亜」「尹」「史」などの臣僚が見え、職能集団をひきいて王朝に奉仕
したとされる。

　戦国時代以降に編纂された書物には、夏殷周三王朝の国制を、王の
都城→王の直轄領たる「内服」→封建された諸侯が統治する「外服」
の三圏からなるものとするが、甲骨文から窺われる殷王朝の支配体制
を考える上で参考になる。都城を中心に、殷王の支配が恒常的に及ん
だのは、おそらくは今日の河南省北部・河北省南部あたりに限られ、
これが「内服」に当たる。安陽の殷墟のほか、西周時代に建設された
洛陽を含むこの地域は、西周時代には「中国」と称された。上掲の卜
辞に見える沚或という人物は、「内服」にあった従属国の国君であり、
沚はその都邑の名であろう。都邑の領域が「啚」（鄙）であり、そこ
には複数の「邑」や「田」があった。「田」は地割りされた農地の象

形である。甲骨文に見える「衆」が農業に従事する奴隷であるとされたこともあったが、殷代の農民が一般的にどのような存在であったのか確実なことはわかっていない。とまれ、殷王朝の内服支配が、大邑（商）―都邑（沚など）―属邑という大小の邑の重層的な統属関係によるものであったことが了解されよう。

内服の外には外服が広がる。外服には諸侯に相当する地方勢力が存在した。これらに対する殷王朝の支配は緩やかなもので、貢納に対する青銅器の下賜といった関係を保持することが支配の実態だったようである。1965〜66年に発掘された山東省青州市の蘇埠屯大墓は、墓道四つの亜字形墓であり、質量ともに殷墟の王墓に匹敵する。周成王が滅ぼした薄姑の国君の墓と推定されている。2003年には山東省済南市大辛荘遺跡から甲骨文が発見されている。これらの遺跡は考古学的には殷墟文化の地方類型に属し、殷王朝の勢力圏内にあったものとされる。

これに対し、殷後期には、殷墟文化の外に独自の地方文化の発展が認められる。上掲の卜辞に見える土方・舌方をそれぞれ囲坊三期文化（北京市・天津市・河北省北部）・李家崖文化（山西省西部・陝西省東北部）に比定する説がある。これら敵対的な「方」に対し、殷王朝は時に大規模な遠征を敢行した。さらに、陝西省西部には、「先周文化」があった。王朝以前の周について、『竹書紀年』には、周の国君である季歴が武乙の時に来朝し、文武丁は季歴を牧師（西方諸侯の長）に任じたが、のちに殺したと見え、『史記』には、季歴の子文王が紂によって幽閉され、のちに西伯（西方諸侯の長）に任ぜられたとある。

このように、殷王朝は中原王朝としての文化的優越性こそ保持したが、政治的には地方王権の挑戦を被るようになっていた。

殷王朝の脆弱性は、その王位継承が不安定だったことにもよる。董作賓は「甲骨文断代研究例」において、甲骨文には新旧二派の文化が交互に現れるとした。この論点を展開させたのが張光直であって、殷

コラム 三星堆文化と『華陽国志』

　1986年、四川省広漢市三星堆で、二つの竪穴土坑が発見され、900件以上の青銅器のほか、金器・玉器・象牙・子安貝などが出土した。青銅器は、高さ262cmの立人像、幅137cmの縦目仮面、高さ384cmの神樹など異常に巨大なもののほか、仮面や人頭像を含む。

　三星堆遺跡は、第一期：宝墩文化、第二・三期：三星堆文化、第四期：十二橋文化に分かれ、祭祀坑は第四期に属し、中原の殷後期に並行する。十二橋文化ののち、春秋期には巴蜀文化が成立するが、前316年、秦の将軍司馬錯（司馬遷の先祖）に征服された。

　4世紀の半ばに蜀郡江原県（今日の四川省崇州市）の常璩が著した『華陽国志』は、四川を中心に貴州・雲南をも含む中国西南地方の歴史・地理を扱った書物である。四川省成都を中心とした地域を蜀というが、その古代史を扱った部分に、蠶叢・柏灌・魚鳧・杜宇・開明といった秦に征服される以前の古帝王ないしは王朝の名が見える。三星堆文化との関係で注目されているのは蠶叢であり、「其目縦」とあり、出土した「縦目仮面」に関する伝承であるらしい。とはいえ、同じ蠶叢につき「石棺石椁」とも見え、こちらは春秋期に出現し、後漢まで続いた西南夷の葬制を伝えたものである。このように『華陽国志』の記述は、異なった時代の断片的な伝承を寄せ集めたものに過ぎない。また、『華陽国志』は、蠶叢・柏灌・魚鳧を「周が綱紀を失った」時代、杜宇・開明を「七国が王を称した」時代とし、蠶叢の時代は、春秋期か西周後期が想定されており、三星堆祭祀坑の殷後期までは遡らない。『華陽国志』の記述と考古学の新発見は今のところ巧く噛み合っていないといわざるを得ない。王国維が提唱した文献と考古学的資料をつきあわせる「二重証拠法」は今日の中国古代史研究の基礎だが、無理な議論は文献・考古学的資料の双方を台なしにしかねない。

王はその名に十干をもつが、殷王朝は甲乙戊己のＡ組と丙丁壬癸のＢ組の二組が交代で王位に即き、直系として記される諸王は、Ａ組の甲乙とＢ組の丁に限られることを指摘した上で、①殷王室ではＡＢの二大支族がクロスカズン婚を行い、父子相続と記録される場合、王位はオジからオイへと移動した、②兄弟相続と記録されるものは、次の世代のオイが幼少などの理由で適性を欠く場合、同世代の同じ組に属するものが継承した、という仮説を提示した。さらに近年では、甲骨文の各時期に見える先王の相違を、それぞれの時期において異なった系譜が認識された結果とし、その背景に数度にわたる王統の交代を想定する説が提唱されている。いずれにせよ、殷王朝は実際の父子相続を基調とする王統が長期にわたって継続するような「王朝」にはなお到達していなかったということになる。

3　西周

1）西周前期

『詩経』の大雅諸篇に見える周王朝の祖先神話は、王朝成立以前の后稷・公劉・古公亶父・季歴ら先公を歌っている。后稷はアワの神の意味で、姜嫄が上帝の足跡を踏んで孕み—このような神秘的な出生を「感生」という—長じてのち人々に農業を教えた。神話学の「文化英雄」である。公劉は豳（陝西省彬県）に国をおき、古公は「周原」（岐山の南、渭水の北の東西70km・南北20km の台地）に移動した。1976年、陝西省岐山県鳳雛村で南北45.2m・東西32.5m の宮殿遺址が発見され、翌年、ここから季歴～武王時代の甲骨文292件が発見された。さらに岐山県周公廟遺跡では、2004年5月以降、墓道四つの亜字形墓が10基、墓道三つ・二つ・一つの大墓が各4基発見されており、周公家族墓説・西周王陵説がある。「周公」「文王」「新邑」などの字を含む甲骨

文も多数発見され、発掘が進行中である。中国の学者は、周公廟遺跡をいみじくも「西周の殷墟」と称している。文王は豊に遷都し、武王は鎬（「宗周」）を建設した。豊鎬は西安市西南の灃河両岸にあったが、1955〜57年以後発掘が続けられ、建築遺址などが発見されている。

周王朝系譜

古公亶父－季歴－文王－武王－成王－康王－昭王－穆王┬共王－懿王－夷王┐
　　　　　　　　　　　　　　　　　　　　　　　　└孝王　　　　　　│
　　　　　　　　　　　　　　　　　　　　　　└厲王－宣王－幽王－平王

　文王は「天命」を受けて天下の支配権を獲得したとされる。文王受命は、1965年に陝西省宝鶏市で発見された成王5年の㝬尊にすでに見える。「天」の崇拝は周人に始まり、王はのちに「天子」とも呼ばれるようになり、民意に感じた天から命を受けたものとして支配を正当化した。のちにrevolutionの訳語となる「革命」―命を革（あらた）める―とは、もともと天命の移動に伴う王朝交代（「易姓革命」）をいう。

　武王は殷王朝を打倒した（「克殷」）。『尚書』（『書経』）牧誓には、甲子の日に牧野で戦ったとあるが、1976年、陝西省西安市臨潼区で発見された利殷に「珷（武王）商を征す、隹れ甲子」と見え、「甲子」が西周時代以来の伝承であったことが確認された。

　中国古代史において確実な紀年が判明するのは、『史記』十二諸侯年表のはじまる共和元年（前841）とされるが、『史記』にはさらに、秦の紀年の始まる秦侯元年（前857）に在位した王侯以降の在位年数はほぼ記されている。また、魯については、考公（前999〜前995）以下の年数が残されている。『史記』は克殷の年次をいわず、様々な推算があって今なお未確定だが、「断代工程」の前1046年はおよその年代としては了解できる。厲王（前878〜前842）以前の西周諸王の在位年数についてはなお定説がなく、西周期の基本資料である金文を利用するには、それが記された青銅器の断代に従わねばならない。ここでは林巳奈夫の6期断代に従っておく。前期前半は武王・成王、後半は

成王・康王、中期前半は昭王・穆王、後半は共王～孝王、後期前半は
懿王～厲王、後半は厲王～幽王に当たる。

　なお西周諸王の系譜については、1976年に陝西省扶風県荘白村の窖
蔵より出土した史墻盤に文王～穆王および天子（共王）の7王が見え、
2003年に陝西省郿県楊家村の窖蔵より出土した逨盤に文王～厲王およ
び天子（宣王）の12王が見える。

　武王は紂の子の武庚禄父を殷の故地に封じ、弟の管叔鮮・蔡叔度に
監督させたが、武王がほどなく崩じ、弟の周公旦が幼少の成王の摂政
となると、管叔・蔡叔は武庚を奉じて挙兵した。周公は武庚を滅ぼし
たが、19世紀に山東省梁山県（『水滸伝』の梁山泊の近く）で発見され
た梁山七器の一つに大保段があり、大保（召公奭）が成王の命で「彔
（禄）子聖」（武庚禄父）を伐ったと見える。周公は殷を解体して、紂
の兄の微子を宋に封じた。1997年、宋の都城であった河南省商邱市南
方の鹿邑県太清宮で殷末周初の「長子」という人物の中字形（墓道二
つ）大墓が発見された。「微子」は「長子」の誤写で、これを微子の
墓とする説がある。『尚書』洛誥には、成王7年に周公・召公が今日
の河南省洛陽市に「成周」を建設したと見えるが、矤尊銘によれば5
年にすでに成王が洛陽の地に行幸している。1964～72年、洛陽北窯村
麗家溝から西周期の墓葬370基が、1973年には北窯村西南から青銅器
製作址が発見された。洛陽は西の黄土高原から東の華北平原（「中
原」）への出口で、北方のアワ作地帯と南方のイネ作地帯の重なる地
域でもあり、正に天下の中心である。洛陽と北京・上海を結ぶ線につ
くられた扇形の中に、つぎの春秋時代に活躍する諸侯国のほとんどが
存在する。

　これらの諸侯は、武王・成王期に封建された。『荀子』儒効には、
封建された71国のうち53国が「姫姓」だったとある。「姓」は「同姓
不婚」の外婚集団だが、周王朝成立の際に擬制的な血縁集団として創
設されたものらしい。戦国期以降の文献には、諸侯は王朝に対して定

期的に朝覲・貢納を行い、軍役に服し、また王と同姓諸侯は本家と分家の関係にあり、「宗法」という相続・祭祀秩序によって結ばれていたとあり、その点が契約関係である西欧中世の feudalism とは異なるとされるが、いずれにせよ金文には十分な傍証を得ない。西周諸侯の遺跡には、1932～33年に発掘された河南省濬県辛村の衛国墓地、1962年に発掘が始まった北京市房山区琉璃河の燕国墓地（1996年には西周甲骨文が発見されている）、1991年に発掘が始まった山西省曲沃県北趙村の晋侯墓地などがある。

　琉璃河1193号墓から発見された燕侯克罍・盉の「王曰く太保よ、…克に令して匽（燕）に侯たらしむ。」という燕の封建を記す文言は、魯僖公（前659～前627）製作とされる『詩経』魯頌・閟宮の「王曰く叔父よ、爾の元子を建てて、魯に侯たらしむ。」という魯公伯禽（周公旦の子）封建を歌った一節と書式を同じくし、閟宮が西周期に遡る記録を用いたことを証明する。

　晋に封建された唐叔を『史記』は、武王の子、成王の弟とするが、晋景公（前599～前581）製作の晋公盞では、「唐公」すなわち唐叔が武王を補佐して建国したとあり、成王の弟ではありえない。周王朝と姫姓諸侯の続柄に関する伝承が、戦国時代にようやく確定したことを示す（2007年には、「王　唐伯に命じて晋に侯たらしむ。唯れ王の廿又八祀」の銘文をもつ青銅器が紹介された。唐伯は唐叔の子の晋侯燮で、成王28年に唐から晋に移封されたことを示すものとされるが、これも発掘品ではなく香港の私蔵品である）。山西省曲沃県北趙村では晋侯燮から殤叔（前784～前781）までの9代の晋侯とその夫人の墓葬が発掘されている。さらに、2005～06年には、曲沃県羊舌村において2基の大型墓が発掘され、晋文侯（前780～前746）とその夫人の墓と推定されている。

　1954年、江蘇省鎮江市丹徒区で発見された康王期の宜侯夨𣪘は、封建の実態を窺わせる。

　　王　虎侯夨に令して曰く、䚔、宜に侯たれ。鬯𣂝（におい酒）一

卣・商甗（ひしゃく）一・□・彤弓一・彤矢百・旅弓十・旅矢千を賜う。土（領土）を賜う、厥の川三百□、厥の□百又□、厥の□邑（集落）卅又五、厥の□百又冊、宜に在るの王人□又七姓を賜う。奠の七伯を賜う、厥の鬲［千］又五十夫、宜の庶人六百又□□六夫を賜う。

　春秋期以前の国家権力は祭祀と軍事において発動された。地にまき、神の降臨を促すためのにおい酒とそれを酌むひしゃくは祭祀権、弓矢は軍事権の象徴である。領土は、邑だけでなく、自然資源の宝庫である「川」などの山林叢沢をも含む。周王朝は、拠点については、邑や川を一つ一つ数えるような緻密な把握を行っていたのである。人民は、宜の原住民「庶人」、周から入植した「王人」、奠の地から「伯」1人あたり150人ずつ、七「伯」で1050人の「鬲」が与えられた。人為的に150人ずつに編成されるような「鬲」、一人一人把握されてはいるものの、人為的な編成を被らず、従って自律的な生活を営んでいたであろう「庶人」、血縁集団の「姓」までしか把握されない「王人」といった具合に多様な人民のあり方が、春秋期までの人民支配の特徴である。

宜侯矢簋銘
（郭沫若「矢簋銘考釈」、『考古学報』1956-1）

2）西周中・後期

　青銅器断代では、昭王・穆王期は中期前半に当たる。昭王は楚に遠征して敗死した。穆王については、『竹書紀年』やそれと同時に出土した『穆天子伝』に、西王母の地に至ったとあるが、金文では、1999年に紹介された戎生編鐘にそれらしい記述があるだけである。穆王の遠征は、戦国中期までに増幅されたイメージであったといわざるを得ない。

　中期後半の共王期以降、准水方面の准夷への遠征——准水流域は南方産の銅の集積地であった——を記したものを除けば、金文は関中から洛陽に至る王畿（内服）にその記述の舞台を限るようになる。

　内服には内諸侯がいたが、たとえば外諸侯（外服の諸侯）である井（邢）侯に対し、内服にはその分族である井白（伯）・井中（仲）・井季などの内諸侯があり、さらに奠（鄭）・豊などの地に内諸侯井某の分族奠井叔・豊井叔などがいた。内諸侯―外諸侯の血縁的紐帯は、王朝の外服支配を補完していたとされる。

　中・後期の金文には、公族・卿事寮・大史寮・参有嗣（嗣土・嗣馬・嗣工）・小子・師氏・虎臣などの官職ないし身分集団が見えるが、内諸侯の執政団がこれらと王の間にあって、王朝を運営していた。官僚機構は統治機構の従属的な一部分に過ぎなかった。

　中期後半には、冊命金文が出現する。共和元年（前841）の師兌毀一に次のようにある。

　　　隹れ元年五月初吉甲寅、王　周に在り。康廟に各（いた）り、位に即く。
　　　同中　師兌を右（たす）けて門に入り、中廷に立つ。王　内史尹を乎び、
　　　師兌に冊令す。師龢父を疋（たす）け、左右走馬・五邑走馬（つかさど）を嗣れ。…

　ここでは内諸侯同中が、受命者師兌の右者（介添え）をつとめている。受命者は内諸侯より一等低い身分で、冊命によってきわめて具体的な職事を命ぜられる。職事には権益がともなう。中期後半にはすで

に土地争いを記した金文が見えており、賜与すべき邑田が涸渇し、支配層の間に不満が高まっていた。王朝にあっても、懿王ののち叔父の孝王が即位するという異常な王位継承が伝えられている。このような社会的緊張を緩和するため、内服の権益を職事というかたちで分配したものが冊命の実態にほかならない。冊命の受命者は右者である内諸侯と私的な主従関係をとりむすぶ場合があったので、結果的に、内服の権益は内諸侯の分割に帰することになり、さらに分配の対象が王自身の家産に及ぶようになる。ここで王朝は、淮夷遠征など外服への進出による権益の創出を図るようになる。これは外諸侯の反感をかい、厲王初年には、鄂侯御方が東夷・南夷をひきいて反乱し討滅されている（2012年、河南省南陽市夏餉鋪村で西周後期の鄂國墓地が発見された）。諸侯国相互あるいは諸侯国内部の混乱も頻発するようになり、王朝は紀侯の讒言で、斉哀公を烹殺し、弟の胡公を立てるが、哀公の同母弟献公（前859〜前851）が胡公を殺して自立し、献公の孫の厲公（前824〜前816）が胡公の子に殺されるという一連の混乱が伝えられている。厲王期には、玁狁（犬戎）の侵攻も見えはじめる。戎や狄は春秋期に至るまで、中国内地の山岳や叢沢に居住しており、周人がこうした地域に開発を進めたため、衝突が発生したものであろう。

　前842年、厲王が追放され、前841〜前828年の「共和」期となる。『史記』は周公・召公が「共に和して」政治を行った──republic の訳語となる──とするが、『竹書紀年』には共伯和が王を代行したためだとする。上掲師兌毀一の師龢父が共伯和にほかならない。宣王（前827〜前782）は外服進出を再開し、魯に遠征して、懿公（前815〜前807）を弒殺した伯御（前806〜前796）を討滅し、孝公（前795〜前769）を擁立した。幽王（前781〜前771）が、太子宜臼を廃して伯服を立てたため、宜臼の母の実家である申（河南省南陽市）などの外諸侯が宜臼を擁立し（平王、前770〜前720）、幽王と対峙した。ついで幽王は犬戎の攻撃で敗死し、西周王朝は滅亡する。

4 春秋

1）東遷期

　西周王朝が滅びた前771年から、『春秋』（春秋時代の語源となる年代記。魯国の「史記」に孔子が手を加えたとされる）が始まる前722年までの、断片的な資料しか残っていない時期を「東遷期」と呼ぶことにする。

　『史記』十二諸侯年表には平王元年（前770）に「東のかた雒邑に徙る」とある。周王朝の本拠地が今日の陝西省西安市から河南省洛陽市に「東遷」したので、周の「克殷」から東遷までの「西周」時代に対し、東遷以後の春秋戦国時代を「東周」時代ともよぶ。実のところ『史記』は東遷につき十分な情報をもたず、そのため東遷を便宜的に平王元年に記しているに過ぎない。『史記』に先立つ諸文献の断片的な記述から東遷の過程を復元するとおよそ以下のようになろう。

　周幽王の敗滅後、申の平王に対し、虢公翰が王子余臣を擁立し（携王）、宣王の弟・王子友（鄭桓公）が洛陽（成周）を根拠地に東虢・鄶などの諸国を征服して、新鄭に都城を構えた。この三者鼎立を打開したのが晋文侯（前780～前746）である。文侯は蔡共侯（前761～前760）とともに、淮水流域に遠征し、鄭桓公の子の武公とともに平王に帰順した。『尚書』文侯之命は、平王の文侯への命とされる。文侯は前750年に携王を討滅したが、前746年に卒した。文侯を嗣いだ昭侯は、前739年、叔父の曲沃桓叔に殺害され、晋は長期の内乱に陥る。ここで王朝への影響力を独占した鄭荘公は、平王を洛陽に移した（2011年に公刊された清華簡『繋年』は西周～戦国前期の歴史を紀事本末体で記し、東遷に関する独自の記述が見える。すなわち、幽王敗滅後、幽王の弟である余臣が「攜惠王」として虢において擁立され、前750年に晋文侯に殺害された。9年間の空位を経て、前740年、晋文侯が鄂（申の東北。漢代の

南陽郡西鄂県。今日の河南省南召県)にあった平王を「京師」(宗周)で擁立し、前738年に成周に移動した、というものである)。

春秋戦国時代の洛陽については、1954〜58年の調査で、東周

春秋時代の諸国
(小倉芳彦『春秋左氏伝』上、岩波書店、1988、6-7頁を改変)

王城の城壁が発見されている。平王は鄭荘公と虢公を卿士に任じ、かれらを通じて中原・西方の支配再建を図った。虢(西虢)については河南省三門峡市上村嶺の墓地の発掘が、1956〜57年以降続けられている。

　西周後期より、内紛や相互の紛争に陥っていた中原諸国は、混乱に対処するため都城を強化し、兵役負担者を集住させた。1971年に発掘された斉の臨淄(山東省淄博市臨淄区)は、献公(前859〜前851)の時に建設された。1978年の調査で発見された魯の曲阜故城(山東省曲阜市)の城壁は一説では西周後期以降のものだとされ、前796年の伯御討滅ののち建設されたものとなろう。「國」は西周金文では「或」と書き、邑を戈(武器)で守る会意字である。西周期には「東或」「南或」など王朝の軍事的影響力の及ぶ広い地域を指したが、都城に軍事力が集中した結果、春秋期には「國」は都城の意味となり、都城に住み特権的に兵役を担う人々は「国人」と称された。諸侯のもとには卿・大夫・士・庶人・工商および隷属民の身分があったが、国人は大夫下層・士に相当する。この時期には、中原の有力諸侯国が周辺の小

国を併合して領域を拡大した。この結果、邑田を獲得して有力化した家系が、卿や大夫上層の身分を独占的に世襲して世族を形成する。やがて有力諸侯国相互の紛争が慢性化し、軍事的負担に国人が不満を抱くようになった。国内支配の動揺に直面した諸侯は、最有力の諸侯を盟主にいただく同盟を結成し、紛争停止を図った。斉荘公（前794～前731）・僖公（前730～前698）の「小伯」（「伯」は「覇」の意味）の成立である。斉桓公（前685～前643）の覇権は、「小伯」の延長上にある。

2）春秋前期

　斉桓公は、前679年、中原諸侯を同盟下に収め覇者となった。この時期、戎狄が活発化していたが、桓公は前664年、燕に侵攻した山戎──夏家店上層文化（内蒙古東南部・河北北部）を山戎に比定する説がある──に出兵し、狄の侵攻を被った衛（河南省淇県）・邢（河北省邢台市）を前659～前658年に、黄河右岸に移動させた。

　中原にとって最大の脅威は楚であった。『左伝』には前710年に楚の北上を示唆する最初の記述が見えるが、1994年、山西省曲沃県北趙村の晋穆侯（前795～前785）の墓から楚公逆（熊咢。前799～前791）の製作した鐘が発見され、1998年には、陝西省扶風県法門鎮召陳村の窖藏から楚公豪（若敖。前790～前764）の製作した鐘が発見された。西周後期の楚がすでに中原と交渉していたことが知られる。楚は熊咢以降、中原風の「楚公」の称号を用いて王の地位を高め、蚡冒（前757～前741）が「厲王」の王号を称するに至っている。（なお、2010年に公刊された清華簡『楚居』には、西周・春秋の交の楚について、独自の系譜が見える。）

　楚は前680年に蔡を下し、鄭にしばしば侵攻した。桓公は、前656年、

中原諸侯をひきいて楚を撃退した。

桓公は後世から「尊王攘夷」の理想的霸者とされるが、王朝と頻繁な交渉をもつようになったのは、ようやく前655年以降のことであり、それも王太子鄭（周襄王。前651～前619）の請援を契機とするものであった。斉の霸権は洛陽以東に限定されており、王朝に対してはむしろ不干渉を基調とし、もっぱら淮水流域への進出を図った。

桓公の死後、宋襄公（前650～前637）が霸権掌握を図ったが、前638年、楚に敗戦し、戦傷のため翌年卒した。渡河中の楚軍への攻撃を拒んだのが「宋襄の仁」である。

3）春秋中期

前632年、楚は斉・宋以外の中原諸国を制圧していたが、宋の請援で出兵した晋文公（前636～前628）に城濮で敗れ撤退した。文公は王朝より霸者に認証された。1995年に紹介された子犯編鐘は、晋の卿であった狐偃（字・子犯）がこの時の経緯を記している。

晋は西周中期よりすでに王朝と親密であった。上述の戎生編鐘には、作器者の父が共王の命令で晋侯を補佐したことが見え、1991年に北趙村の晋侯墓群から盗掘され、翌年、上海博物館が香港の骨董商から買い戻した晋侯蘇編鐘には、晋献侯（前822～前796）が周宣王の東方遠征に従軍したことが見える。つぎの穆侯（前795～前785）も宣王の戎との戦争に協力した。文侯が平王を援助したことはすでに述べた。晋にはこのように勤王の伝統があったが、加えて山西南部にあった晋は、中原や淮水流域への進出に王朝との提携が必須であった。周王朝を一貫して奉じた結果、晋の霸権は政治社会秩序としての正統性を獲得し、120年にわたって継続した。春秋の五霸とは戦国後期の五行説に基づく観念であり、実際の霸権は、斉桓公・晋文公・楚荘王・呉王夫差・越王句践に順次受け継がれたものではなく、文公以降の晋侯が一貫して把握していた。

晋を中心とする持続的な外交関係は、それにともなう「礼」を規範化した。「礼」を共有する中原諸国は自らを「諸夏」と称した。中原を「禹跡」（禹の足跡）とし、禹を夏王朝の開祖とする観念がすでに共有されていたためである。これに対し、なお国家を形成していなかった戎狄は、同盟に安定的に参加しえず、「礼」から排除された。諸夏と異族を対比することは、秦景公（前576〜前537）製作の青銅器銘文に「蛮夏」と見える。中原に雑居していた戎狄は、戦国時代までには国家を形成して「諸夏」に参加するか、辺境に駆逐されるかして消滅した。『詩経』の大雅には、「中国」「四方」の対比が見える。この「中国」は周王朝の都城ないし王畿の意味だが、戦国時代には、これを援用して「中国」「四夷」の対比が出現した。こちらの「中国」は「諸夏」の住まう中原を指し、辺境化された四方の野蛮人たる「四夷」—東夷・南蛮・西戎・北狄という呼称は五行思想に基づき四種類の野蛮人を四方に割り振ったものである—に対比するものとして再定義されたのである。ここに「中華」（「華」は「夏」に通ずる）思想が完成することになる。

　中原諸国では、すでに世族が卿位を独占世襲していたが、晋が同盟内部の紛争を禁じ、邑田を獲得しえなくなった結果、後発家系の成長は抑制され、加えて晋が同盟国の政権安定を望んだため、世族の地位は一層強化された。当時の中原の政治社会的秩序は、全中原的な覇者体制と各同盟国の世族支配体制により相互補完的に構築されていた。

　晋に対抗しうる強国は、楚のほかに斉と秦があった。斉は前631年以降、晋の主宰する会盟や軍事行動に不参加となり、晋の覇権のもとにあった中原から離脱する。

　秦の開祖・非子（？〜前858）は周孝王より秦邑（甘粛省清水県）を与えられて「附庸」（諸侯より下級の領主）となり、その子孫の秦仲（前844〜前822）は宣王の大夫として西戎を伐って戦死し、その子の荘公（前821〜前778）は西戎を破って、西垂大夫に任ぜられた。『史記』

秦本紀には、荘公の子・襄公（前777〜前766）が平王の東遷を援助して正式な諸侯に封ぜられたとあるが、前325年に恵文王が王号を称した際、秦を周王朝の正統な後継者とするために創作された記述である。実際には西周王朝滅亡の混乱に乗じて自立したものである。甘粛省礼県大堡子山で1994年に発掘された中字形（墓道二つ）・目字形大墓各１基から「秦公」「秦子」の銘文をもった青銅器が出土したが、襄公とその夫人の墓とする説がある。秦の王朝との交渉が確認されるのは、憲公（前715〜前704）の時で、1978年に陝西省宝鶏市楊家溝村で出土した秦公鐘・鎛は、憲公の子の出子（前703〜前698）とその母「王姫」（周王朝から嫁いだ姫姓の女性）が製作したものである。穆公（前659〜前621）は晋の公位継承紛争に介入して晋恵公（前650〜前637）・文公を擁立し、前649年、周の王子帯の乱を晋とともに平定した。秦もまた王朝と提携して淮水流域進出を図っており、晋とは競合関係にあった。前627年、秦は殽の戦で晋に大敗し、関中への逼塞を余儀なくされた。当時の秦の都城である雍の遺跡は陝西省鳳翔県にあり、南郊の三時原では陵墓が確認され、1976〜86年に景公（前576〜前537）の墓である１号墓が発掘された。景公製作の秦公殷・鐘が知られており、襄公の「受命」を称するが、１号墓から発見された編磬は景公を「天子」と称し、『詩経』の秦風や石鼓文（太鼓形の花崗岩に『詩経』に似た詩篇を刻する。秦景公時代の作品とする説があり、中国最古の石刻。唐初に三時原より10件出土、北京故宮博物院所蔵）でも秦の国君を「天子」「王」と称している。周王朝を奉ずる中原の政治秩序から排除された結果、秦人は国君を「天子」に見立てた小「天下」を仮構したのである。

　前618年、北上を再開した楚に鄭が降る。鄭の領域は西周期には王畿に属し、晋が周王朝を確保するには、鄭の奪回が必須であった。ここで、鄭をめぐる晋楚対立が続くことになる。晋の国内的混乱に乗じた楚荘王（前613〜前591）は、前606年、洛陽近郊に迫り、周に「鼎の

軽重」を問うた。前597年、晋は邲で楚に大敗を喫したが、前589年には鞌で斉を破り、前575年、鄢陵で楚を破った。

晋は長江下流域の呉に使者を送り、前584年、楚と開戦させた。長江下流域では、西周後期ころから墳丘墓（土墩墓）に代表される独自の文化が展開した。1992〜94年に発掘された江蘇省蘇州市の真山大墓は呉王寿夢（前585〜前561）の墓とされる。『史記』呉世家には、周の太伯・虞仲が弟の季歴に継承権を譲って呉に出奔したとあるが、これは本来、山西省にあって前655年に晋に併合された虞（呉と発音が近い）の伝承である。晋から得た虞の伝承を流用して、呉は周の子孫を自称したのである。

晋は前562年に鄭を奪回し、楚の中原進出を断念させた。呉の侵攻に苦慮した楚は、前546年、宋の盟で晋と講和した。中原諸国は、晋の主宰する会盟や軍事行動に参加し、国君や卿が朝聘し貢納することを義務づけられていた。これは楚の中原侵攻に対する晋の軍事的負担への代償だったが、晋楚講和の結果、その根拠が失われた。

晋の軍事的規制が弛緩すると、中原諸国では、世族支配体制のもとに蓄積された、世族間、世族とその他支配層（国君の分族である公子公孫や大夫層）、世族宗主と一般成員の矛盾が一挙に噴出することになり、内乱が続発する。

前506年、晋は楚に圧迫された蔡の請援を受けて中原諸侯と召陵に会し、皐鼬に盟したが、結局、楚に対する軍事行動を中止してしまう。この結果、前6世紀末には同盟国が次々に離反し、晋の覇者体制は解体する。

楚では前605年に世族若敖氏が滅亡し、王の叔父にあたる公子が政権を担当する不安定な公子群政権が続いた。1976〜79年に河南省淅川県下寺で発掘された楚墓から、前559〜前552年に令尹（楚の卿の筆頭）をつとめた公子午の製作した鼎が出土している。霊王（前540〜前529）・平王（前528〜前516）は王の専権を図ったが、昭王（前515〜前

489）の時、前506年に、蔡昭侯（前518〜前491）の請援を受けた呉王
闔廬（前514〜前496）の侵攻で都城の郢（湖北省荊州市紀南城）が陥落
している。1955年、安徽省寿県西門で蔡昭侯の墓が発見され、闔廬が
製作した呉王光鑑や、昭侯が呉に嫁ぐ娘のために製作した蔡侯申盤・
尊など大量の青銅器が出土した。

4）春秋後期

　晋楚講和の結果、晋でも世族間の矛盾が高まった。前497年、范・
中行氏が、知・趙・韓・魏氏との間に戦端を開いたが、斉が范・中行
氏を支持したため、内乱は長期化し前490年にようやく平定された。
当時の晋の都城である絳の故城は、山西省侯馬市で発見されているが、
1965年、侯馬市の東郊から、范・中行の乱の際の盟で趙氏が用いた載
書が出土し、1980年には河南省温県の州城遺址から韓氏の載書が出土
した。

　前496年、呉は越に敗戦し、その戦傷で呉王闔廬は卒した。呉王夫
差（前495〜前473）は、前494年、越王句践（前496〜前465）を破って
父の復讐を果たした。夫差は、前484年、艾陵で斉を破り、前482年、
黄池で晋と会した。1920年代に河南省輝県市で出土した趙孟介壺は、
黄池の会のとき、晋の正卿（筆頭の卿）趙簡子の家臣が製作したもの
である。ところが、越が呉に侵攻したため、夫差は中原より撤退し、
前473年、越は呉を滅ぼす。「臥薪嘗胆」は復讐を誓った夫差・句践の
故事である。『史記』越世家には句践が斉・晋と会し、周王朝に貢納
して覇者の地位を得たとあるが、この時期の越の活動を比較的詳細に
記す『左伝』には傍証を得ない。1996〜98年、浙江省紹興市の印山大
墓が発掘され、句践の父、越王允常の墓とされている。

　范・中行の乱ののち、晋は覇者体制の再建を図って中原に出兵し、
これを拒む斉と対立した。趙簡子から知伯に正卿が交代すると、出兵
の対象が衛から鄭に転換されており、この出兵が一面で世族の利害を

反映したことがわかる。知伯は鄭のほか秦を攻め、北方・西北方の戎狄の地への進出をめぐって競合した趙襄子（前475～前425）——趙襄子は代を征服した。玉皇廟文化（北京市・河北北部）を代に比定する説がある——を晋陽（山西省太原市）に包囲したが、前453年、趙氏と通じた韓・魏氏の裏切りで敗死した。現在では、この前453年を春秋・戦国の交とする研究者が多い。

　春秋後期の中原諸国では、世族支配体制の動揺を受けて、国君や世族宗主が、従来の身分制的な権力機構とは別に家臣を蓄えるようになった。これに呼応して人材を育成したのが孔子（前552／551～前479）であり、『詩経』『尚書』などの古典（儒家はのちに『春秋』『易』『儀礼』を加え「五経」と称する）や、礼の実習により弟子を教育した。従来の家臣が国君や世族宗主との人格的な関係にもっぱら依存したのに対し、孔子は「道」すなわち客観的規範に基づく君臣関係を主張し、君主が「道」を逸脱した場合、臣下は自由に致仕できるとした。開放的な君臣関係を前提に、続く戦国時代には、自由な知識人としての「士」が活躍することになる。

5　戦国

１）戦国前期

　知伯滅亡後、趙襄子が晋の正卿となる。趙・韓・魏の三晋はそれぞれの首邑である晋陽・平陽（山西省臨汾市堯都区）・安邑を中心に実質的な独立を進めた。1987年以降、山西省太原市南郊の晋陽故城が調査され、趙襄子の墓が発見された。1959～62年に調査された山西省夏県の禹王城は安邑の遺跡である。

　この時期、楚恵王（前488～前429？）が、蔡（安徽省寿県）（前447）・杞（山東省安邱県）（前445）・莒（山東省莒県）（前431）を併合し

た。1978年に発掘された湖北省随州市擂鼓台の曾侯乙墓は、楚の従属国国君の墓であり、楽器など10tもの青銅器を副葬していた。恵王がその56年（前433）、この墓の副葬用に製作した鐘のほか、楚王・太子、魯陽公・陽城君・坪夜君など楚の封君、令尹・左尹・右尹・大工尹・宮厩尹など楚の卿・大夫の車馬贈贈を記した遣策（副葬品リスト）が発見された。現在のところ最古の簡牘である。恵王は宋の征服をも図ったが、これを阻止したのが兼愛・非攻を唱えた墨子（前480？〜前390？）である。

戦国時代の諸国
（野口定男ほか『史記』上、平凡社、1972、483頁を改変）

　ついで越が活発となり、越王朱句（前448〜前412）は、滕（山東省滕州市）（前415）・郯（山東省郯城県）（前414）を併合した。（『繋年』には前441年・前430年に晋が越と結んで斉を攻めたことが見える。）

　前425年に趙襄子が卒すると、趙献侯（前423〜前409）・韓武子（前424〜前409）は中牟・宜陽に首邑を遷して衛・鄭の征服を開始し、斉・楚との対立が激化した。晋の正卿となった魏文侯（前445〜前396）は、西方で秦を破り、晋烈公（前415〜前389）を擁立し、前404年、周威烈王（前425〜前402）の命を奉じ、三晋連合軍をひきいて斉を破った。1928年頃、洛陽金村で発見された驫羌編鐘はこの戦争を記し

ている。前403年、三晋は、威烈王より諸侯に公認された。三晋はなお晋侯に臣従したが、『資治通鑑』はこの年を戦国時代の開始とする（『繋年』には前422～前420年の晋楚戦争、前404年の晋斉戦争——三晋が越王翳（前411～前376）と結んで斉を攻め、斉・魯がまず越と講和し、ついで斉が魏文侯の率いる三晋軍に大敗した。晋烈公は斉・魯・宋・衛・鄭を率いて周王に朝した——、前400～前397さらにその後数年に及ぶ晋楚戦争を記す）。

魏武侯（前395～前370）は、楚を撃退し、周王朝・晋侯を奉じて、秦・楚・斉から中原を防衛する晋の覇権を再現した。前386年、魏は、周安王（前401～前376）に、斉の世族田和（太公、前386～前385）を姜氏に代わって諸侯として公認させた（田斉）。1857年に山東省膠県霊山衛故城より出土した子禾子釜は、田和称侯以前の作器である。

ところが、中原諸国の存続を前提とする晋（事実上は魏）の覇権は、衛・鄭征服を図る趙・韓の志向と相容れず、前386年以後、三晋間の抗争が延々と続くことになる。魏は、韓を懐柔するため、前375年に鄭の併合を認め、翌年、晋侯にこれを認証させている。さらに魏・趙・韓はそれぞれ斉・楚・秦との提携に走り、これらから中原を防衛する覇権のありかたは自壊した。

2）戦国中期

魏恵王（前369～前319）が立つと、叔父の公中緩との間に公位継承紛争が発生した。これに介入した趙・韓は、前369年に晋侯を絳より屯留に遷し、前367年には周を東西に分裂させた。魏が周王朝・晋侯を奉じて覇者体制を維持することはもはや不可能となった。

ほどなく秦が東進を開始した。秦では躁公（前442～前429）が卒したのち、公位継承紛争が続発したが、簡公（前415～前406）の頃から国君専権を制度的に強化するようになった。前409年には、「吏」に剣を帯びさせ、支配層としての身分を認めた。春秋後期より拡充されつ

つあった家臣制を統治機構に正式に編入したものである。再編された統治機構を維持する財政基盤確保のため、前408年「初めて禾を租す」という措置がとられた。

春秋期の戦争では、「国人」により編成された、三人乗りの戦車1000乗、3000人程度の戦車兵が動員されたが、晋の世族は、前6世紀後半には、私邑から大量の兵員を動員するようになり、前5世紀には、戎狄征服の本格化にともない、戦車戦から歩兵戦への転換が進んだ。東進にそなえて櫟陽（陝西省西安市臨潼区武家屯）に遷都した秦献公（前384〜前361）が、前375年に戸籍を作成して民を「伍」（五人組の戦闘単位）に編成したのは、晋（魏）に対抗して歩兵を大量動員するためであり、前364年に秦は石門で魏を大破して「斬首六万」の戦果を挙げた。すでに数万人規模の歩兵が動員されるようになっていたのである。周顕王（前368〜前321）が秦を祝賀したが、韓の領土に囲まれた周が、韓の同意なく秦と連絡することは不可能である。魏・趙に対抗すべく、韓が周王朝を介して秦との宥和を図ったものである。しかし、秦の東進は止まず、三晋は講和に転じた。前360年に、周王朝が秦孝公（前361〜前338）に「胙」（祭肉）を贈ったのは、三晋が王朝を介して秦を懐柔したものである。

趙は前386年に邯鄲（河北省邯鄲市邯鄲趙城）に、韓は前374年に新鄭（河南省新鄭市鄭韓故城）に遷都していたが、魏も前361年に大梁（河南省開封市）に遷都した。これらの都城は洛陽から東方・北方に向かう交通路上にあった。楚の副都というべき陳も新鄭・大梁にほど近く、大梁の東方には、『史記』貨殖列伝に「天下の中、諸侯四通」と謳われた陶があった。春秋時代の晋の世族は中原諸国の貢納に依存したが、三晋は中原に都城を構えることで自ら中原国家に転化したのである。

大梁建設の際、魏は黄河から鴻溝を引き、大梁西方に長城・陽池などの防備施設を構築した。民を組織的に徴発することで大規模土木工

事が可能になったのである。山林藪沢の開発によって農地も飛躍的に拡大し、誘致に応えて農民が他国に移住することが日常的に行われた。鉄製農具や牛耕の普及、小農民の析出が本格化するのもこの頃であろう。

　農業生産力の上昇にともない、大量の余剰人口を養うことが可能となり、諸侯の都城をはじめとする都市が発達した。都市に設置された「市」では三晋・周の布銭、斉・燕の刀銭、秦の環銭、楚の蟻鼻銭など青銅貨幣が用いられ、高額取引には黄金も用いられた。三晋では都市ごとに貨幣が鋳造され、都市の自律性の高さと評価されている。

　『史記』には、この時期、秦孝公に仕えた商鞅（前390？〜前338）が二度の「変法」を実施したとある。孝公18年（前344）の紀年をもつ商鞅量に、「大良造鞅」と見え、商鞅が秦の卿の筆頭である大良造に任ぜられたことは事実である。しかし『史記』の記述は、戦国後期の法家の創作部分が大きい。確実な年代記的部分に見えるのは、前350年の咸陽（陝西省咸陽市秦咸陽城）遷都と県制の実施であり、多様な名称をもち、国家との関係も様々であった邑を統合して「県」とし、県令を派遣し、前349年には県に「有秩史」を設置した。郡は上郡の太守が恵文王後五年（前320）に製造した戈が知られている。「郡」「県」は春秋期から散見するが、秦漢的郡県制の形成は戦国後期に降ることになる。

　戦国中期には、国君専権を支える様々な要素が出現したが、国家の運営はなお場当たり的であった。それを端的に示すのが、「遊士」（他国出身の知識人）の活躍である。戦国前期には魏文侯が子夏（前507？〜前420？）やその弟子を登用したが、かれらは国君側近の顧問であったに過ぎない。ところが、戦国中期には、遊士出身の大臣が登場する。魏武侯・楚粛王（前378〜前370）に仕えた呉起（前440？〜前370？）や、上述の商鞅はともに衛人であった。呉起・商鞅が楚粛王・秦孝公が卒するとたちまち誅殺されたように、遊士は国君の信任に専ら依存し、

かれらを登用した国家運営は勢い不安定であった。

　前349年、晋が断絶すると、魏恵王は自らの覇者認証を周王朝に迫ったが、魏の覇権を嫌った韓は、前343年、周と謀って秦孝公を覇者に認証させた。そこで恵王は、中原では周王朝だけが保持していた王号を称し、周王朝覆滅を図ったが、斉威王（前357～前320）に馬陵の戦で大敗した。秦孝公が卒すると、恵文王（前337～前311）が周王朝を推戴して覇権を保持した。日中戦争の頃、陝西省鄠県で出土した秦封宗邑瓦書には、「四年、周天子　卿大夫辰をして来たりて文武の胙を致さしむ」とあり、『史記』秦本紀恵文王4年（前334）の「四年、天子　文武の胙を致す」という記述が確かな材料に基づくことを証明した。この年、斉に接近した魏は、王号を相互に承認することで、周王朝とそれに認証された秦の覇権を否定した。周王朝の秦への致胙はこれに対抗したものだが、秦は、前331～前328年の大攻勢で魏の黄河以西の領土を全て攻略すると、周王朝推戴を放棄し、前325年に王号を称した。

　春秋期以来の周王朝を奉ずる覇権の否定は、新たな政治社会秩序を求めて、「諸子百家」が自由な思考を飛躍させる契機となった。斉威王・宣王（前319～前301）は国都臨淄の稷門の外に「稷下の学」を設け、知識人を招いた。孟子（前395？～前305？）もその一人である。当時は儒家のほかに、「楊墨」すなわち楊朱（前395？～前335？）を奉ずる道家の一派と墨家が流行し、君民共耕を主張する農家の許行（前390？～前315？）もあり、陰陽家の鄒衍（前385？～前319？）も稷下にいた。道家では現行の『老子』の祖形がすでに成立し、荘子（前365？～前290？）が活躍した。戦国後期には、形式論理学に特化した名家の公孫龍（前320？～前250？）や、軍事技術さらには国家の軍事的再編成を説き『孫子』『孫臏兵法』『尉繚子』『呉子』『六韜』などを編纂した兵家が出現する。儒家や墨家は現実の政治を論じたが、道家や陰陽家はときに現実の時空を超越し、そのような思考実験を容認す

新出戦国楚簡

コラム

　1986年11月〜87年1月、湖北省荊門市十里舗鎮王城村の包山2号楚墓が発掘された。楚の都城である紀南城の北10kmに位置し、直径54mの墳丘と、二槨三棺の葬具をもち、出土した竹簡から、左尹邵𨕙なる人物の墓であることが知られた。邵（昭）氏は景氏・屈氏と並ぶ戦国楚の世族で、邵𨕙は、昭王の子で曾侯乙墓竹簡にも見える坪夜君の玄孫にあたり、副葬された礼器の数から大夫身分とされる。278枚の字をもつ竹簡が出土し、字数は12,472字に及んだ。その内容は、文書・卜筮祭禱記録・遣策に分かれ、「大司馬邵陽　晋師を襄陵に敗るの歳」などの大事紀年により、前322〜前316年のものとされる。『史記』の記述が秦に偏り、1975年出土の湖北省雲夢県睡虎地11号墓秦簡など考古資料も充実しているので、前3世紀の秦のことはよくわかる。秦以外の六国については文献・出土文字資料ともに乏しかったが、楚のしかも前4世紀に遡る包山楚簡の出現は、従来ほとんど未開拓の研究領域を提供するものとなった。1991年に『包山楚簡』（文物出版社）が公刊された。1993〜94年、河南省新蔡県葛陵故城で大型墓1基が発掘され、竹簡1,571枚が発見された。卜筮祭禱記録と遣策から成り、墓主は平（坪）夜君の孫にあたる。大事紀年には、「大莫敖陽爲・晋師長城に戦うの歳」（前420）・「王　鄩郢に徙るの歳」（前398）などが見える。2003年に『新蔡葛陵楚墓』（大象出版社）が公刊された。

　1993年8月と10月に、湖北省荊門市の郭店1号楚墓が盗掘され、10月18〜24日、荊門市博物館が緊急発掘を行った。一槨一棺の上士身分の墓で、発掘担当者は、遺物から「戦国中期偏晩」すなわち前300年頃としている。804枚の竹簡が発見され、『老子』甲・乙・丙篇は現行本と大いに体裁を異にし、『緇衣』は現行の『礼記』緇衣篇の祖本である。その他、『太一生水』などの逸書が含まれる。1998年に『郭店楚墓竹簡』（文物出版社）が公刊された。

　そのほかの戦国楚簡としては以下のものがある。「上博簡」；1994年、上

海博物館が香港で購入。上海古籍出版社より、『上海博物館蔵戦国楚竹書』一（2001）〜八（2011）が公刊。「清華簡」；2008年、清華大学の校友が香港で購入し、同大学に寄付。中西書局より『清華大学蔵戦国竹簡』一（2010）〜四（2013）が公刊。「浙大簡」；2009年、浙江大学が購入。浙江大学出版社より『浙江大学蔵戦国楚簡』（2011）が公刊。

る余裕がなお存在したということである。

3）戦国後期

　覇者体制の再建が断念され、新しい外交のありかたが模索されるようになった前320年代以降、遊士の活躍は頂点に達した。秦恵文王に仕えた張儀（？〜前310）は魏人、燕昭王（前313〜前279）・斉湣王（前300〜前284）に仕えた蘇秦（？〜前284？）は周人である。1973年に湖南省長沙市の馬王堆3号漢墓から発見された帛書『戦国縦横家書』によって、蘇秦が張儀より後に活動したことが判明した。秦が否定的に記号化された漢代の縦横家が、その開祖を秦に仕えた張儀とすることを憚り、『史記』に見えるような、蘇秦を張儀の兄弟子とする筋書きを創作したものであろう。戦国時代の語源となった『戦国策』は、合従連衡に携わった遊士の弁論を載せるが、前329〜前280年の半世紀に属するものが6割以上を占める。

　この半世紀、魏に代わって覇を争ったのは、中原外の秦・楚・斉、それに、武霊王（前325〜前299在位、前295卒）以降、中山・燕への進出に転じ、中原外国家に成長した趙であった。中山は春秋時代の白狄の一部が建国した鮮虞が改称したものである。河北省平山県で王墓や霊寿都城が発掘されている。燕の都城は薊（北京）にあったが、副都である下都遺址が河北省易県にある。

　これら中原外諸国は、前316年の秦の巴（重慶市）・蜀（四川省成都

市）征服など、辺境に領土を拡張し、今日の中国本土を形づくった。北方辺境には戎・狄さらに貉と称される人々があった。形質人類学的にかれらは中国本土の住民と同じ東アジア＝モンゴロイドに属したが、前5〜前4世紀頃から、北アジア＝モンゴロイドに属し、のちの匈奴・東胡の祖先にあたる遊牧民が南下した。前4世紀末より、秦・趙・燕は北方に進出して長城を構築し、遊牧民と対峙した。趙武霊王はこの時、遊牧民の軍装である「胡服騎射」を採用している。中華と遊牧民に南北より圧迫された結果、戎・狄は最終的に消滅した。

　斉湣王は前288年には、秦昭襄王（前306〜前251）とともに東帝・西帝を称し、前286年には宋を併合するなど強盛を誇ったが、前284年、燕の将軍楽毅の率いる五国連合軍に敗滅した。楚懐王（前328〜前299）は、春秋期以来の秦との友好関係を廃棄し、前312年に開戦したが、丹陽の戦で大敗し、のちに秦に抑留されて死んだ。この時、楚の頽勢を憂えて汨羅（洞庭湖）に身を投げたのが、『楚辞』で有名な屈原（前343？〜前299？）である。また、詛楚文は、この丹陽の戦の際に秦恵文王が楚の敗北を巫咸などの神に祈願した石刻である（北宋時代に陝西鳳翔・朝那で3件出土、現在は摹本だけが残されている）。前278年、秦の将軍白起（？〜前257）は、楚の都城である郢（湖北省荊門市紀南城）を攻略し、楚を東方に駆逐し、前260年、長平の戦で趙を大破した。楚の最後の都城は寿春（安徽省寿県）だが、1920年代以降、同県の朱家集から楚考烈王（前262〜前238）・幽王（前237〜前228）の製作した青銅器が発見され、1980年代以降の調査で都城遺跡が確認されている。

　秦の独走が決定的になると、縦横家の口舌による外交はもはや無用のものとなり、戦国諸国では、国制の合理化が急速に進む。その帰結が秦漢専制国家である。現行の諸子百家の文献のほとんどは、この時期に成書したが、『管子』『司馬法』『周礼』『商君書』などは、来るべき理想国家のモデルを示すべく編纂されたものである。秦の相邦・呂

不韋（？〜前235）の『呂氏春秋』編纂など、思想統制の趨勢が現れ、儒家では孟子の楽天的な性善説を否定する荀子（前340？〜前245？）の性悪説が登場し、その弟子で法家の韓非子（前280？〜前233）は、奸臣に騙されない国君の心得に議論を矮小化した。

　前256年に王赧（前314〜前256）が崩じて周王朝が断絶すると、昭襄王は諸侯を来朝させ、前253年、雍において上帝を郊祀した。周に代わる王朝樹立を宣言し、秦を天子とする封建制を志向したものである。ところが、前251年に昭襄王が卒し、短命な孝文王（前250）・荘襄王（前249〜前247）のあと、幼少の秦王政（始皇帝）が即位し、秦の統一は先送りされる。秦王政は前238年に親政を開始するが、その翌年にはなお斉王建（前264〜前221）・趙悼襄王（前244〜前236）が来朝している。秦が他国の臣従を断念して武力統一に踏みきるのはそれ以降のことである。

【附記】新石器時代については、岡村秀典「農耕社会と文明の形成」（『岩波講座世界歴史』3、岩波書店、1998）に負うところが大きい。その他考古学関係の記述は、小澤正人・西江清高・杉本憲司・飯島武次・宮本一夫諸氏の論著を特に参照した。戦国時代の王侯の在位年代については異説が多い。ここでは吉本道雅「史記戦国紀年考」（『立命館文学』556、1998）・「清華簡繋年考」（『京都大学文学部研究紀要』52、2013）によった。

◉──参考文献

白川静『金文通釈』1〜6（白鶴美術館、1964〜1980年）

林巳奈夫『殷周時代青銅器の研究─殷周青銅器綜覧一』（吉川弘文館、1984年）

張光直（小南一郎・間瀬収芳訳）『中国青銅時代』（平凡社、1989年）

飯島武次『中国周文化考古学研究』（同成社、1998年）

小澤正人・谷豊信・西江清高『中国の考古学』（同成社、1999年）

杉本憲司『中国の古代都市文明』（思文閣出版、2002年）

落合淳思『殷王世系研究』（立命館東洋史学会、2002年）

飯島武次『中国考古学概論』（同成社、2003年）

宮本一夫『神話から歴史へ』（中国の歴史01　神話時代・夏王朝）。（講談社、2005年）

吉本道雅『中国先秦史の研究』（京都大学学術出版会、2005年）

秦・漢

鷹取 祐司

年　表

前221	始皇帝　天下統一完成。「皇帝」「制」「詔」「朕」などの専用語を定める。
前214	嶺南を平定し桂林・象郡・南海3郡を設置。匈奴から河南の地を奪回。
前213	焚書令を発布し、実用書以外の民間所蔵を禁止する。
前212	坑儒事件起こる。
前210	始皇帝　第5回巡幸の途中で病死。二世皇帝即位。
前209	陳勝呉広の乱起こる。劉邦・項羽ら挙兵。
前206	秦王子嬰　劉邦に降伏。秦滅亡。項羽　18王を封建。楚漢戦争開始。
前202	項羽自殺。劉邦　皇帝位に即き漢王朝を創始。
前200	高祖　平城で匈奴に囲まれる。
前188	恵帝死去。呂后が少帝を擁立し臨朝称制する。
前180	呂后死去。呂氏の乱起こる。代王を皇帝に迎える。文帝即位。
前154	呉楚七国の乱起こる。
前141	景帝死去。武帝即位。
前134	毎年、郡国に孝廉各一人を推挙させることにする（孝廉科の開始）。
前129	対匈奴全面戦争開始。
前126頃	張騫が西域より帰還。
前124	博士弟子員を設置。
前119	塩鉄専売開始。衛青　匈奴単于を漠北に駆逐。対匈奴戦争一旦休止。
前111	南越を滅ぼし、南海など9郡を設置。
前110	武帝　泰山で封禅を挙行。平準法施行。
前108	衛氏朝鮮を滅ぼし、楽浪など4郡を設置。
前106	全国に13州を設置し、刺史に郡を監察させる。
前104	太初暦施行。正月を歳首とする。李広利　大宛遠征開始。
前99	対匈奴戦争再開。李陵　匈奴に降伏する。
前91	巫蠱の乱が起こり、衛太子自殺。
前89	武帝　輪台の詔を出し、対外積極政策を中止。
前87	武帝死去。昭帝即位。霍光　大司馬大将軍となり昭帝を補佐。
前81	塩鉄会議開催。
前80	燕王旦謀反事件起こる。霍光の専権体制確立。
前74	昭帝死去。霍光　昌邑王賀を擁立するが27日で廃位し、宣帝を擁立。
前66	霍氏　謀反が発覚し誅滅される。宣帝の親政開始。
前40	郡国廟廃止。
前33	匈奴呼韓邪単于来朝。王昭君を降嫁させる。元帝死去。成帝即位。
前32	長安南北郊を設置。翌年にかけて甘泉泰時・汾陰后土祠・雍五時と多くの郡国諸祠を廃止。
前8	王莽　大司馬となる。
前7	成帝死去。哀帝即位。王莽　大司馬を罷免される。限田策を提言。
前1	哀帝死去。王莽　大司馬となり平帝を擁立。
5	平帝死去。王莽　仮皇帝を称し居摂する。
8	王莽　皇帝に即位し、国号を新と改める。
17	呂母、王匡、張霸ら挙兵。
23	王莽　更始軍に攻められ敗死。新滅亡。

1 秦の統一

1）始皇帝の統一政策

　即位26年（前221）に天下統一を果たした秦王政（前259〜210、在位前247〜210）は、その偉業にふさわしい帝号を臣下に議論させた。臣下は博士と協議し、古の天皇・地皇・泰皇の中で最も貴い泰皇を新たな帝号に、命を「制」、令を「詔」、天子の自称を「朕」とすることを提案した。秦王政は、泰皇の「泰」を除き上古の帝位号を加えた「皇帝」を用いることにした。これらの用語変更は帝国全土に通知されたようで、湖南省で発掘された里耶秦簡にも「『王令を以て』を『皇帝詔を以て』と曰え」などと定めた一覧が見える。また、諡法を廃止し、自らを始皇帝、以降は二世、三世と呼ぶことを定めた。諡法とは、君主の死後にその事跡にふさわしい諡（諡）をつけることで、『逸周書』諡法解には「反乱者を平定するを武という」「国にあって難に遭遇するを愍という」「女性を好み政治を怠るを煬という」などと見える。秦王政は、諡法は子や臣下が父や君主を評価するものだとして廃止したのである。この始皇帝・二世皇帝は死後の呼び名で、生前はただ皇帝と称した。

　始皇帝はさらに、火徳の周に代わった秦を五行相勝説に拠って水徳とし、歳首を十月、衣服や旌旗は黒を貴び、民衆を「黔首（黔は黒の意）」と改称して、六を基本数とした。また、車は軌を同じくし、書は文字を同じくすると共に、度量衡も統一しそれを徹底するために標準器を各地に配布した。貨幣は、秦で従前から使用されていた方孔円形の半両銭が統一貨幣として用いられることになった。

　また、天下の武器を回収して鍾鐻金人（編鐘の人型金属支柱）12体を作って咸陽の宮廷に置き、天下の富豪12万戸も咸陽に移住させた。その結果、都が手狭になったとして、35年（前212）から渭水の対岸

秦王朝系図

に宮殿の建設を開始した。完成前に秦が滅亡したためその所在地名で呼ばれるようになった阿房宮である。阿房宮は東西500歩（675m）、南北50丈（112.5m）の規模で、上階には1万人が座れ、下階は5丈（11.3m）の旗を立てられる高さがあり、この阿房宮から渭水を越えて咸陽まで渡り廊下で繋いだ。この阿房宮と始皇帝陵（驪山陵）の建設には犯罪刑徒ら70余万人が動員された。

　秦は全土を36郡に分け、守・尉・監を中央から派遣して民政・軍事・監察を分担させ、郡の下に県を置いて嗇夫・丞・尉を中央から派遣して統治させる郡県制を施行した。

２）全国巡幸

　始皇帝は統一翌年から帝国各地を巡幸した。27年（前220）に北西方面を巡幸した以外はいずれも東方・南方の旧六国地域を巡った。28年（前219）の第２回巡幸ではまず嶧山に上り秦の徳を讃える刻石を立てた後、泰山でも刻石を立て、さらに封禅の儀式を行った。封禅とは、天下が安泰に治まっていることを皇帝が天と地に報告する儀式といわれるが、その具体的内容は伝わっていない。続いて、渤海湾に出て之罘山に登りここにも刻石を立て、琅邪では3ヶ月逗留しここにも刻石を立てた。この時、方士の徐市が現れた。方士とは不老長生などの方術を行う者で、以後の始皇帝の政治に大きな影響を与えることになる。海中の三神山にいる仙人を陛下のために探してきましょうという徐市に、始皇帝は童男童女数千人を遣わした。この後、始皇帝は長

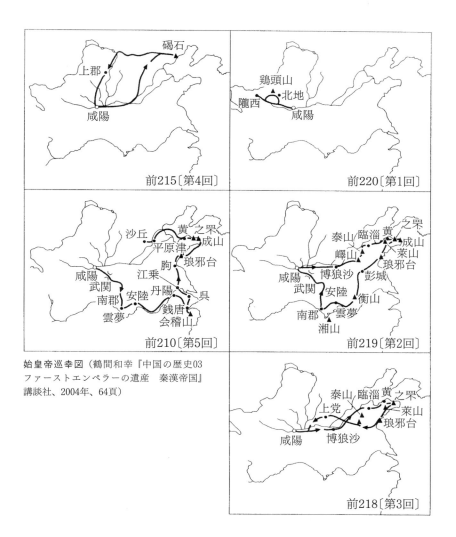

始皇帝巡幸図（鶴間和幸『中国の歴史03 ファーストエンペラーの遺産　秦漢帝国』講談社、2004年、64頁）

江流域を巡って咸陽に帰還した。32年（前215）の第4回巡幸では、渤海湾岸の碣石に至り、燕の方士盧生に仙人を、韓終らに仙人不死の薬を探させた。始皇帝が碣石から北辺を巡って咸陽に戻ると、盧生が現れ「録図書」を献上した。そこには「秦を亡ぼす者は胡なり」と書かれていたが、当時、「胡」は中国北方の遊牧民を指す語であったため、始皇帝は匈奴征伐に突き進むことになる。

　始皇帝の全国巡幸は、匈奴を警戒するため北西方面を巡った第1回以外は、泰山で封禅を挙行したり各地の名山に秦の徳を讃える碑を立てているように、天下統一を天地の神に報告し、各地域の民衆に皇帝の威厳を知らしめるためであった。この巡幸のために、27年（前220）、北は燕、東は斉、南は呉楚に至る馳道を建設した。馳道は幅50歩（67.5m）の皇帝専用道路で、3丈（6.75m）毎に松が植えられ、側面を隔壁で覆っていた。

3）対外戦争

　32年（前215）、始皇帝は将軍蒙恬に30万の兵を率いて匈奴を討たせ、河南の地（黄河湾曲部内側のオルドス）を奪取した。翌年には西北方面の匈奴を駆逐し、楡中（甘粛省蘭州市付近）から黄河沿いに北へさらに東の陰山に至るまでの間に44県を設置し、そこに犯罪者を移住させた。さらに、蒙恬に命じて黄河の北側の地も獲得し、この地に新たに長城を建設した。それを昭襄王（前325～251、在位前307～251）の時に建設した長城および戦国趙・燕の長城と連結し、咸陽の西約500kmにある臨洮から現遼寧省瀋陽市近くの遼東に至るまで1万余里（約4000km）に及ぶ長城を整備した。また、35年（前212）には、咸陽近くの雲陽から北の九原まで1800里（約730km）に亘って山を削り谷を埋めて対匈奴軍事道路である直道を建設した。この直道は、2200年後の現在でも木の生えていない幅30～40mの道路面が確認できる。

　匈奴討伐を命じた翌年には、犯罪者や商人など50万人を徴発して嶺

南の百越の地を攻め取り、桂林・象郡・南海の三郡を置いた。この時、軍糧輸送のために、長江支流の湘水と珠江支流の漓江を結ぶべく開削したのが現在も残る霊渠である。

４）焚書坑儒

　始皇帝は焚書坑儒を断行し儒学を弾圧したと言われるが、34年（前213）の焚書令発布と35年（前212）の坑儒事件は別々の出来事で、さらに儒学弾圧を直接の目的として行われたものでもない。

　『史記』に拠れば、焚書令発布の経緯は次の通りである。匈奴駆逐と嶺南平定を承けて、始皇帝は咸陽宮で宴会を開いた。その時、博士淳于越が進み出て言った。殷周が千年に亘り王者であったのは、子弟功臣を封建し王朝の藩屏としたからである。今、陛下は天下を平定したが子弟は庶民のまま。もしも、篡奪者が現れたら誰が助けてくれるのか。何事も古を手本とせずして長続きした者はいない、と。始皇帝はこの議論を臣下に委ねた。丞相李斯（？〜前210）が反論した。今、天下は定まり法令は一所より出て民衆はそれに従っている。ところが、学者達は自分たちの学説を根拠にお上の法令や教えを非難している。学者達は朝廷では心の中で誹るだけだが、巷に出ると人々を扇動して今の政治を誹謗している。このような状況を放置したまま禁じなければ、君主の威勢が衰え反政府的な徒党が生まれる。そこで次のように提案する、史官の扱う秦の記録以外は皆これを焼き、博士官が職務上所持するものを除き、民間に所蔵されている『詩経』『書経』・諸子百家の書は全て焼却する。『詩経』『書経』について２人以上で議論する者は死刑に処し、古を以て今を謗る者は一族皆殺しとする。医薬・占い・農業の書物は焼却の対象外とし、法令を学びたい者は官吏を師として学ばせる、と。始皇帝はこれを裁可した。

　確かに、ここには『詩経』『書経』といった儒学の基本文献（経書）の名が挙がってはいるが、禁止されているのは医薬・占い・農業以外

の書物の民間所蔵であり、その背景になっていたのは学者が昔を引き合いに現在の政治を非難し人々を惑わしているという状況である。つまるところ、焚書令の目的は学者による政府批判の封じ込めなのであって、儒学弾圧だけを目的としているわけではない。

　一方の坑儒事件は、始皇帝の個人的な感情の爆発によって引き起こされたまさに「事件」である。東方に巡幸した際に近寄ってきた方士に始皇帝は莫大な資金を与えて仙人不死の薬を求めさせたが、彼らのほとんどはその資金を持ち逃げして二度と戻ってこなかった。そんな方士の中で珍しく始皇帝の元に戻ってきたのが盧生だった。35年（前212）、盧生は始皇帝に言った「仙薬を得られないのは何かが邪魔しているからです。もしも陛下が誰にも居所を知られないようにすればきっと仙薬も手に入るでしょう」と。始皇帝はそこで自分の所在を漏らした者を死刑にすると決めたが、早速、始皇帝の発言を漏らした者がいた。そこで始皇帝が詰問したところ誰も認めなかったので、怒った始皇帝はその時居合わせた者全員を殺した。これを知った盧生は恐ろしくなり始皇帝を中傷する言葉を残して逃亡してしまった。信頼する盧生に裏切られたと知って激怒した始皇帝が、咸陽の諸生の中に民衆を惑わす者がいるとして諸生を尋問させたところ、他人に罪をなすりつけ自分だけ逃れようとする者ばかりであった。始皇帝はそのような諸生460人余を咸陽に生き埋めにして後世の見せしめとした。

　これが坑儒事件の顛末である。「坑儒」と記されるが、この時生き埋めにされた諸生には儒学者だけでなく方士も含まれていた。盧生の裏切りに対する怒りが諸生に向けられたのはそのためである。坑儒の前に諸生が尋問されているが、それは諸生が民衆を惑わしているとされたためであった。坑儒事件の背景にもまた政府批判の封じ込めという要素があったのである。始皇帝の長子扶蘇はさすがにこれは暴挙であるとして始皇帝を諫めたが、逆に始皇帝の怒りを買い、蒙恬の監督役として北辺に左遷されてしまった。この扶蘇の左遷はその後の秦王

朝の命運を大きく左右することになる。

5）秦帝国の崩壊

　36年（前211）、東郡に落ちた隕石に民が「始皇帝死して地分る」と刻んだり、咸陽に向かう使者の前に人が現れ「今年祖龍が死ぬだろう」と言い残して姿を消したということがあった。そこで占いをしたところ巡幸に出ると吉という結果がでたので、翌年10月、始皇帝は第5回巡幸に出発した。この時、左丞相の李斯、少子胡亥が随行した。南の雲夢に行き、九疑山に向けて舜を祀り、長江を下って会稽で禹を祀ると共に刻石を立てた。その後、琅邪・之罘と巡り平原津に至ったところで始皇帝は病に倒れた。始皇帝は北辺に追い遣った長子扶蘇に都に戻り自分の葬儀を取り仕切るよう命ずる璽書（皇帝璽で封印された文書）を作り、沙丘（河北省広宗県）の平台で崩御した。始皇帝の璽書はまだ発送されず胡亥の寵臣趙高（？〜前207）の手元にあったが、趙高は胡亥と李斯を丸め込み、胡亥を後継者に立て扶蘇と蒙恬に自殺を命ずる璽書を偽造して扶蘇らを自殺に追い込んだ。丞相李斯は反乱が起ることを恐れ、始皇帝の死を秘し、棺を輼涼車（居室付きの馬車）に乗せ、生前と変わらず食事を出し政務報告をさせた。まだ暑い頃だったので死臭を誤魔化すために魚の干物を車に積み、直道を通って咸陽に戻り、そこで喪を発した。胡亥が二世皇帝（前229〜207、在位前210〜207）として即位し、始皇帝の亡骸を驪山陵に葬った。

　二世皇帝元年（前209）7月、北境警備のために徴発された900人がたまたま降った大雨で道が通じず大沢郷（安徽省宿州市）に足止めされていた。秦の法では、集合期限に遅れれば死刑であった。集団リーダーの陳勝と呉広はどうせ死ぬならと、引率の秦吏を殺し挙兵した。近隣の町を降しながら数万人に膨れた陳勝軍は、陳の有力者に推挙されて陳王となり国号を張楚とした。中国史上最初の農民反乱と言われる陳勝呉広の乱である。この時、各地でも陳勝に呼応して秦吏を殺害

したので陳勝はそこに武将を派遣した。武将の一人は兵10万を率いて函谷関まで迫った。これに対して二世皇帝は驪山の刑徒を解放して章邯に率いさせこれを大破した。この後、陳勝が派遣した諸将や各地の勢力が自立して王を称するようになった。項羽（前232〜202）と劉邦（前256/247〜195）が挙兵したのはこの頃である。項羽は楚の名将項燕を祖父に持つ名門の出身で、この時、叔父の項梁とともに8000人を得て呉で挙兵した。劉邦は沛の中農出身で、亭長として驪山に引率した刑徒が逃亡したため自らも逃亡していたが、この時、請われて沛公となり2、3000人と挙兵した。

　翌年、乱のきっかけを作った陳勝と呉広は共に部下に殺され、その部下も秦将章邯に殺されたり降伏したりした。そのような中で勢力を拡大していった項梁は、反秦の象徴とすべく秦に殺された楚懐王の孫を立てて懐王とした。一方、秦は章邯が自立した斉王・魏王さらに項梁も殺し、その勢いに乗って趙の邯鄲を包囲した。そこで懐王は項羽などに邯鄲を救援させ、劉邦には秦を攻めさせた。その時、最初に関中（函谷関以西の秦の旧領）に入った者を関中の王とすることを約束した。項羽は鉅鹿で秦軍を大破し、やがて章邯も項羽に降った。これを見た反秦諸勢力は皆項羽に従うようになった。この間、秦の朝廷では趙高の陰謀によって李斯が族滅され、二世皇帝3年（前207）には二世皇帝も毒殺され子嬰が立てられたが、ほどなく趙高も子嬰によって殺された。項羽が章邯と対決している間に、劉邦は南の武関から咸陽に入り、漢王元年（前206）10月、秦王子嬰は劉邦に降り、秦王朝はここに滅亡した。劉邦は咸陽の宮殿を封印し保全したが、遅れて入った項羽によって咸陽は略奪破壊され、子嬰も殺された。この時、秦の宮殿を焼いた火は三ヶ月も消えず、驪山陵の副葬品は30万人で1ヶ月運んでも持ち出しきれなかったと言われる。

　以上の経緯は『史記』に拠るが、2009年に北京大学が入手した北京大学蔵西漢竹書の「趙正書」では、巡幸中の皇帝崩御をきっかけに反

乱が勃発するのを心配した李斯が胡亥を次期皇帝とするよう始皇帝に請うていて、趙高による璽書偽造の話は見えず、また、李斯と趙高を殺害したのもそれぞれ二世皇帝と章邯になっている。おそらく、司馬遷（前145/135～？）の頃に始皇帝死去と二世皇帝即位を巡る説話が幾種類か流布しており、司馬遷はそのうちの一つを採用したのだろう。『史記』の記載は出土文字資料なども含めて再考する必要がある。

2　漢帝国の統治

1）漢王朝の成立と異姓諸侯王

　漢王元年（前206）、項羽は懐王を尊んで義帝とし、諸将など18人を王として封建し、項羽自身は彭城を都に9郡を支配する西楚覇王となった。劉邦の天下取りを警戒した項羽は、先の約束を反故にして漢中（陝西省漢中市）も関中であるとして劉邦を漢中王に封じ、関中には秦の降将3人を封じた。後に、劉邦が建てた王朝を漢と呼ぶのはこの時の漢中王に因む。

　同年4月、項羽は封建した18王を各国に赴かせたが、時をおかず、戦国斉の王族である田栄が項羽の18王封建への不満から項羽の立てた田氏3王を攻め、燕王臧荼も遼東王を殺しその地を併合するなど、早々に18王国体制は動揺し始める。項羽は田栄を討伐し、併せて密かに義帝も殺害した。その中で劉邦も漢中から関中へさらに東方へと進出すると共に、義帝のために喪を発し項羽討伐の名目とした。これによって劉邦対項羽の形勢が明白となった。その後の戦闘では劉邦が項羽に大敗することもあったが、両勢力の間で様子見をしていた有力諸将の取り込みに成功した劉邦が、項羽とその腹心との離間にも成功し、漢王5年（前202）、遂に項羽を垓下（安徽省固鎮県）に追いつめ、項羽は自殺した。

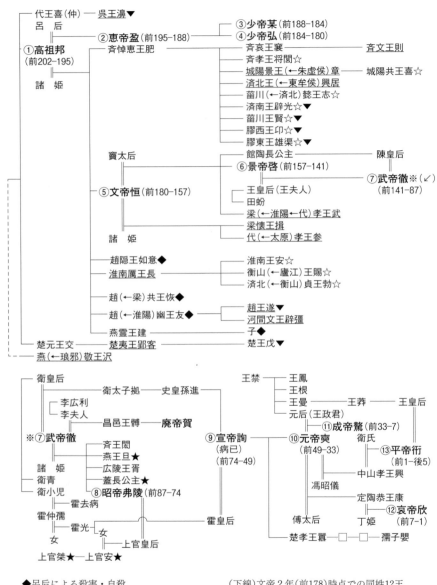

◆呂后による殺害・自殺　　　　　　　　　（下線）文帝2年(前178)時点での同姓12王
☆文帝の分国策による斉7国、淮南3国　　▼呉楚七国の乱(前154年)の反乱国
★燕王旦謀反事件(前80年)における誅殺・自殺

漢王朝宗室関連系図

同年 2 月、楚漢戦争中に劉邦が立てた楚王韓信・韓王信・淮南王英布・梁王彭越・趙王張敖と項羽18王の衡山王呉芮・燕王臧荼の推戴を受けて劉邦は皇帝位に即いた（高祖、在位前202〜195）。呉芮は封建後に項羽に封地を奪われていたので高祖は改めて長沙王に封じ、7 王以外の功臣に対しては翌年以降143人を列侯に封じた。5 月には兵士を帰郷させて爵を与え、戦乱による戸籍離脱民も旧居住地に戻らせて田宅を安堵し、飢餓のため自ら奴隷となった者も解放するなど、民生の安定を図った。

　高祖は当初洛陽に都するつもりだったが、長安なら諸侯が反乱しても安泰だという臣下の言に従い、高祖はすぐさま長安に移った。この言葉通り、7 月には早くも燕王臧荼が反乱を起こした。臧荼は隣接する代も占領したので、高祖は親征し臧荼を虜にした。この後も諸侯王を巡る不安定な状況は続く。翌高祖 6 年（前201）には、楚王韓信が国内視察の際に兵士を整列させていたことを謀反と告発されて捕らえられ、淮陰侯に貶降された。また、韓王信が匈奴に囲まれ降伏したので高祖がこれを攻めると、韓王信は匈奴に亡命してしまった。高祖 9 年（前198）には、趙王張敖が家臣の反乱に連坐して列侯に降格されたが、翌年、趙の丞相陳豨が自立して代王を称したので高祖がこれを親征した。この時、淮陰侯韓信が陳豨との謀議を告発されて殺された。また、梁王彭越も罪を犯し王朝に逃亡した家臣に謀反を告発され捕らえられて殺された。さらに、王の寵妃との密通容疑で捕らえられそうになった淮南国の家臣が長安に逃れ来て、淮南王英布の謀反を告発した。高祖が事実確認の使者を送ったところ、韓信・彭越が殺されたことを聞いて恐れていた淮南王は遂に挙兵した。高祖が親征し、敗れた淮南王は逃亡中に殺された。最初に反乱した臧荼の後の燕王には盧綰が立てられていたが、陳豨および匈奴との謀議を疑われた。盧綰は高祖と幼なじみでもあり直接会って弁明しようとしたが、高祖12年（前195）に高祖が死去したため匈奴に亡命した。かくて、高祖死去の時

点で、高祖を皇帝に推戴した諸侯王は長沙王呉芮を除き姿を消した。

　これら異姓諸侯王については、漢王朝の脅威となったため排除されたとしばしば説明されるが、自発的に反乱した臧荼以外はいずれも積極的に漢王朝に反抗したわけではなく、むしろ王朝の方が言い掛かりをつけている。韓信・彭越の殺害が高祖の皇后である呂后（前241〜180）の意向であったように、異姓諸侯王を排除しようとしたのは呂后であった。盧綰亡命の経緯はその点を明確に示すものである。呂后は漢王2年（前205）、劉邦が項羽に大敗して人質となった時に、劉邦の大敗を見た漢側諸侯が楚に寝返るさまを目の当たりにした。この経験から、恵帝を案じて諸侯王反乱の芽を摘み取ろうとしたのかもしれない。唯一残っていた長沙王呉氏も文帝後7年（前157）に後嗣なく死去して国除となり、異姓諸侯王は完全に消滅する。

２）呂后の臨朝称制

　高祖の跡を継いだのは呂后の産んだ恵帝（前210〜188、在位前195〜188）である。恵帝は高祖即位時に皇太子であったが、高祖は寵姫戚夫人の子如意を皇太子に立てようとした。臣下の諫めで諦めたが、これを怨んだ呂后は恵帝が即位すると趙王であった如意を毒殺し、戚夫人の手足を切り目をくりぬき耳を焼き薬で声をつぶし、肥溜めの中に入れて人ブタと名づけた。さらに、呂后所生でない趙王友は呂氏を批判したため殺害され、梁王恢は后の呂氏に愛妾を殺害されたため自殺、燕王建は死去後に子を殺害された。呂后の戚夫人に対する仕打ちを知った恵帝はショックで病となり即位7年にして死去した。呂后は幼少の太子（少帝某。諱不明）を即位させ、皇太后として政務を代行した。朝廷に臨み皇帝の言葉である「制」を発することから、皇太后による政務代行を「臨朝称制」という。少帝某は実は後宮の女性の子（恵帝の実子でないともいわれる）で、子のなかった恵帝皇后の子として育てられていて、その事実を隠蔽するため実母は殺害されていた。

即位後、少帝某がそれに気づいたので呂后は暗殺し、別の後宮の子（少帝弘）を立てて臨朝称制体制を継続した。

その呂后は少帝弘4年（前180）に死去した。生前、呂后は権力基盤を強固にするため呂氏の3人を王に封建していたが、これは「劉氏に非ざれば王たるを得ず」という高祖の約に背くものであった。このため、誅滅を恐れた呂氏は反乱を企てたが、劉邦の孫に当たる朱虚侯劉章に嫁いでいた呂氏一族の女から謀議が漏れ、劉章と兄の斉王襄が反呂氏の兵を挙げた。同時に、都の大臣もクーデタを敢行して呂氏を誅殺し、少帝弘を廃位した。諸大臣の協議の結果、高祖の子で代王の劉恒が新皇帝として迎えられた。文帝（前202〜157、在位前180〜157）である。

呂后は、自分の意に沿わなかったり自分を脅かす存在を排除する傾向が強かった。韓信・彭越や、自腹ではない高祖の子の殺害はその例である。しかし、これらは支配層内での問題であって、社会全体としては呂后期は平穏な時期であった。丞相蕭何・曹参による休民政策の下に、挟書律や夷三族罪、妖言令、商賈の律などの秦法が廃止・緩和され、長安城の建設も進められて、漢帝国の体制が整備されていった。

3）漢帝国の統治体制

異姓諸侯王と呂氏専権という当面の問題を解決し、漢帝国の統治は安定した。文帝と次の景帝（前188〜141、在位前157〜141）の治世は概ね安泰で、文景の治と賞賛される。この平和な時期を利用して、漢帝国の統治体制について述べておこう。

漢帝国の統治体制は、秦王朝の郡県制に対して郡国制と呼ばれる。漢帝国では皇帝直轄の郡県の他に、当初は劉邦を皇帝に推戴した7王の7国、文帝即位時には楚・斉・呉・淮南・燕（以上劉氏）と長沙（呉氏）の6王国があって、郡県と王国が併存したからである。一説に拠れば、高祖末時点での郡国59のうち漢王朝の直轄郡はわずかに18

であり、帝国領の2/3は王国領が占めていた。さらに、当時の王国は王朝とほぼ同じ宮殿・百官を備えており、王朝は王の指導役である太傅と宰相である相国の人事権を持つのみで、それ以外の官僚は全て王国で独自に任用できた。王国は「某王某年」という独自の紀年を用いていたが、このことは王国の独立性を端的に示すものである。漢初の裁判記録である張家山漢簡・奏讞書には、王国の人間が王朝直轄領の女性を娶り王国に戻ろうとしたことが罪とされている事例があり、王朝は王国を外国と見ていたのである。王朝と王国とはほぼ対等の存在であって、郡国制とは漢皇帝を首長とする連合王国体制と考えるのが実態に近い。

　郡国制については、王朝は本来郡県制を志向していたが、高祖が諸侯王に推戴されて帝位に即いたという事情もあり已む無く郡国制を採用した、と説明されることが多い。しかしながら、異姓諸侯王排除後、郡のままとなった王国は皆無で全て劉氏が封建されている。韓信の楚移封に伴い郡となっていた斉について高祖が「斉は古の建国なり」といって劉賈を封建しているのは、当時の認識として戦国的な諸侯分立体制が当たり前であって、郡県直轄支配はあくまで秦代の特殊状況と認識されていたことを示すものである。陳勝呉広の乱勃発後、短期間の内に各地に王が自立したのも、楚漢戦争中に韓信や彭越がその功績を以て王への封建を劉邦に要求したのも、そのような認識があったからであろう。

　王朝の中央官制は【前漢主要官制一覧】に挙げた三公九卿と呼ばれる大臣クラスの官と、その下に置かれた多くの属官で構成されている。中央官のうち＊を付けたのは皇帝及び皇族に仕える役職であり、総数では国家行政の担当よりもむしろ多い。これは、王朝の官僚機構が皇帝家に仕える家政機関という側面を色濃く残しているためである。実際、元帝期の財政規模は国家財政40億銭に対して帝室財政43億銭で、それも武帝期に塩鉄専売による財源が帝室財政から国家財政へ移管さ

前漢主要官制一覧

【主な中央官】		（前154年 呉楚七国の乱）		（前104年 太初暦施行）
《三公》				
丞相（宰相）				
太尉（軍事）		（前142）廃止		
御史大夫（副宰相）				
《九卿》				
奉常（宗廟・儀礼）＊		（前144）太常		
郎中令（宮殿管理・警備）＊				（前104）光禄勲
衛尉（宮門警備）＊	（前156）中大夫令	（前143）衛尉		
太僕（皇帝の馬車）＊				
廷尉（司法）		（前144）大理	（前137）廷尉	
典客（帰順諸民族管理）		（前144）大行令		（前104）大鴻臚
宗正（宗族管理）＊				
治粟内史（国家財政）		（前143）大農令		（前104）大司農
少府（帝室財政）＊				
中尉（首都警備）				（前104）執金吾
【地方官】				
内史（首都行政）			（前135）左右内史	（前104）京兆尹・ 左馮翊
主爵中尉（列侯管理）		（前144）主爵都尉		（前104）右扶風 （首都行政）
郡守（郡行政）		（前148）太守		
郡尉（郡軍事）		（前148）都尉		

れた後の数字であり、漢初は差がさらに大きかったのである。これら
の財源は租税で、算賦（15〜56歳対象年120銭）や口銭（7〜14歳対象
年20銭）、算緡（財産評価1万銭につき120銭）、市税（商業税）、田租（耕
地の収穫高の1/15、のち1/30）などがあった。民衆には他にも徭役負
担があり、正卒（23〜56歳の期間中に宮城と郡国で各1年間の警備）、更
卒（毎年1ヶ月の土木工事）、戍辺（毎年3日の辺境警備。実際は、就役
者は1年交替で、非就役者は免役銭300銭を納入）などであった。
　王朝直轄地の地方行政は秦代と同じく郡県制で、郡・県の長官クラ
ス（長吏）は中央から派遣し、長吏以外の属吏（少吏）は地元民を長
吏が任用した。官吏になるには10万銭以上（景帝以降4万銭以上に緩

秦漢時代の役人生活

コラム

　漢帝国は5959万余（後2年）の人々を12万人の官吏を用いて統治していた。その官吏はどんな勤務をしていたのだろうか。

　勤務といえば給料と休暇がやはり気になる。漢代の官吏で給料の実額が分かるのは長城に勤務する軍吏である。漢代の長城遺址から出土した木簡（居延漢簡）によると、前線司令部である候官の長官（鄣候）の給料は月6000銭、次官（塞尉）は2000銭、のろし台（燧）勤務の最下級軍吏（燧長）は600銭であった。この額がどれくらいの価値をもつのかを長城勤務兵士への支給食糧との比較で見ると、兵士への支給食糧は3.33石／月（1石＝19.8ℓ）で、木簡に見える穀物価格の平均は82銭／石程度なので、1ヶ月の食費は273銭程になる。従って、燧長の給料は1ヶ月の食費の2倍強、塞尉は7倍強、鄣候では22倍弱になる。鄣候は県の長官と、塞尉は県の次官と概ね同ランクなので、県の長官・次官の給料もこの程度であったと思われる。

　では、休暇はどのくらいあったのだろうか。湖北省で発見された漢初の下級官吏の墓から出土した張家山漢簡には「二年律令」と呼ばれる呂后期の律令が含まれていて、そこには官吏の休暇が年間60日と規定されている。『漢書』には中央官は4日勤務して1日休みという記述があり、冬至と夏至の日も勤務を休んでいた。居延漢簡には、元康5年（前61）の5月2日が夏至なのでその前後の5日間は軍事活動を止めるよう命じた詔書があるが、これも夏至の休みと関連するのだろう。さらに、家族が死亡した時には忌引き休暇もあった。居延漢簡には最下級の燧長が忌引き休暇を取得して帰郷している例が幾つも見え、辺境の軍事地帯においてさえ忌引き休暇がきちんと実施されていたことがわかる。さすがは儒学の国である。

　勤務の実態は江蘇省連雲港市出土の尹湾漢墓簡牘から窺うことができる。墓主は東海郡のノンキャリア最高位の役人で、元延2年（前11）の1年間に6回通算120日間も隣接する郡国に出張している。尹湾漢簡には東海郡内の県長吏（キャリア官僚）の出張記録もあって、彼らは長安（現西安）まで銭を輸送したり、上谷郡（現北京市の北）での辺境警備に犯罪者を護送していて、これらの出張は期間も長かったと思われる。

76

出張以外に日常業務も当然あったが、それについては事細かな規定があった。例えば、官有武器には必ず配備官署名を彫り込めとか、役所が銭や穀物を受領する時は幾らを一纏めにして誰々の印で封印し何々と記せといった業務マニュアルの他にも、穀物管理担当者が交替した際に在庫と帳簿が合わなかった場合や度量衡器が不正確だった場合、さらに県が土木工事を行う時の作業量の事前見積りと実際の作業量とに差があった場合などにおいて、個々の状況毎に誰をどのように処罰するのかといった個別具体的な処罰規定である。秦漢時代の律令には民を対象とする刑罰規定も当然あるが、このような官吏対象の職務・処罰規定も多く含まれており、官吏は民以上に律令によって厳しく管理されていたのである。

　秦代では上述のような業務上のミスにも罰金が科せられていて、秦代の洞庭郡遷陵県（湖南省湘西土家族苗族自治州龍山県）の役所跡から発見された里耶秦簡には県丞の郷視察の際に道案内を間違えた郷の吏に罰金が科せられている例が見える。居延漢簡には罰金の他にも、戍卒を引率して出張する際にその集合期限に遅れた罰として物資輸送をさせられたり、配下の燧の監督不行届のせいでむち打ちに処せられている例も見える。職務不履行が甚だしい場合は、罷免だけでは済まず、県の獄に連行され刑事裁判に掛けられている。

　このように細かな規定で官吏を管理していたのは、当時の官吏がともすると業務を怠り不正行為に走る存在だったからに他ならない。居延漢簡には、酒を飲んで刃傷沙汰を起こした挙げ句に長城を越えて逃亡した軍吏とか、部下に二十数日かかる町まで行商に行かせようとして、それができないとなると運送用の牛と穀物を供出させた鄣候さえ見える。それ故、王朝は職務規程を作るだけでなく、官吏心得を作って訓諭した。睡虎地秦簡「為吏之道」には「いったい官吏というものは、必ず清廉潔白かつ公平で、慎み深いが意思は堅く、徹底的に調査し私心を差し挟まず、賞罰を行うには規準を正しくせよ」云々とある。

　このような厳しい管理のせいか、尹湾漢簡では任命されながら未着任の長吏が６人もいるし、居延漢簡には忌引き休暇が終わっても任地に戻ってこない例が幾つも見える。当時の人々にとって役人稼業は余り人気がなかったのかもしれない。

和）という財産資格があり、商人や手工業者は官吏になれなかった。後代、官品で表現される官吏のランクは、漢代には俸給としての穀物量に由来する石（1石＝19.8ℓ）で表され、丞相の万石や大臣の中二千石以下20等ほどに分かれていた。二百石以上がいわゆるキャリア官僚で、それになるためには、任子（二千石以上の官で任官3年以上の者の兄弟または子）、良家子（北辺六郡の良家の子弟）、入貲（多額の穀物や金銭の納入）、献策（重要政策の提言）などによって郎（皇帝近侍の幹部候補生）になる必要があった。

4）諸侯王対策

　漢初の異姓諸侯王が長沙王を除き同姓に替わり、呂氏の乱では斉王が王朝の危機を救うべく挙兵して藩屏としての役割を果たしたが、王国が実質的な独立国である点は異姓諸侯王の時と変わらない。さらに、文帝が呂氏の乱平定に功績のあった朱虚侯と東牟侯を城陽王・済北王に、呂后に殺された趙王友の子2人を趙王と河間王に、さらに自分の子3人を封建した結果、長沙王の他に12人の同姓諸侯王が存在することになり、中には王朝に反抗姿勢を取る者もあった。城陽王・済北王は、乱平定時に大臣達が二人を趙王・梁王に封建しようとしたにも拘わらず文帝が斉国の二郡を割く形で封建したので、文帝を怨んでいた。城陽王は程なく死んだが、済北王は文帝が匈奴へ親征した隙に反乱を起こし、鎮圧された。文帝の弟である淮南厲王長は近親なるを恃んで驕恣になり、人に命じて反乱を起こさせたため都に召喚され廃位された。文帝の従兄である呉王濞は3郡53城の広大な領地を持ち、予章の銅山開発と会稽での製塩によって莫大な利益を上げていたうえに、入朝した呉王の太子が文帝の太子（後の景帝）に誤って殺されたため怨みを抱き臣礼を欠いていた。

　このような情勢を見た賈誼（前200～168）や鼂錯（前200～154）は諸侯王抑制の必要性を訴えた。賈誼の提案は王国を分割相続させて細

分化しようというもので、文帝はこれに従い城陽王らの従兄に当たる斉文王則の死去に際して斉を7分割し、斉王襄の兄弟と城陽王の子を王とした。また、厲王の死後郡となっていた淮南国の故地を三分して厲王の子3人を王に建てた。次の景帝に仕えた鼂錯は諸侯王の不法行為などを口実に王国領削減を断行し、楚国は東海郡、趙国は常山郡、膠西国は六県を削減された。このような状況を見て領地削減は避けられないと考えた呉王濞は、楚王・趙王など8王と反乱を約した。景帝前3年（前154）、会稽・予章2郡の削減命令が届くと呉王濞は蜂起した。この時、斉王は後悔し、済北王は家臣に脅かされ蜂起できず7国での反乱となったので、この乱を呉楚七国の乱と呼ぶ。当初、勝敗の帰趨は不透明であったが、王朝の将軍周亜夫の活躍により3ヶ月で鎮圧された。

　乱の後、景帝中3年（前147）に王国の御史大夫を廃止、2年後には諸侯王の統治権を剥奪、相国を相と改称すると共に廷尉・少府・博士官などを廃止、他の官も定員を縮小した上で全て中央派遣とした。さらに、元狩元年（前122）の淮南王と衡山王の反乱未遂事件を機に、王朝官吏の王国出仕を禁じた左官の律、諸侯王への利益供与を禁じた附益の法、相などに諸侯王の犯罪報告を義務づけた阿党の法を制定した。これによって、王朝官吏による諸侯王監視は強化され、その厳しさは武帝の弟である中山王勝が入朝した際に涙を流して訴えたほどであった。武帝は諸侯王への礼を厚くするとともに、王国領を割いて諸侯王の子全員を列侯に封建することを許す推恩の令を定めた。ただし、推恩の令による列侯の封地は郡県所属としたため、諸侯王領は結果的に削減されることとなった。かくて諸侯王は領地から上がる租税を受け取るだけの存在となり、王国は実質的には郡と同じになった。

　一県を領有するだけの列侯に対しても、元鼎5年（前112）に酎金律が定められた。酎金律とは、宗廟祭祀のための酒（酎）の費用として諸侯王や列侯に黄金を供出させ、規定重量に足らなかったり色が悪

かった場合、諸侯王は削県、列侯は国除に処す規定で、この時には
106人が国除されている。

3　武帝の時代

1）武帝の登場

景帝後 3 年（前141）、景帝が崩じた。漢王朝成立以来、呉楚七国の
乱の他には大きな戦乱も無く平和が続いた結果、この頃には自然災害
以外で人々が生活に窮することはなく、帝国の財政にも莫大な蓄積が
あった。ここに登場したのが武帝（前156〜87、在位前141〜87）である。
16歳で即位してから後元 2 年（前87）に亡くなるまでの55年の治世は、
清・康熙帝の61年、乾隆帝の60年（実際は退位後も 3 年執務した）に次
ぐ中国歴代第三位の長さであるとともに、前漢最盛期を現出した。そ
の武帝は当初皇太子ではなく、実母王夫人と伯母館陶長公主（長公主
は皇帝の姉妹の号）の尽力によって皇太子になれたという経緯もあり、
即位後暫くは竇太后（？〜前135）と田蚡（？〜前131）を憚って思い
通りにはできなかった。竇太后は景帝と館陶長公主の実母で武帝の祖
母、田蚡は王夫人の弟で武帝の叔父に当たる。武帝は即位後すぐに儒
学的教養をもつ趙綰を御史大夫に登用しようとしたが、黄帝・老子の
言を好み儒学を嫌っていた竇太后は、趙綰が自分への政務報告を止め
るよう上奏したことをきっかけに趙綰の不正を追及して自殺に追い込
んだ。武帝が自身の政策を遂行できるようになるのは、即位 7 年目の
竇太后死去以後である。

2）対外積極政策

武帝という諡が象徴するように、武帝期には対外進出が積極的に進
められ、それは南方から始まる。即位 4 年目の建元 3 年（前138）、

閩越に囲まれた東甌が漢に救援を求めた。閩越は、楚漢戦争で功績があった越人無諸を高祖が現福建省の地に、東甌は無諸と一緒に功を立てた揺を恵帝が現浙江省の地に封建したものである。東甌は呉楚七国の乱で呉王濞に従ったが、呉王を殺し漢に差し出したので許された。この時、閩越に逃れた呉王の子がそれを怨み、閩越に東甌を攻めさせたのである。救援要請に対し田蚡は静観を主張したが、「そんなことでどうして万国を子とできましょうか」との別の臣下の言葉に若き武帝は動かされ救援を派遣した。それを聞いて閩越は兵を引いた。閩越は３年後、今度は南越を攻めた。南越はもと秦の桂林・象郡・南海の地で、秦末に南海郡尉の趙佗が自立し、漢になって帰順していた。漢が救援を派遣すると、閩越王の弟の余善が兄王を殺して漢に降伏した。南越は漢の恩に報いるため太子嬰斉を入侍させた。

　閩越が降伏した建元６年（前135）、北方からは匈奴が和親を求めてきた。匈奴は、始皇帝の時に蒙恬によってオルドスから駆逐されたが、英主冒頓単于が登場して漢初には長城を越えて南下していた。高祖は即位すると韓王信の封地を北の太原郡に移し匈奴に備えたが、高祖６年（前201）、匈奴に都の馬邑を囲まれて韓王信は降伏した。そこで高祖が親征し匈奴を大破したが、勝ちに乗じて深追いしたため平城で逆に包囲されてしまった。匈奴の閼氏（単于の后の号）に賄してかろうじて脱出できた高祖は、匈奴への皇女降嫁と歳貢、兄弟の盟約締結によって和平を維持することにした。ただ、それ以降も匈奴の北辺侵寇は止まなかったが、その一方で、匈奴は交易のために和親も求めていたのである。この時、朝廷では和親派が多数であったため、武帝は和親を許した。翌年、馬邑に住む聶壹が単于誘き寄せ作戦を提案した。全面対決に反対する臣下もあったが、あくまで単于を誘き寄せて虜にする作戦ということで武帝は決断した。翌年、聶壹が馬邑の吏を殺し匈奴に降るといって単于を誘き寄せようとしたが、途中、放牧の家畜だけで人がいないのを不審に思った単于が近くの烽燧を攻め、そこに

前漢（武帝）時代の地図（伊藤道治『中国社会の成立　原始－秦・前漢』講談社現代新書、1977年、210頁を改変）

いた軍吏が白状したため作戦は失敗、かくて漢は対匈奴全面戦争に突入することになる。

　4年後の元光6年（前129）秋、匈奴が上谷に侵寇し吏民を殺害した。漢はこれに対して4将軍に各1万騎を率いて出撃させたが、衛青が700級を得た以外は戦果が無いか大敗した。匈奴は翌年秋にも侵寇し、遼西で2000人、漁陽と雁門でも各々1000人を略殺した。これを承けて武帝は元朔2年（前127）、元朔5年（前124）、元朔6年（前123）春・夏、元狩2年（前121）春・夏、元狩4年（前119）と大攻勢を掛けた。この戦いで活躍したのは衛皇后の弟衛青（？〜前106）とその甥霍去病（前140〜117）であった。衛青は、衛皇后が後宮に入ったのを機に仕えるようになり、対匈奴戦争開始に伴い将軍に抜擢された。霍去病は、衛皇后の甥を以て皇帝に近侍する侍中となり、衛青に従軍して大功を立て将軍に抜擢されたのである。元狩2年（前121）春、霍去病が匈奴に大勝し、この大敗北に怒った単于に誅殺されることを恐れた

82

匈奴渾邪王が漢に投降した。これによって漢は河西回廊の地を獲得し、後に武威・張掖・酒泉・敦煌の四郡を置き西域への交通路を確保した。さらに元狩4年（前119）に単于が一時行方不明になるほどの敗北を喫したことで、匈奴は北に退去し、漠南（ゴビ砂漠の南）に王庭無しといわれるようになった。この勝利を以て対匈奴戦争は一旦休止する。

　対匈奴戦争開始間もない頃、大月氏に使者として派遣された張騫（？〜前114）が帰国した。開戦前、武帝は匈奴の投降者から、匈奴にその王を殺されて西方に逃れた月氏が復讐の仲間を探していると聞いて、同盟を結ぶべく張騫を派遣したのである。張騫は出発後ほどなく匈奴に捕まり、十余年拘留された後、すきを見て脱出し大宛（フェルガナ）にたどり着いた。漢との交易を望んでいた大宛は張騫を康居へ送り届け、康居が大月氏まで送ってくれた。しかし、この時、大月氏は豊かな土地に平和に暮らしていたため匈奴への復讐心は既に薄れていて、同盟は成らなかった。張騫は帰路再び匈奴に拘留されたが、内乱に乗じて逃れ帰ってきたのである。

　帰国した張騫は、敦煌から西に移住した烏孫と同盟して故地に戻せば、匈奴抑制にもなるし西域諸国を招来することもできると武帝に提案した。元狩4年（前119）頃、武帝は張騫を烏孫に派遣したが、張騫はまたもや同盟締結を果たせず元鼎2年（前115）に帰国した。この時、張騫は大宛・康居・月氏・大夏（バクトリア）・安息（パルティア）などの西域諸国に使者を派遣した。後にその使者は西域諸国の使者を連れて帰国したが、それによって西域の情報が漢に伝えられ、また、西域諸国の使者が自国へ戻ることによって漢の情報が西域に伝えられて、漢とこれらの国々とで交易が行われるようになった。百余人から数百人もの使節団が1年に5、6から十余りも西域との間を行き来するようになり、往来する使者に食糧を補給するため漢は渠犂に屯田を開いた。

　張騫が最初の西域旅行から戻ったとき、大宛には血の汗を流す善馬

がいると報告した。それを熱望した武帝は大宛に使者を送り汗血馬を要求したが、逆に使者を殺されたため大宛征伐を決断した。その命を受けた李広利（？〜前88）は困難を乗り越え、太初3年（前102）、遂に大宛を降し、善馬数十頭、中馬以下三千余頭を得て帰還した。

　張騫が第二次遣使から戻った頃、南方で再び問題が起こった。時の南越王は漢に入侍していた太子嬰斉の子で、その母太后は中国人であった。この時、武帝の使者が南越に来た。その使者は太后が太子嬰斉に嫁ぐ前に関係のあった人物でこの時も密会したが、それが発覚してしまったため、南越人の反乱を恐れた太后は王に勧めて南越を漢の外臣とした。それに不満を抱く南越人の丞相呂嘉が太后に反抗するようになったのである。これを聞いた武帝が丞相呂嘉を討伐すべく兵を向けたところ、呂嘉が王と太后を殺し挙兵したので、元鼎6年（前111）、遂に武帝は南越を滅ぼしこの地に南海以下9郡を置いた。

　翌年、今度は朝鮮へ出兵する。朝鮮は戦国時代には燕に従属し、漢になると燕王に属していたが、高祖12年（前195）に燕王盧綰が匈奴に亡命した際、燕人の衛満が衆千余人を率いて朝鮮に入り衛氏朝鮮を立てて自立した。その後、漢の外臣となったが、武帝の頃になって、朝鮮王右渠は漢の亡命者を誘い入れ、自身は入朝せず周辺蛮夷君長の入朝を妨害していた。元封元年（前110）、武帝は使者を派遣して右渠を諭告したが聴き容れなかったので、使者は帰路、送迎の朝鮮王族を刺殺した。武帝がその使者を遼東東部都尉に任命すると朝鮮が襲って殺したので、武帝は征討軍を出した。元封3年（前108）、右渠は部下に殺され王城も陥落し、武帝は楽浪以下4郡を置いた。

　この後、舞台は再び北辺に戻る。元封4年（前107）、長安に来ていた匈奴の使者が病気で死んだ。匈奴単于は漢が殺したと思い込み再び辺境侵寇を始めたのである。太初3年（前102）、匈奴が侵寇し数千人を殺略したので、漢はその3年後、李広利に3万騎を率いて出撃させた。李広利は1万余級を獲たが、帰路匈奴に囲まれ6、7割の兵士が

殺された。かの李陵が匈奴に降伏したのはこの時のことである。2年後にも漢は李広利ら4将軍21万人を出撃させたが戦果は無かった。匈奴は征和2・3年（前91・90）にも侵寇したので、三たび李広利ら3将軍14万人を出撃させた。李広利はこの時、巫蠱の罪で捕らえられた妻子を救うべく軍功を焦って深入りしてしまい、匈奴に敗れ降伏した。李広利は単于に寵愛されたが、それまで寵愛されていた別の亡命漢人に妬まれその陰謀で祭祀の犠牲として殺された。この後、匈奴では雨雪が数ヶ月続き家畜や人が死に穀物も実らなかったので、単于は恐れて李広利を祀る祠を建てた。この時、匈奴はこれまでの長期に亘る戦いに疲弊していたのであった。そして、武帝もまた李広利の大敗に心を痛めていた。

　征和4年（前89）、西域経営強化のために輪台に屯田を置くべきとの桑弘羊の上言に対し、巫蠱の乱で太子を失った武帝はこれまでの軍事行動を後悔し、その中止を宣言した。いわゆる輪台の詔である。即位4年目の東甌救援以来50年に亘って継続された対外積極政策はここに終結した。

3）経済政策

　武帝期に遂行された軍事行動には膨大な物資が必要であった。例えば、匈奴を漠北に駆逐した元狩4年（前119）の戦闘では10万騎が出撃しているが、居延漢簡に記載される1ヶ月の食糧（戍卒は脱穀済穀物40ℓ弱、伝馬は116ℓ強）で計算すると、10万騎が1ヶ月遠征するには1560万ℓ（200ℓドラム缶78,000本相当）の穀物が必要になる。手柄を立てた兵士への褒賞も不可欠で、元朔5年（前124）と翌年の対匈奴戦で手柄を立てた兵士への褒賞は黄金20余万斤（1斤＝256gなので50数t）に上り、渾邪王が投降した元狩2年（前121）の支出は直接軍事費に渾邪王出迎え費用なども含めて100億銭余になった。これらの出費によって、武帝の即位当初には膨大な蓄積のあった漢帝国の財政

は急速に赤字化し、新たな収入策が実施されることになる。

　対匈奴戦争開始7年目の元朔6年（前123）には早くも財源不足に陥り、武功爵を1級17万銭で販売し、任官や刑罰軽減の恩典を与えた。3年後には、白鹿の皮で40万銭相当の皮幣を作り、宗室王侯の入朝時にはそれを納めるよう義務づけた。しかし、これらの対策では抜本的な改善にはならなかったため、元狩4年（前119）、塩と鉄の専売を実施した。塩は生命活動に、鉄は農具として不可欠のものであったが、塩の産地は山東半島中心の沿岸地帯と現山西省の解池（塩水湖）、四川省の塩井（塩水井戸）に限られていたし、鉄鉱石の産地も限定的であった。そのため製塩と製鉄を業とする者は莫大な利益を挙げており、そこに目をつけたのである。鉄の専売は、全国の鉄鉱石産地50ヶ所に鉄官を置き、その監督下で製鉄と鉄器の製造販売を行う国家直営方式、塩の専売は、許認可を受けた民間業者に生産を任せ、塩産地を中心に36ヶ所に配置した塩官がその塩を全て買い上げ販売するという官民分業方式である。実務担当者として製塩商の東郭咸陽と製鉄商の孔僅を登用した。

　この時期、後述のような目まぐるしい貨幣変更を商人が巧みに利用し利益を上げていたので、商人等に算緡銭という特別財産税を課した。商人は財産2000銭ごとに、手工業者は4000銭ごとに、吏など特定の者以外は馬車1両ごとに120銭を課税し、商人の馬車には倍の240銭を、5丈（約11m）以上の船にも120銭を課税した。未申告者には1年間の辺境警備を科したが、それでも富家は財産を隠匿したため、告発者に隠匿額の半分を褒賞として与える告緡令を出したところ中家以上の商人はほとんど告発され破産した。この塩鉄専売と告緡令によって財政状況は相当に改善された。

　これらの収入増加策と並行して経済安定策も実施された。一つは五銖銭の中央独占発行である。元狩3年（前120）の皮幣・白金三品（3000・500・300銭相当）・三銖銭、元狩5年（前118）の五銖銭、元鼎

２年（前115）の赤仄銭（周郭を赤銅とした５銭相当の銭）の発行のように貨幣制度の変更が続いたため、郡国以外の貨幣鋳造は元狩３年（前120）以降禁じられていたにも拘わらず盗鋳で死罪になる吏民は数十万人にも上っていた。そこで元鼎４年（前113）、五銖銭以外の貨幣を廃止すると共に、貨幣鋳造を水衡都尉所属の上林三官（均輸または技巧、鍾官、弁銅）に限った。五銖銭の貨幣価値が当時の経済状況に適合していた上に中央独占発行によって品質も保持されたため、これ以降、貨幣制度は安定し、五銖銭は唐・武徳４年（621）の開元通宝発行まで継続して使用されることになる。次なる安定策は均輸法（元鼎２年〔前115〕）と平準法（元封元年〔前110〕）である。均輸法は、全国を数十に区分してそれぞれ大農部丞１人と均輸官・塩鉄官を置き、部丞の下に租税・塩鉄専売の管理と輸送を直接掌握させ円滑化を図る政策、平準法は、商人に命じて中央諸官府がそれまで購入していた物資を長安に置いた平準官に上納させ、それで諸官府の需要を賄うと共に、大農諸官にそれを貯蓄し物価の高低を見て売買することで物価の騰貴を抑止する政策である。かくて、貨幣制度及び物資流通は安定し、人々への増税無くして国家の財政は充足された。

４）官吏登用制度の整備と酷吏の活用

　武帝は即位翌年には早くも賢良（才能が優秀）・方正（行いが正しい）・直言極諫（率直な諫言）の人物を推薦させたように、積極的に人材を登用した。この時、丞相の提案により政治を乱すという理由で法家及び縦横家の学を学んだ者は除いたので、察挙の対象者は主に儒学的教養を持つ者であった。この頃に登用された董仲舒（前176？～104？）と公孫弘（前200～121）の提言によって儒学的教養を持つ人材の登用が制度化されてゆく。元光元年（前134）、董仲舒の提言で、毎年、郡国に孝なる者と廉（清廉潔白）なる者各々１人（人口20万人毎に１人ともいう）を推薦させ、郎官に任ずることにした（孝廉科）。武帝

即位時点で全国の郡国数は74（武帝期末には102）だったので、この孝廉科によって毎年148人以上の高級官吏候補生が誕生することとなった。次いで、元朔5年（前124）には公孫弘の提言に従って博士弟子員が制定された。経書を専門的に修めた博士の下に定員50人の弟子を置いて教育し、1年後に試験を行い成績優秀者を郎官に任命する制度である。武帝の時、五経博士のうち実際に設置が確認されるのは詩・書・春秋の博士だけであるが、それでも毎年150人の弟子が採用され、その中から郎官が選抜された。孝廉科は儒学の徳目、博士弟子は儒学的教養による人材登用でともに儒学的価値観に基づく官吏登用の制度化である。武帝は即位当初より儒学に強い関心を持っており、公孫弘を登用したのも彼が儒学の理想とする尭舜の世の再現を主張したからであった。武帝は儒学の考えに沿って民の教化を重視し、官僚は民の模範となるべき存在と考えていたのである。

　しかし、模範を示すだけでは民の教化はできないし、その頃、帝国財政の逼迫という現実的課題に武帝は直面していた。かくて、武帝の志向は次第に功利に向かい、実務能力に優れた人物が抜擢されるようになる。均輸・平準などの経済政策を推進した桑弘羊（前152～80）は洛陽の商人の子で計算に長けていたため13歳にして侍中になった人物であるし、塩鉄専売の実務担当者には東郭咸陽と孔僅を初めとする多くの塩鉄商が登用された。さらに、穀物納入者や武功爵購入者、軍功を立てた兵士も官僚に登用され、太初3年（前102）の李広利大宛討伐の際には、軍功を以て九卿になった者3人、郡国守相や二千石は100人余り、千石以下は1000人余りに上っている。その結果、吏の質が低下し不法を働く者も少なからず現れ、郎官選任もきちんと機能しなくなった。

　盗鋳銭者の多さ、富商の資産隠し、吏の不正不法といった状況の下、武帝の政策遂行を担ったのは、法律を私情を差し挟まず厳格に実行することで人民を皇帝支配に従わせようとした酷吏であった。その代表

が張湯（？〜前115）である。張湯は、後述の陳皇后巫蠱事件を治めたことで武帝に評価されて太中大夫に抜擢され律令を定め、その後、廷尉（法務大臣）、御史大夫（副宰相）へと進み桑弘羊などと経済政策を推進してゆく。

　この時、吏の中には商人や兵士出身者が多くいて、彼らは必ずしも武帝の忠実な僕ではなかった。そのような吏を取り締まるための法も次々と作られた。犯罪を見知りながら告発しない吏を処罰する見知故縦の法、部下が罪を犯した場合に上司も連坐する監臨部主の法、さらに、元封５年（前106）には郡太守が忠実に行政を遂行しているか、地方有力者と癒着していないかを監察する州刺史も設置された。また、この頃、各地で次々と発生する群盗に業を煮やした武帝は沈命法を定めた。沈命法とは、盗賊発生に気づかなかったり鎮圧割合が低い場合に郡太守以下を死刑にする規定であったが、逆に、沈命法を恐れた地方官が長官も属吏もグルになって盗賊の発生を隠蔽する始末であった。群盗に対して武帝は繍衣直指を派遣しその鎮圧に当たらせたが、その際に、盗賊発生を隠蔽した郡国守相も誅されている。

　即位当初、官吏任用をほとんど田蚡に仕切られていたせいか、武帝は縁故があったり直接知った臣下を特別に抜擢する傾向があった。対匈奴戦争で活躍した衛青と霍去病は衛皇后の、大宛を征伐し汗血馬を獲得した李広利は李夫人の血縁であるし、張湯は陳皇后巫蠱事件の処理を、公孫弘と董仲舒は対策の内容を武帝に評価されて抜擢された。新経済政策を推進した桑弘羊や南越を平定した楊僕、酷吏の義縦・趙禹・尹斉も官吏としての働きを武帝に直接評価され抜擢されている。このような人材登用の結果、抜擢された臣下は皇帝の意向に沿うことを最優先した。例えば、廷尉時代の張湯は、武帝がその頃儒学に強く引かれていたため、常に儒学的な理屈で事件を審理すべく、博士弟子で『尚書』『春秋』を修めた者を部下に任用しているし、武帝が処罰を望む案件は厳格な部下に、許したいと思っている案件は温厚な部下

に担当させて、武帝の意向に沿った判決になるようにした。その一方で、彼らは、武帝の後援を失うことが自分の失脚を意味することも自覚していた。武帝がその一生で最も後悔した衛太子事件は、武帝のこのような人材登用の結果として引き起こされた悲劇であった。

5）祭祀制度の整備と方士

『史記』に「孝武皇帝初めて即位し、尤も鬼神の祀を敬う」とあるように武帝は祭祀を甚だ重視したが、その結果、武帝は方士の言説に振り回されることになる。

秦代、上帝の祭祀は旧都の雍で行われ、そこでは白帝・青帝・黄帝・赤帝が祀られていた。漢高祖はそれに黒帝を加えて五畤（畤は祭場の意）にしたといわれるが、確実な五畤祭祀の開始は文帝からで、武帝は竇太后死去の翌々年（前133）に初めて雍で五帝を祀り、これ以降、3年に一度祀ることが定制となった。

この時、李少君という方士が現れ、竈を祀れば丹沙を黄金に変えられ、それで作った食器を使えば長寿になって蓬莱の仙人に会え、封禅を行えば不死になれる、それが黄帝である、と武帝に吹き込んだ。武帝はそれを信じて実践した。そのうち李少君は病死したが、武帝は化して不死になったと信じた。武帝が方士に振り回されるこれが最初であった。次に現れたのは謬忌である。天神の最高神は泰一で、五帝はその補佐であり、泰一は都の東南郊外に祀るのがしきたりだという謬忌に武帝は従い祭場を整備した。次いで少翁が現れ、亡くなったばかりの寵妃李夫人の霊を呼び出して武帝に会わせた。武帝は少翁を文成将軍に任じ多くの賞賜を与えた。後に欺瞞が発覚したため少翁を誅殺したが、武帝は不死を得られなくなったと後悔した。その頃、武帝は黄河の氾濫にも頭を痛めていた。そこに欒大という方士が現れ、不死の薬も神仙も手に入れられるし黄河の決壊も塞げると言った。この言葉に武帝は飛びつき、欒大を将軍・列侯にしたが、翌年、欺瞞が発

覚し欒大は誅殺された。

　欒大が将軍になった元鼎4年（前113）、汾陰で宝鼎を得たことを記念して元鼎という元号を初めて建て、遡って武帝即位翌年から6年毎に建元、元光、元朔、元狩とした。この宝鼎の出現にかこつけて公孫卿という方士が現れ、封禅を行って昇仙した黄帝の話をした。武帝はその話に憧れ、公孫卿を郎に取りたてた。この年、雍の五畤で天帝を祀った武帝は地（后土）も祀るべきだとして汾陰に后土祠を立て、その翌年には甘泉に泰一を祀る壇（甘泉泰畤）を作り3年に一度祀ることにした。かくて、郊祀（郊外で行う祭祀）として雍五畤、甘泉泰畤、汾陰后土祠が整備された。

　黄帝に憧れた武帝は封禅を挙行すべく具体的な方法を儒学者に尋ねた。しかし、儒学者は明確に回答できなかったので、武帝はそれ以降儒学者を用いなくなった。元封元年（前110）、遂に武帝は泰山に登り封禅を挙行した。封禅は泰山山上での封と、泰山東北の粛然山での禅とで構成される祭祀で、これを記念して元封に改元した。武帝はこれ以後も5回泰山で封を修め、うち3回は禅も併せて行ったが、方士の言に従って粛然山ではなく仙人が住むという泰山南の石閭で行った。

　さらに武帝は方士の言に従い、元鼎2年（前115）には未央宮に高さ数十丈（1丈は2.25m）の柏梁台を建てて、天露を集めるため高さ20丈（45m）の承露盤をその上に載せたり、封禅の翌年には、仙人を招くため高さ30丈（67.5m）の通天台を甘泉宮に建てた。太初元年（前104）に柏梁台が焼失すると、火災で建物が焼失した時は規模を拡大して再建すると良いという越出身の勇之の言に従って、長安城西隣に建章宮を建設し、ここにも高さ50丈（112.5m）の神明台を建設した。この間、武帝は何度も東海に巡幸し、方士に神仙を求めさせたが、結局、何の成果もなかった。それでも武帝は神仙に会うことを願って止まなかった。

　神仙や黄帝に憧れたがために方士に振り回された武帝も、晩年、遂

に方士を遠ざけることにした。それを提言したのが、他でもない、田千秋（車千秋、？～前77）だったからであろう。

6）巫蠱の乱と武帝の死

　太初元年（前104）、武帝は秦代以来の顓頊暦に替え太初暦を施行した。暦が日食などの天文現象とズレてきたためであるが、この改暦には重大な思想的意義があった。古来中国では、新たに天命を受けて王朝を開いた者は正朔（暦）を改め服色（衣服車馬などの色）を変えるという受命改制の思想があった。武帝は太初暦の施行に伴い歳首を正月とし、漢を土徳として色は黄、数は五を尊ぶとともに、多くの官名を一新した（前掲【前漢主要官制一覧】参照）。多くの周辺諸国を影響下に置いて中国中心の東アジア世界を現出し、帝業を完成した者だけが行える封禅を既に挙行した武帝にとって残るは改制だけであり、それがこの太初暦施行であった。これによって漢王朝は秦制から完全に脱却したのである。

　そんな武帝を悲劇が襲うことになる。巫蠱の乱である。巫蠱とは木製の人形を地中に埋め、巫女を使って呪いを掛ける術である。これより先、武帝は館陶長公主の尽力で皇太子になれたこともあり長公主の娘を娶った。陳皇后である。その陳皇后は子ができなかったため寵を失い、衛夫人を寵愛する武帝を巫蠱で呪詛した。元光5年（前130）、それが発覚して廃された。そして今回の巫蠱では武帝の皇太子が命を落とすことになる。

　趙王の太子に仕えていた江充という者が太子の悪事を知り命を狙われたため、趙国から王朝に逃げてきて趙の太子を告発した。この時、江充の容貌が甚だ壮であったので武帝は抜擢し、江充に違法者取締りを担当させた。近親貴戚を避けず職務を完遂した江充は高く評価され、武帝に近侍することになった。江充が武帝の甘泉宮行幸に随行した時、衛太子の家臣が皇帝専用道を通行していたのを捕らえて吏に引き渡し

た。衛太子は見逃してくれるよう頼んだが、江充が拒否したので衛太
子は怨んだ。征和2年（前91）、武帝は行幸先の甘泉宮で病となった。
江充は高齢で病臥している武帝を見て、衛太子が即位すれば必ず誅殺
されると恐れた。この少し前、時の丞相の子と武帝の娘が密通して巫
蠱で武帝を呪詛し、丞相が族滅されるという事件が起こっていた。江
充は言った、陛下のご病気は巫蠱のせいです、と。武帝は江充に巫蠱
を捜索させ、その結果、数万人が連坐して死刑となり、高齢の武帝は
周囲の者が自分を巫蠱で呪詛しているのではないかと疑心暗鬼に駆ら
れた。江充はそんな武帝に向かって言った、宮中に巫蠱の気がありま
す、と。武帝が江充に命じて宮中を捜索させたところ、太子宮から巫
蠱に用いる人形が見つかった。陰謀を疑った衛太子は江充を捕らえて
殺し、宮中の兵を発したが、武帝の発した兵に敗れ、逃亡先で更に包
囲され自殺した。

　翌年、李広利と丞相劉屈氂が昌邑王髆の太子擁立を相談した。昌邑
王髆の母李夫人の兄が李広利、李広利の娘が劉屈氂の子の妻という関
係だったのである。この時、まだ巫蠱の乱の関係者追及が厳しく、劉
屈氂の夫人が武帝を呪詛し、李広利と共に昌邑王髆を皇帝に擁立しよ
う企んでいると誣告する者があった。劉屈氂の家族は誅され、李広利
の妻子は捕らえられた。匈奴征伐に出撃していた李広利が匈奴に降っ
たのはこの時である。

　その後も巫蠱の告発は跡を絶たなかったがその多くは無実であった。
武帝は、衛太子の冤罪を訴える田千秋の言葉を聞いて衛太子の無実を
悟り、江充の遺族および衛太子に刃を加えた者を族滅し、衛太子が自
殺した地に思子宮を建てた。輪台の詔を出したのはその翌年のことで
ある。

　後元元年（前88）、昌邑王髆が死去した。武帝には男子が6人いたが、
この時、健在だったのは燕王旦・広陵王胥と末子の弗陵だけだった。
その中で最年長の燕王旦は自分こそ次期皇帝だと思い驕恣に振る舞っ

たため、広陵王胥は遊蕩に耽り行動に規律がなかったため共に後継者にはなれず、武帝は8歳の弗陵を皇太子に立てた。その2日後、武帝は崩御した。

4　霍光から王莽へ──前漢後半期

1）霍光政権

　死を目前にした武帝は太子弗陵を霍光（？〜前68）・金日磾（前134〜86）・上官桀（？〜前80）の三人に託した。霍光は霍去病の異母弟だったことで十余歳から20年来武帝に近侍し、金日磾はもと匈奴休屠王の太子で漢に降伏したが、その姿の壮厳なるを見た武帝に抜擢されて近侍するようになり、上官桀は未央厩令だった時に武帝の病が心配で馬の世話さえできなかったほどの忠誠を評価されて武帝に近侍するようになった者たちである。この三人はまた武帝の命の恩人でもあった。江充の親友である莽何羅の弟が巫蠱の乱の時の功によって列侯に封建されたが、後に江充の陰謀だったことが発覚したため、莽何羅と弟は誅殺を恐れて逆に武帝暗殺を企てたのである。それを未然に防いだのがこの三人だった。武帝はこの最も信頼する霍光・金日磾・上官桀の三人をそれぞれ大司馬大将軍・車騎将軍・左将軍に任じた。

　後元2年（前87）2月、武帝崩御の翌日、皇太子は即位し（昭帝前94〜74、在位前87〜74）、霍光が政務を執って尚書の事を領し、金日磾と上官桀がその副となった。この時、霍光が領した尚書は少府の属官で皇帝への上書の取り次ぎや詔書の草稿作成を担っており、官秩は高くないが非常に重要なポストであった。霍光の尚書掌握によって、従来の官僚機構を統括する丞相・御史大夫とは別に皇帝側近に新たな権力中枢が出現することとなった。前者を外朝、後者を内朝と呼ぶ。前漢後半期の政治を特徴づける内外朝の対立の種はこの時に播かれた

のである。

　武帝の治世を承けた昭帝期の政治課題は何より民を休息させ生活を安定させることであった。そのための方策を霍光は進めてゆく。昭帝即位の翌年、使者5人を全国に遣わし、賢良を推挙させ、民の疾苦する所、冤罪により職を失った者を問わせた。その翌年春には、種籾のない貧農にそれを貸与し、秋にはその返済を猶予し田租も免除するなど、人民の各種負担を軽減した。その流れの中で始元6年（前81）、塩鉄会議が開催された。全国から賢良・文学60余人を都に招集し、武帝期に実施した経済政策について議論させた。賢良・文学は主に儒学的立場から塩鉄酒の専売と均輸官の廃止を主張し、これに対して御史大夫桑弘羊が現実の財政状況から反論した。議論は経済政策だけでなく広く政治・社会・思想にも及んだが、結果的に酒専売が廃止されただけであった。賢良・文学の主張は霍光の政策に沿うものであり、霍光が桑弘羊失脚を狙って会議を開催したとも言われる。既に、霍光率いる内朝と桑弘羊率いる外朝との間に確執が生じていたのである。

　昭帝即位の翌年には金日磾が死去したが、霍光と上官桀は、上官桀の子安が霍光の娘を妻にする形で姻戚となっていて関係は良好であった。そんな折、上官安は自分の娘を皇后にと思うようになった。霍光は孫娘がまだ6歳だとして許さなかった。そこで上官安は、昭帝の姉の蓋長公主の寵臣丁外人を取り込み、蓋長公主の力で皇后に立てることに成功した。蓋長公主に報いようと上官安は丁外人の封侯を求めたが霍光が認めなかったため、上官父子と蓋長公主は霍光を怨むようになった。桑弘羊もまた塩鉄実施の功を誇り、子弟のために官を求めたが霍光に拒絶されたため、霍光を怨んでいた。ここに昭帝即位に不満を抱く燕王旦（？〜前80）が関わってくる。

　燕王旦は昭帝即位を知らせる璽書の封印が小さかったことから陰謀を疑い、自分こそが皇帝となるべきなのに新皇帝即位の恩恵として銭を賜与してきた霍光に対して怒り、昭帝排除の陰謀を練っていた。燕

王旦が霍光を怨んでいることを知った蓋長公主と上官父子さらに桑弘羊は燕王旦に接近した。やがて上官桀らは、霍光を殺し昭帝を廃して燕王旦を皇帝に擁立するしかないと思うに至った。元鳳元年（前80）、その陰謀が発覚し、上官父子・桑弘羊・丁外人は族滅、燕王旦と蓋長公主は自殺した。これによって霍光の専権体制が確立した。

　元平元年（前74）、昭帝がわずか21歳で後嗣無く崩御した。この時、武帝の子で健在だったのは広陵王胥だけだったので、霍光は武帝の孫の昌邑王賀（前92〜59）を擁立した。ところが、賀は長安に向かう途中で婦女を掠い、即位した後にも、昭帝の後宮と淫乱したり、酒を飲んで馬鹿騒ぎしたり、王朝の財貨を勝手に家臣に賜与したり、これらを諫めた王朝の官を獄に繋ぐなど蛮行の限りを尽くしたため、霍光は遂に賀を廃位した。即位後わずか27日であった。

　この時、丙吉が、巫蠱の乱で死んだ衛太子の孫の病已（へいい）が健在で賢明との評判であると告げた。巫蠱の乱の時、まだ生後数ヶ月だった病已は殺されずに獄に入れられ、獄の調査に来た丙吉が匿って育て、その後、後宮に移されて、成長してからは長安城中で妻と暮らしていたのである。霍光はこの病已を皇帝として擁立した。宣帝（前91〜49、在位前74〜49）である。霍光は宣帝に政権返上を申し出たが、宣帝が固辞したため、霍光の執政は今暫く続くことになる。

　昭帝存命中の元鳳３年（前78）、董仲舒の孫弟子である眭弘（すいこう）が上書した。泰山で大石が自立し、上林苑の枯柳が生き返った。これを『春秋』災異説で解釈すると、石や柳は民を意味し、泰山は王者交替を天に告げる場であるから、これらは匹夫から天子が出る前兆である。先師董仲舒は、皇帝が健在でも聖人が現れれば天命がそちらに移ると仰った。それ故、現皇帝は賢人を探し出して帝位を譲り、天命に順うべきである、と。董仲舒は武帝に登用された儒学者で、天子が悪政を行うと天が自然災害や怪異現象を下して戒めるという災異説を唱えた人物である。眭弘はそれを一歩進めて、怪異現象を予言と見なした。

この考え方は後に讖緯説に発展して王莽の帝位簒奪を実現させることになるが、この時は、霍光によって大逆不道とされ睦弘は誅殺された。

2）宣帝・元帝・成帝の治世

地節2年（前68）、霍光が死去し、子の禹が右将軍、光の異母兄霍去病の孫の山が奉車都尉となり尚書の事を領した。宣帝はこれを機に親政を志向し、まず、吏民の上書を尚書を通さないことにした。従来、上書は正副2通を作成し、尚書が副封を検閲して内容が不適切な場合は皇帝に取り次がなかった。この被閲権を握ることで自身に不利な上奏を阻止できたので、霍氏はこの措置に懼れた。また、宣帝即位3年目に許皇后が急死し代わって霍光の娘が皇后に立てられたが、許皇后は霍光の妻に毒殺されたとの噂がこの頃流れた。それを機に宣帝は、右将軍霍禹を大司馬に栄転させておいて右将軍の屯兵を廃止するといった具合に、霍氏の持つ中央兵権を回収し宣帝縁故の許・史氏に握らせた。その後、許皇后毒殺の噂が事実であることを霍光の妻自身から聞いた霍禹と霍山は、誅滅は必至と追い詰められて宣帝を廃し霍禹を皇帝に立てるクーデターを計画したところ、計画が発覚し霍氏および霍氏縁故の者数千家が族滅された。かくて宣帝の親政が開始された。

宣帝期にも武帝期と同じく酷吏が活躍した。例えば、大姓が威勢を張る琢郡（北京市の南）では郡吏以下皆「たとい郡太守に逆らうことがあっても、大姓には逆らえない」というありさまであった。宣帝はそこに酷吏の厳延年を送り込み、大姓の悪事を暴き数十人を誅殺した。厳延年は酷吏ではあったが、豪強を弾圧するだけでなく、貧者を扶助することもしている。宣帝は酷吏を活用する一方で、刑罰の過度な運用は望んでおらず、寛舒を以て民を治める地方官をむしろ評価した。そのような吏は循吏と呼ばれ、上は公法に、下は人情（人の自然な感情）に循い、法を遵守し民の生活安定を積極的に推進した。例えば、潁川太守となった黄霸は民衆を教化して、善行を勧め悪行を戒め、農

業を推奨し、民衆の信頼を得て戸口は１年で倍増したという。宣帝は黄霸を御史大夫さらに丞相に抜擢しており、黄霸のような循吏が宣帝期の政治を担ったのであった。また、宣帝は甘露３年（前51）に石渠閣に儒学者を集めて五経の異同を議論させている。最終的には宣帝自身がそれを決裁したのであるが、五経の異同を皇帝自身が決裁する必要がある程に、この頃には儒学が現実政治に大きな影響を与えるようになっていた。次の元帝の時にはそれが加速する。

　黄龍元年（前49）、宣帝が崩御し元帝（前75〜33、在位前49〜33）が即位した。即位すると元帝は儒学官僚である貢禹（前124〜44）の提言に従って、宮廷関連支出の節約や宮衛兵士の削減、税負担の減免を早速実行した。貢禹はさらに民衆が農業を棄てて商業に走るのは貨幣のせいとして銅銭の廃止を提言した。さすがにこれは実施されなかったが、そのようなことが朝廷で提言されること自体、現実政治に対する儒学思想の影響の大きさを示すものである。官吏登用を目的とする博士弟子も、昭帝の時に100人だったのが元帝の時には1000人、次の成帝（前52〜７、在位前33〜７）の時には3000人に拡充された。このような儒学思想の影響が最も強く現れたのが祭祀制度である。

　漢王朝は高祖の時に太上皇（高祖の父）廟を王国に設置したのを皮切りに、高祖を祀る太祖廟、文帝を祀る太宗廟、武帝を祀る世宗廟を郡国に設置した。これに対し建始元年（前32）、儒家官僚が皇帝の宗廟を郡国に設置し官僚に祀らせることは礼制に合致しないと主張したので、全国167ヶ所の郡国廟が廃止された。さらに、武帝以来の雍五畤・甘泉泰時・汾陰后土祠も古礼に従って都長安の南北郊外に移すこととなり、長安の南郊で上帝を、北郊で后土を祀り（これが後の天壇・地壇の起源）、従来の三祀はいずれも廃止された。その時、各地で役所が祀る祠683ヶ所の内の475ヶ所も礼制に合わないとして廃止された。

　対外関係に目を移すと、東・南方面の直接支配は若干後退したものの、北・西方面は安定的な支配を構築することに成功した。朝鮮は４

郡のうち 2 郡が昭帝の始元 5 年（前82）に廃止されたが、平壌から出土した初元 4 年（前45）の楽浪郡戸口簿によって元帝期にも郡県支配が実効性を以て実施されていたことが確認できる。南海では、昭帝から元帝期にかけて 9 郡のうち 3 郡が廃止された。西域諸国は武帝期以来漢に服従していたが、匈奴の影響でしばしば反抗した。そのため、漢は元鳳 4 年（前77）に楼蘭王を殺し弟を立てて鄯善と改称させ、地節 3 年（前67）には車師を討った。これ以降も西域諸国及び匈奴との間に小競り合いはあったものの最終的には押さえ込み、神爵 2 年（前60）、西域都護を亀茲（クチャ）の東の烏塁城において西域諸国を統括させた。前漢末には西域諸国の首長で漢の印綬をおびる者が376人に上った。また、チベットの羌が匈奴に兵を借りて鄯善や敦煌に侵寇してきたため、神爵元年（前61）、義渠安国を派遣し鎮圧。降伏する羌の首領が多かったので、金城属国を置きここに居住させることにした。

　宿敵匈奴に関しては、本始 2 年（前72）、匈奴に攻められた烏孫の救援要請に応えて漢は 5 将軍15万人を出撃させ、翌年、匈奴を大破した。この時、烏孫討伐の単于軍が大雪に遭って壊滅したその機に乗じて烏孫などが匈奴を伐った結果、匈奴は甚大な被害を受け周辺諸国に対する影響力をほぼ失った。神爵 2 年（前60）には虚閭権渠単于の死去を機に国内が不安定となったため日逐王が、その 3 年後には 5 単于が乱立し内乱状態になったため匈奴貴族が衆を率いて漢に投降してきた。やがて呼韓邪（？〜前31）・郅支（？〜前36）両単于対立の形勢となって、呼韓邪単于が漢と同盟したため郅支単于は西方に逃れた。その結果、呼韓邪単于が匈奴本拠地に戻り匈奴国内は安定した。西方に逃れた郅支単于は、その後、西域都護率いる西域諸国の軍によって殺された。その 3 年後の竟寧元年（前33）には呼韓邪単于が入朝し、元帝は王昭君を降嫁させた。かくて、匈奴単于は漢の外孫となり、これ以後、両国関係は安定した。

3）宦官と外戚の進出

　宣帝から成帝にかけての時期、次代を予告する二つの状況が発生している。宦官と外戚の政界進出である。宦官の政務関与は、武帝が後宮に入り浸り政務の報告に宦官を用いたことから始まった。宣帝の時には、宦官の弘恭・石顕が法令故事に通じていたので彼らを重用し枢機を掌らせ、元帝も宦官には姻戚がいないといって二人を用いた。弘恭の死後は石顕が政務を取り仕切り、自己を脅かす者があればこれを排除した。これが宦官が権力を握った初めであるが、成帝が即位すると石顕は旧悪を告発され罷免された。

　この時期に政界進出した外戚は元帝の皇后王氏（王政君・元后、前71〜後13）の一族である。元后は元帝が太子の時に後宮に入り成帝を産んだ。元帝が即位すると成帝が皇太子となり、元后の父王禁は列侯に封建され、元后は皇后に立てられた。元帝が死去し成帝が即位すると、元后は皇太后となり、王禁の子の鳳が大司馬大将軍となった。その後、元后の兄弟7人と早世した兄弟の子である王莽（前45〜後23）、さらに元后の姉の子の合計10人が列侯に封建され、王氏の威勢は朝廷を傾けた。後に王莽が新を称したのは、この時、新都侯に封建されたことに因む。綏和元年（前8）、大司馬王根が病を以て辞任し、王莽が大司馬となった。

　翌年、成帝が死去し、定陶王欣が即位した。哀帝（前26〜1、在位前7〜1）である。成帝には後嗣がなかったので、元帝の側室であった傅太后が大司馬王根に賄賂を贈り、孫の定陶王欣を皇太子にしていたのである。哀帝が即位すると、祖母の傅太后の弟や実母丁姫の兄弟を列侯に封じると共に、罪を以て王氏を朝廷から排除した。王莽は大司馬を罷免され就国した。就国中、王莽にとって幸運なことに傅太后と丁姫が死去した。元寿元年（前2）、日食が起こり王莽の冤罪を訴える者が多かったため、哀帝は王莽を都に呼び戻した。その翌年、哀

帝も崩御した。

　哀帝が崩御すると元后は直ちに未央宮に赴き皇帝の璽綬を手中に収め、発兵の符と近衛の兵を王莽に委ねた。そして、王莽を大司馬に任じ、元帝の孫に当たる9歳の中山王衎の擁立を決めた。平帝（前9～後5、在位前1～後5）である。平帝即位後は元后が臨朝し、政務は王莽に委ねた。王莽は、いまだ健在であった成帝の趙皇后と哀帝の傅皇后を自殺に追い込み、さらに哀帝の外戚傅氏・丁氏で官にある者を罷免した。また、王莽は平帝の実母衛氏を中山国に留めていたが、王莽の長子がそれを諫めようと詐欺を働いた機会を捉えて、元始3年（3）、長子夫婦を自殺させた上で衛氏一族も誅滅した。かくて外戚で健在なのは王氏のみとなり、王氏の専権体制が確立した。

5　王莽政権

1）王莽の帝位簒奪

　平帝即位翌年の元始元年（1）、益州南方の越裳氏が白雉1羽と黒雉2羽を献上した。これは、周公旦が摂政として成王を補佐している時に、その徳を慕って越裳氏が白雉を献上したという故事を踏まえて、王莽が益州にやらせたことであった。群臣達は、王莽は周公と同じように王朝を安んじたとして安漢公という称号を王莽に贈るよう元后に上奏した。この時に、古制に基づいて太師・太保・太傅・少傅の四輔を置き、王莽がそれを統べることになった。王莽は官制を大幅に変更するが、これはその最初である。また、干魃と蝗害の発生を承けて、天下の資産2万銭未満の者及び資産10万銭未満の被災者の租税を免除、死者には葬銭を支給し、また安定呼池苑（甘粛省華亭県）を安民県としてそこに貧民を移り住まわせ田宅や生活用品を支給するなど振恤策を実施した。

元始３年（３）、王莽は自分の娘を皇后にしようと思い、平帝の後
宮充実を上奏した。吏が挙げた候補者に王氏の娘が多くいて自分の娘
の競争相手になると考えた王莽は、謙譲を装い、王氏の娘を候補から
外すよう元后に言わせた。それに対し庶民・諸生・群臣達がこぞって
王莽の娘を皇后に立てるよう上言したので、元后はそれを認め、翌年、
王莽の娘が皇后に立てられた。この年、王莽は車服制度を上奏し、吏
民の養生・送終・嫁娶・奴婢・田宅などの基準を定め、郡国・県・郷
にそれぞれ学館を建てた。太保らが、王莽の功績は殷の阿衡伊尹、周
の太宰周公に匹敵するものであるから、二人の称号を兼ねた宰衡の称
号を王莽に授けるべきだと上奏した。この時、三公は王莽に対して
「敢言之（敢えて申し上げます）」と言うことになったが、これは秦漢
時代の上申文書にも見える表現で、下級官が所属の上級官に対して使
う表現である。つまり、宰衡となった王莽は三公を配下に置いたわけ
である。

　この年、王莽は、天子が四時を正し教化を広める建物である明堂を
長安に建設した。明堂などの制度整備は周公でさえ７年かかっている
のに王莽はそれをわずか４年で完成したということで、王莽への九
錫が提言された。九錫とは、天子が勲功抜群の臣下に与える九つの
賜物で、周代の官制を記した『周礼』に基づくものである。王莽がこ
の後に帝位を簒奪することから、この九錫は禅譲儀礼の一部として取
り込まれ、後漢献帝から曹丕への禅譲などにも見える。

　この年の末、平帝がわずか14歳で亡くなった。母衛氏一族殺害を平
帝が怨んでいるのを知った王莽が毒殺したともいわれる。この時、元
帝以降の皇帝の血統は断絶していたので、王莽は占いで最吉だったと
して宣帝の玄孫に当たる２歳の子嬰を後嗣とした。

　かくて王莽の帝位簒奪の条件は整った。あとは場面の演出である。
後嗣決定のその月、都に近い武侯県の井戸から白石に赤文字で「安漢
公に告ぐ、皇帝となれ」と書かれた符命が発見されたとの報告があっ

た。符命とは、災異説から発展した未来予言説である讖緯説の一部で、その予言が文字に書かれたものをいう。王莽からその符命を報告された元后は、臣下に説得されて已む無く「『皇帝となれ』というのは皇帝の業務を摂政せよということである。周公の故事に倣い、安漢公を摂政として即位させよ」との詔を下した。かくて、年号が居摂と改められ、王莽は全て皇帝の制度に倣うことになった。翌年、子嬰が皇太子に立てられ、孺子と呼ばれた。

　王莽の露骨な簒奪行為に対し、居摂元年（6）には景帝7世の孫に当たる劉崇が挙兵したが、すぐに鎮圧された。翌年、東郡太守の翟義が、王莽は平帝を毒殺し漢王室を断絶させようとしているという檄を各地に送って兵を挙げると、翟義に呼応する者は20万余にも上った。王莽は恐れおののき食事ものどを通らないほどであったが、やがて鎮圧に成功した。居延漢簡には劉崇と一緒に挙兵し敗れて逃亡した劉守や翟義の関係者の指名手配に関連する文書が見える。王莽はこの勝利を天祐であると思い、真皇帝即位へと動き出した。そして各地から符命が報告されるようになる。例えば、斉郡（山東省）の亭長の夢に天公の使者が現れて「天公は『摂皇帝　当に真となるべし』と仰っている。証拠として新しい井戸を掘っておくぞ」と言ったところ、翌日、その言葉通り新しい井戸が掘られていた、など。これらの符命の話を聞いた哀章という人物が銅の箱を二つ作り、「天帝行璽、金匱図（天帝の印、銅箱入りの図）」「赤帝行璽、某伝与黄帝金策書（赤帝の印、高祖が黄帝の金策書を与える）」と書きつけた。これらは天帝と高祖の符命を偽造したものである。それを受け取った王莽は言った「皇天上帝が図を下し私に天下の人民を委ねられた。高皇帝の霊も金策書を私にくださった。私は甚だ懼れるものの受けない訳にはいかない。ここに真天子の位に即き、天下の号を新と改める。正朔を改め12月1日を始建国元年（9）正月1日とし、服色を変え黄色を尊ぶ」と。王莽は遂に正真正銘の皇帝となった。

コラム　秦漢時代の社会と占い

　前漢末の宮廷図書館所蔵目録である『漢書』芸文志には596家1万3269巻が記載されている。六芸略（儒学の基本文献である経書など）の103家3123篇、諸子略（諸子百家の書）の189家4324篇に次いで多いのが、術数略の190家2528巻である。術数略に収録される書物は天文・占い関係のもので、当時、占いがいかに盛んかつ重要であったのかをこの数字は示している。

　『史記』『漢書』には、何か大事を決定する時に占いをした例が幾つも見られる。本文で述べたように、始皇帝が最後の巡幸に出発したのは占いで巡幸に出ると吉という結果が出たからである。大沢郷で足止めをされていた陳勝・呉広が反乱を決意したのも占い師が「足下の計画は必ず成就する」と言ったからであるし、この後、沛に入った劉邦たちが蜂起しようとした際に最終的に劉邦が沛公に担がれたのも占いで劉邦が最も吉と出たからである。呂氏の乱の際、長安にいる大臣からの皇帝即位の要請に対して、当初、大臣たちの陰謀かもしれないと警戒していた代王恒（後の文帝）と代国の家臣が最終的に受諾を決断したのも、占いの結果とそれを解説する占い師の言葉が決め手となったからである。また、前90年に匈奴に降伏した李広利が出撃する際に、家臣のほとんどが反対したにも拘わらず武帝が出撃を強行したのも、占いで「匈奴は必ず敗れる。このチャンスは二度と無い」という結果が出たからに他ならない。後に前漢を簒奪する王莽は、平帝の死後、その後継として宣帝の玄孫50余人の中から敢えて2歳の子嬰を選んだ。その際、人相占いをしたところ子嬰が最も吉であったことに王莽は託けているが、幼帝を擁立することで専権しようという王莽の意図が明白であるにも拘わらず、このような言い訳を皆が受け容れたという点に、当時の占いの影響力の大きさを見ることができよう。

　当時、日常生活においても占いは非常に重視されていた。大事はその都度占うのに対して、日常の占いは既にマニュアル化されていて、人々はそ

れに基づいて行動した。日の干支(十干十二支)による占いの例を挙げよう。

《出生》戊寅生まれは家を出て南方へ行く。壬辰生まれは喧嘩早く剣を帯
　　びるのを好む。乙未生まれは病気があり孤児になるが大人になって金持
　　ちになる。甲寅生まれは必ず役人になる。

《農作業》アワは丙・寅の日、麦は甲・子の日、キビは乙巳・丑の日、麻
　　は辰の日、豆は卯・戌の日、稲は亥の日に、最初の種まきや収穫をする
　　のは不可。もしそうしたら、その年は食糧がなくなる。

《旅行》未・巳の日は西に、丑・亥の日は北に、戌・寅の日は東に、辰・
　　申の日は南に旅立つのは不可。

《上司との面会》丑の日は、朝に面会すると怒られ、午前中だと褒められ、
　　昼だと怒りに遭い、午後だと報告を受け入れられ、夕方だと叱責に遭う。

《夢》壬と癸の日の夢で白色のものを見たら、それは喜び事の兆しで西の
　　方角で得られる。

《病気》甲・乙の日に発病したら、それは父母の祟りに由来し、直接の病
　　因は肉食による。その肉は東方よりもたらされ、漆器に包まれている。
　　戊・己の日に発病したら、庚の日に小康状態となり、辛の日に祭祀を行
　　う。その祭祀を怠れば煩いは東方にあり、穢れは東方にある。青色のも
　　のを見ると死ぬ。

《土木工事》春の戊辰・己巳の日、夏の戊申・己未の日、秋の戊戌・己亥の日、
　　冬の戊寅・己丑の日は地衝といい、土木工事を起こしてはならない。

　《土木工事》の例に見えるような禁忌は社会に対し非常に強い影響力を
持っていて、やがて律の中に取り込まれていった。「二年律令」中の「戊・
己の日に土木工事を起こしてはならない」という条文がそれである。秦漢
時代は占いの禁忌が律に規定されるような認識の社会だった。だからこそ
占いは合理的な判断規準として人々に重視され、大事を決する際にその拠
り所とされたのである。

２）王莽の政治

　王莽の政治は改革の一言に尽きる。時間経過に従って見てゆこう。

【始建国元年（9）】真皇帝となった王莽は最初に王朝最上位の四輔・三公・四将の11公を哀章の金匱図の記載に従って任命した。哀章は11公に現実の王莽の高官の名を書いていたが、王興・王盛の２人だけは出鱈目であった。このため王莽は同名の人物を十数人集め、占いによって、衛将軍王興には元の城門令史を、前将軍王盛には餅売りを生業とする庶民を任命した。次いで周代の官制と同じ三公・九卿・二七大夫・八一元士の体制を作った。さらに官名・地名などを変更して、公車司馬を王路四門、郡太守を大尹、都尉を太尉、県令長を宰、長安を常安、長楽宮を常楽室などと改めた。また、官秩も百石を庶士、二千石を上大夫のように改称した。これらの官名変更の例は居延・敦煌漢簡の中にも見え、辺境地域に及ぶまで徹底して実施されていたことが確認できる。

　第二次貨幣改革を実施した。既に、この２年前に第一次改革が実施されていて、武帝以来使用されてきた五銖銭に加えて方孔円銭の大泉（銭）五十（50銭相当）、方孔円銭に刀をつけたような栔（契）刀五百（500銭相当）、錯刀五千（5000銭相当）を発行したが、盗鋳する民衆が多く発生した。第二次改革では、「劉」字に「刀」字が含まれているという理由で、栔刀・錯刀を廃止し、小泉直一（１銭相当）を発行して大泉五十と二本立てとし、五銖銭を廃止した。

　土地制度を改めて、天下の耕地を「王田」、奴婢を「私属」と改称して共に売買を禁止した。さらに、周代の井田制に倣って一井の土地（1頃＝約4.6ha）を男子８人で耕作させ、田の無い者には新たに田を支給した。これは、哀帝の綏和２年（前7）に土地と奴婢の所有制限を定めた限田法を受け継ぐものである。限田法は哀帝の外戚の反対によって施行されなかったので、王莽はそれを実行しようとしたのであろう。

秋、五威将を遣わして、新が漢に代わって天下を治めることを正当化した符命42篇を天下に頒布し、王侯以下官名変更になった者に新王室の印綬を授与し、漢王室の印綬を回収した。

【始建国2年（10）】六筦の制を施行。六筦の筦は管の意味で、塩・酒・鉄・山沢産物・銅に対する国家の独占的管理と五均賖貸のことである。五均は、長安ほか五大都市の市に五均官を置き標準価格を決定するとともに、穀物や布帛などの生活必需品が余っている時に原価で買い上げ、不足して価格が上がると標準価格で売り出すというもの。賖貸は、農耕に従事しない者や商人・手工業者から税を集め、貧困で祭祀などができない者には無利子で、営業資金の不足する者には有利子で融資する制度である。これは『周礼』に基づく社会政策であったが、現実には実務担当者に富商を任命したため郡県吏とグルになって不正を働き、逆に民衆の憂いとなった。

第三次貨幣改革を実施し、金・銀・亀・貝・銅を素材とした6種類28品目の貨幣を発行し、同時に、この時発行された布銭を所持しない者は関所などの通過を許可しないこととした。この命令は相当程度影響があったようで、この時期の墓には、黄泉の国の役人に宛てた通行証とこの布銭が一緒に副葬されている例がいくつかある。布銭が無いとあの世に行けないと人々は考えたのだろう。ただし、現実の貨幣変更については民衆は従わず、廃止されたはずの五銖銭を使用し続けた。田宅奴婢売買や盗鋳の罪に当たる者が数え切れないほどであったため、王莽は従前の大泉・小泉のみ使用することとし、他の貨幣は廃止した。田宅奴婢の売買もこの2年後には許している。

【始建国4年（12）】明堂にて諸侯に封地を授与。まず、周に倣って洛陽を東都、長安を西都とし、『尚書』禹貢に倣って現行13州を9州とし、爵制は周の五等爵（公・侯・伯・子・男）を採用し、諸侯の定員を1800人、附城（元の関内侯）も同様とし、それぞれに規定した封地を与えた。封地を与えられた者は諸侯が796人、附城が1511人だった

が、封地区画が未確定のため実際には封地を与えることができず、毎月数千銭が支給された。このため、諸侯の中には生活に困って備作する者もいた。翌年には、公爵保有者には年80万銭といった支給額を決めたが、またもや全額支給は実施できなかった。

【天鳳元年（14）】『周礼』と『礼記』王制の記載に基づいて、地方行政区画と官制を再び大幅に改めた。平帝期の13州、103郡国、1346県邑道を9州、125郡、2203県に再編した上で、州牧・部監を25人置いて各々5郡を監察させた。郡太守相当の卒正・連率・大尹、都尉相当の属令・属長を置いた。長安城の近郊を6郷に分け帥を置き、三輔（首都特別区）を六尉郡に分け、河東・河内・弘農・河南・潁川・南陽郡を六隊郡とした。この他の行政区画変更も実施し、地名もこれ以降毎年のように変更されて、甚だしい場合は郡名が5度も変わった挙げ句に元に戻るありさまであった。居延漢簡にもこの官名地名の変更は確認でき、居延地域の軍事を統括する居延都尉は、居延大尉→左大尉→後大尉→延城大尉→居成大尉と5度に亘って変更されている。このため、吏民は覚えきれず、詔書が下る度に「新平とは故の淮陽である」のように旧名を注記しなければならなかった。

【天鳳3年（16）】吏の俸禄制度を制定。最上位の四輔の年間1万斛（1斛＝19.8ℓ）から最下位の輿僚の66斛まで15等とし、自然災害があった場合は報告された被害割合に応じて減額することにした。しかし、仕組みが煩雑で被害割合を計算できなかったために、吏は俸禄を得ることができず、賄賂を取って生活の糧にしていた。この年、六筦制を再度命じると共に、死刑を最高刑とする罰則規定を一筦ごとに設けたが、吏民の違反者はますます多くなった。さらに、奴婢1人につき3600銭を徴収することにしたので、盗賊が発生するようになった。

　天下の吏は俸禄を得られないためにますます不正に走り、地方官には千金を溜め込む者も現れた。それを知った王莽は、始建国2年（10）以来軍吏や辺吏で不正に蓄財した者はその4/5を没収するとの

命令を下し、吏を派遣して調査させた。併せて、属吏が長官を、奴婢が主人を告発することを認めて不法を防ごうとしたが、不正はますます激しくなった。

【地皇元年（20）】第四次貨幣改革を実施。従来の大泉・小泉を廃止し、戦国時代の布銭のような形の貨布（25銭相当）と方孔円銭の貨銭（1銭相当）を発行し、盗鋳者およびそれを告発しなかった伍人（五人組構成員）は官奴隷にした。盗鋳罪を犯した者は長安に送られ鋳銭作業に従事させられたが、翌年秋の段階でその数は十数万人にのぼり、そのうち6、7割が愁苦して死んだという。

3）王莽政権の崩壊

王莽の実施した頻繁な制度変更が社会に混乱をもたらしたことは確かだが、例えば、貨幣改革で新貨幣が次々と発行される中でも依然として五銖銭が使用され続けていたように、人々は王莽の改革に現実的に対応していた。王莽期の社会不安は、武帝期と同じく主として対外政策の結果としてもたらされたのである。

王莽が即位した始建国元年（9）、王侯の印綬を新王室のものに交換したが、これは周辺諸国も対象となっていた。匈奴には従来の「匈奴単于璽」に替えて「新匈奴単于章」が与えられたが、新印では「匈奴単于」に「新」という国号が冠せられている上に、「璽」が格下の「章」に改められていた。翌年になってそれに気づいた匈奴単于が故印の返還を要求したが王莽は与えなかったため、匈奴は辺境を侵寇し吏民や畜産を略殺した。これに対して王莽は、匈奴単于を「降奴服于」という侮蔑的呼称に改めた上、12将軍に兵30万を率いて10道から出撃させることにした。討伐軍は辺境に集合して出撃を待っていたが、その間、囚徒を含む討伐軍兵士が当地居住民から収奪し、その結果、逃亡して盗賊になる住民が続出した。王莽はそれを監督すべく中央高官を派遣したが、逆に高官自身が不法を働き民衆を侵漁する始末で、

辺境は荒廃した。王莽は、そのころ漢に帰順していた高句麗に匈奴討伐を命じたが従わなかったため、その長を殺し高句麗を「下句麗」という蔑称に改めた。

天鳳元年（14）、単于の代替わりに際して、王昭君の娘婿である須卜当が漢との和親を新単于に勧め、匈奴は漢と和親した。王莽は匈奴に金珍を贈り「恭奴善于」と改称した。しかし、匈奴は王莽の賞賜目当てで和親しただけであったので、辺境侵寇は止まなかった。これを防ぐ兵は20万にも上り、それへの物資供給の任を負わされた五原郡や代郡ではその負担の重さに数千人規模の盗賊が発生し、近隣郡へ侵入していた。かくて辺郡住民のほとんどが盗賊となり、町には人がいなくなった。匈奴は天鳳5年（18）にも賞賜目当てに使者を派遣してきた。王莽がその使者を単于に擁立しようとしたため匈奴単于の怒りを買い、匈奴は北辺に大侵寇した。これによって北辺は壊敗した。翌年、王莽は軍事費を捻出するため天下の吏民に資産の1/30を課税した。これによって青州・徐州（山東省）の民は多く流民となり、老弱は道に倒れ、壮年者は盗賊に身を投げた。

始建国元年（9）の印綬交換の際に、南夷の句町王（雲南省広南県附近）は王を侯に格下げされたため離反した。王莽は巴・蜀・犍為（四川省）の吏士を徴発して句町を討伐したが、3年たっても戦果は上がらず、逆に兵士の7割が疫病で死んだ。このため巴蜀社会は動揺したが、王莽はさらに天水・隴西（甘粛省南西部）の騎士、広漢・巴・蜀・犍為（四川省）の20万人を徴発し討伐した。しかし、今度も死者数万を出した。

この印綬交換などによって西域諸国の信頼も失い、始建国5年（13）には焉耆（カラシャール）が反乱して西域都護の但欽を殺害し、これをきっかけに西域諸国は離反した。

このように王莽の対外政策失敗に起因する軍事行動によって、北辺や巴蜀地域は郡県による徴発、吏民兵士による収奪、逃亡して盗賊と

110

なった民衆の略奪が頻発し、社会不安は極限にまで達していた。加えて、この頃、黄河の氾濫や干魃などの自然災害がしばしば起こっていた。そのような社会状況を背景に、やがて王莽政権倒壊へ繋がる大規模反乱が発生するのである。

　天鳳４年（17）、琅邪郡海曲県（山東省日照市西）の呂母という女性が反乱を起こした。呂母は無実の罪で県宰に殺された子の仇討ちのために蜂起したのであるが、厳しい法律と徴税等のためにこの反乱に加わった者が１万人もいた。また、荊州（湖北省・湖南省）での飢饉をきっかけとして後に下江兵・羽林兵となる７、8000人が緑林山（湖北省京山県）中に集まった。翌年には樊崇らが飢饉をきっかけに衆を集め挙兵した。これが後に赤眉と名乗る集団である。地皇元年（20）には、南郡（湖北省）の張霸や江夏の羊牧らがそれぞれ１万人を擁し緑林に呼応して挙兵した。その２年後には平林（湖北省随県）の陳牧・廖湛も挙兵して平林兵と称し、劉秀も南陽（河南省南陽市）で数千人を率いて挙兵した。このような中、王莽は地皇４年（23）９月に長安に入った反乱軍によって殺され、新は滅亡した。後漢を再興する光武帝（前６〜後57、在位後25〜57）が即位したのはその２年後である。

◉──参考文献

　西嶋定生『秦漢帝国　中国古代帝国の興亡』（講談社・講談社学術文庫、1997年）

　松丸道雄他編『世界歴史大系　中国史１　先史▷後漢』（山川出版社、2003年）

　鶴間和幸『中国の歴史03　ファーストエンペラーの遺産　秦漢帝国』（講談社、2004年）

　鶴間和幸『人間・始皇帝』（岩波書店・岩波新書、2015年）

　永田英正『漢の武帝』（清水書院、2012年）

　冨谷至『中国古代の刑罰　髑髏の語るもの』（中央公論新社・中公新書、1995年）

　籾山明『漢帝国と辺境社会　長城の風景』（中央公論新社・中公新書、1999年）

　東晋次『王莽　儒家の理想に憑かれた男』（白帝社・白帝社アジア史選書、2003年）

　山田勝芳『貨幣の中国古代史』（朝日新聞社・朝日選書、2000年）

　工藤元男『占いと中国古代の社会　発掘された古文献が語る』（東方書店・東方選書、2011年）

後漢・三国鼎立

角谷常子

年　表

25	公孫述、天子を称す。劉秀、皇帝に即位（光武帝）。劉盆子、天子となる。
36	劉秀、公孫述を下して中国再統一を完成。
40	徴側の反乱。
48	日逐王比が漢に帰順、匈奴、南北に分裂。
57	光武帝死去。明帝即位。
105	蔡倫、紙を改良して和帝に献上する。
107	涼州（甘粛省）で羌族の大反乱起きる。
121	鄧太后死去。鄧氏一族失脚。安帝の親政開始。
125	安帝死去。外戚閻氏、少帝を擁立。少帝の死去後、宦官孫程らがクーデターをおこし順帝を擁立。
141	梁冀（梁皇后の兄）、大将軍となり専権が始まる。
144	順帝死去。沖帝即位。
145	沖帝死去。梁太后と梁冀、質帝を擁立。
146	梁冀、質帝を毒殺。桓帝を擁立。
150	梁太后死去。
159	桓帝梁皇后死去。桓帝、宦官と結び梁冀一族を失脚させる。
166	第一次党錮の禁。
168	竇武・陳蕃ら、宦官の掃滅に失敗して逆に殺される。
169	第二次党錮の禁。
184	黄巾の乱勃発。
189	霊帝死去、少帝即位。何進、宦官誅滅に失敗し殺される。袁紹、宦官を殺戮。董卓、少帝を廃して献帝を擁立。
190	董卓、献帝を擁して長安遷都を強行。
192	董卓、呂布に殺される。
196	曹操、許に献帝を迎え入れる。
200	曹操、官渡の戦いで袁紹を破り、華北の覇権が決する。
208	赤壁の戦いで、劉備・孫権の連合軍が大いに曹操軍を破る。
213	曹操、魏公に封建される。
214	劉備、益州牧となり蜀を支配。
215	五斗米道、曹操に降る。
219	孫権、荊州を支配下に入れる。
220	曹操死去。曹丕、献帝より帝位を譲り受け後漢滅亡、魏が成立。
221	劉備、皇帝を称し蜀（蜀漢）が成立。
223	劉備死去。
229	孫権、皇帝を称し呉が成立。
234	諸葛亮、五丈原で死去。
252	孫権死去。
263	蜀、滅亡。
280	呉、滅亡。

1 後漢時代の政治

1）後漢の最盛期～光武帝・明帝・章帝期～

　25年6月22日、劉秀（光武帝）が鄗（河北省柏郷の北）で即位し、年号を建武と改めた。漢王朝の再興である。とはいうものの、当時はとても天下を統一したとはいえない状況であった。しかも漢王朝の再興もすでに果たされていたのである。

　当時は現在の山東省に起こった農民反乱勢力である赤眉が勢力を拡大しており、さらに劉秀と同じ南陽劉氏の劉玄が、勢力を伸ばしながら北進し、23年に即位して（更始帝）、漢王朝を再興したのであった。かくて漢王朝復興をかかげる赤眉は更始帝に服属することとなる。しかし翌24年、長安に都をおくと早くも政権の秩序は乱れ始める。更始帝は日夜婦人と酒を飲み、臣下が目通りに来ても酔って会うこともできず、商売人や料理人に官爵を与えたりした。こうした状況を見て赤眉は離反。その後赤眉は更始軍を破って長安に入城し、降伏した更始帝は結局殺されることとなった。そしてついに劉秀が即位した同年同月、赤眉は長安で劉盆子（劉邦の孫城陽王劉章の子孫）を即位させたのである。この赤眉政権以外にも群雄が割拠していた。劉秀即位の2ヶ月前には蜀で強大な勢力を誇る公孫述が天子となっていたし、隴西（現在の甘粛省のあたり）では隗囂が自立していた。さらに西域諸国の離反や匈奴との関係悪化、朝鮮、ベトナムにおける反乱など、周辺地域も不安定な状況が続いていた。

　結局、光武帝が公孫述を討って真の天下統一を果たすのは、ようやく建武12年（36）のことであった。

　さて光武帝は即位の年の10月、都を洛陽に遷した。漢王朝の創業者劉邦は、当初都をおいていた洛陽から長安に遷都したが、それは長安の軍事的優位性によるものであった。劉秀即位の頃は前漢初期のよう

に東方に有力諸侯など存在しないし、交通の要衝であり、しかも天下の中心として経学上の根拠も有する洛陽の有利さが優越していたのであろう。これ以後長安は基本的に単独では国都にならなかった（唐王朝は交通上・経済上の重要性から洛陽を副都とした）。

　即位後光武帝は、本格的に内政の整備に乗り出す。まずは奴婢の解放を行った。前漢末には、豪族による大土地兼併によって農民は土地を失うなど疲弊していたが、さらに王莽時代の諸政策によってますます状況はひどくなり、奴婢に転落する者も少なくなかったのである。また、屯田によって軍糧が確保できていたため、田租を軽減して前漢景帝時代の税率である30分の1に戻し、さらに耕地面積、戸籍の調査を実施して、経済の回復・安定をはかった。この他経済政策として五銖銭を復活させ、王莽時代に混乱した貨幣制度を立て直した。一方、地方行政区画の整理統合と吏員の削減を図り、400余県を合併し、吏員は1割にまで削減されたという。また政治機構についてみると、功臣・貴戚が権力をもつことを警戒し、皇帝に権力を集中させる方針をとった。具体的には、「功臣を退け、文吏を進む」（『後漢書』光武帝紀）というように、建国の功臣や外戚には名誉を与えるのみで、重要な官職にはつけず実権を与えない一方、秘書局に当たる尚書は皇帝自らが統轄した。こうした方針は次の明帝にも受け継がれ、一層強化された。

　光武帝の政策は基本的に王莽時代の政策を否定してそれ以前に復すものであったが、祭祀・儀礼に関しては異なる。洛陽奠都の後、高廟（高祖劉邦の廟）・社稷・郊兆（天地を祀る施設）を建て、漢王朝の正統な後継者たることを示した。また光武帝末年には、始皇帝、武帝に次いで泰山封禅を行って自らの功業を天に報告し（王莽も泰山封禅を準備していたと考えられているが、実現しなかった）、さらに天子が祭祀を行う明堂・辟雍も建てられた。こうした儒教の礼に基づく祭祀制度は、実は王莽時代に整備されたものに則っている。外戚として王朝を

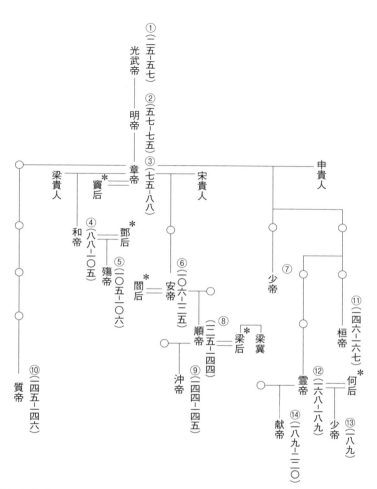

後漢皇帝略系図
＊臨朝称制を行なった皇后

纂奪したことばかりが強調される王莽だが、反王莽勢力が王莽の整備した制度を踏襲するという一見矛盾したこの事実は、彼の業績の歴史的意義を示すものである。

57年、光武帝が崩じた。その後は明帝、章帝と続くが、この光武帝・明帝・章帝の三代が後漢の最盛期といわれる。つまり王朝初期がピークで、あとは下り坂ということになるのだが、これは王朝の性質にかかわる。後漢王朝は、前漢以来育っていた各地の豪族の中から南陽の劉氏が勢力を拡大し、他の豪族の協力を得て成立したものである。しばしば豪族連合政権などと呼ばれるのはそのためである。だからこそ光武帝は豪族に配慮しつつも警戒・牽制しなければならなかった。また王莽という外戚によって王朝が纂奪されたのを目の当たりにして、外戚勢力の抑制にも意を用いねばならなかった。光武帝が豪族、外戚に対して厳しい態度で臨み、明帝もそれを継承し、法治主義的政治姿勢をもつと評価されるのは、以上のような事情があったのである。そして王朝側のこうした引き締め政策がなんとか成功していたのが初期の三代なのである。

光武帝・明帝の厳格な姿勢は、次の章帝に至って方向を変える。「刑理を善くし、法令分明」であった明帝に対して、章帝は「人の明帝の苛切なるを厭うを知りて、事、寛厚に従う」と言われるように、緩やかな姿勢に転じるのである。ただし、法治主義といわれる明帝も決して儒学を否定したのではない。当時、皇帝はもちろん、少なくとも知識人たる者が儒教を学び尊重することはもはや当然の前提であった。明帝も幼い頃から光武帝が感心するほどに『春秋』に通じていたし、皇太子時代には著名な学者であった桓栄を招いて『尚書』を学び、即位後も師として礼を尽くして尊んだという。さらに外戚のために特別に学校を作り、五経の師をおいて教育した。前漢時代に儒学が官学となって以来、儒教的教養・倫理が官吏の推薦基準とされ、祭祀をはじめとした諸制度が儒教理念に基づいて整備されてきた。王莽期を経

た後漢時代は、後世から見れば未熟な点はあるものの、そうした活動がいちおうの完成をみて、儒教が社会に定着したとされる時期である。後漢王朝が礼教国家とか儒教国家と表現されるのはこのためである。決して当時の政治理念は儒か法かという二者択一ではない。

　ただ、明帝が功臣や外戚・諸王に対しても厳しい態度をとることについて、不満を抱いたり、儒教倫理に反するとの批判も強まっていた。「儒術を好んだ」章帝は、こうした状況に対処するため儒教倫理に忠実に基づくやり方に転じたといえる。しかし、この方針転換によって、皇后の兄弟を列侯にするなどの外戚に対する優遇は、後に禍根を残すことになる。

　このように章帝期は次の和帝・安帝期への過渡期としての性格ももつけれども、初期の三代は、経済の回復・安定に努めると同時に、皇帝による引き締め策が効力を保ち、外戚の専横も宦官の跋扈も見られない、おおむね安定した時代であったといえるであろう。

２）和帝・安帝期

　章帝の死後、和帝がわずか10歳で即位すると、章帝の皇后である竇氏が皇太后として臨朝称制（皇帝代理）を始めた。それと同時に皇太后の兄竇憲が権力を振るい、「これに附かざるものなし」という状態であった。ただ宦官の鄭衆だけは権力者に阿ることなく、皇帝によく仕えたため、やがて皇帝は鄭衆と結んで竇憲を誅するに至る。鄭衆はこの功績によって宦官として最高位まで上り詰め、あらゆる議事に与るようになった。そしてついに宦官で初めて列侯に封ぜられたのである。『後漢書』には「中官（＝宦官）の権を用いること衆より始まる」とある。このように和帝時代は後漢政治を語る上で重要な、外戚と宦官がそろって表舞台に登場した時代である。これ以後外戚と宦官は繰り返し権力争いを繰り広げ、後漢末に至るのである。

　和帝が27歳で崩ずると、生後100余日の皇太子隆が即位した（殤帝）。

和帝の鄧皇后は皇太后となって臨朝称制を始め、翌年には皇太后の兄鄧騭が車騎将軍となって鄧氏政権が整えられた。しかし殤帝がわずか2歳で崩じたため、皇太后は鄧騭と相談し、章帝の孫劉祜を迎えて即位させた（13歳、安帝）。そして鄧太后による臨朝称制が引き続き行われ、安帝成人後も政権を還すことなく、鄧太后崩御によってようやく終わりを迎えた。

　さて民政に目を転じると、開墾奨励、貧民救済、小農民保護といった、前代の政策を継続したものが多い。これには和帝期後半における自然災害の多発、和・安帝期にとりわけひどくなった羌族の侵入・寇掠による農民の貧窮化・流民化などが背景にある。羌族は現在の陝西省西南部、青海省東部、甘粛省東南部、四川省北部あたりにいた種族で、後漢の全時期にわたって王朝と攻防を繰り返した。特に安帝の永初元年（107）に起こった羌族の叛乱は10年以上にわたる大規模なもので、軍費は240余億にも上り、銭倉は空っぽ、死者も数えきれず、并州・涼州は疲弊しきったという。これ以後も羌族の反乱は断続的に続き、農民を苦しめ国家財政を圧迫した。従ってこれが政権に与えた影響も大きく、鄧氏政権を支えた官僚グループに益州出身者が多いのは、巴蜀豪族が自らの富を羌族から守るために王朝と連携しようとした一方、王朝側もかれらのもつ地方支配力を必要としたからだともいわれている。

　こうした地方豪族の協力という点では農業政策も同じである。さまざまな農業政策は地方官が主導するばかりでなく、当地の豪族の協力のもとに行なわれたり、大規模な土木工事や水利事業など、豪族自身が担ったものも多い。このことは豪族が地方において大きな影響力を持ち、また自立化していると理解することもできよう。

　豪族が土地を兼併し農民を収奪することは前漢時代から問題になっており、『史記』にも「兼并豪黨の徒、以て郷曲に武斷す。」とある。しかし後漢になると豪族の権勢はさらに伸長し、地方社会における影

響力は大きくなった。後漢末の人仲長統は「豪人の室、棟を連ねること數百、膏田は野に滿ち、奴婢は千羣、徒附は萬もて計る。船車買販は四方に周ねし。廢居積貯して都城に滿ち、琦賂寶貨は巨室も容ること能わず、馬牛羊豕は山谷も受くること能わず。」と、豪族の広範囲にわたる経済活動とその力の大きさを述べている。

こうした豪族の社会的経済的な発展に伴い、彼らは儒学を修得して地方官界に進出し、ますます地方における支配力を増してゆく。このように豪族を母体として生み出される知識人は、選挙制度を通して郡県の属吏となって地域支配を担い、有力豪族の中には中央官界へと進出するものもあらわれる。彼らはしだいに広範な知識人階層を形成し、ネットワークを広げてゆく。これが後漢末の中央、地方における「清議」「郷論」の基盤になってゆくのである。

3）順帝期

安帝崩御の後、閻皇后が皇太后となり、章帝の孫である郷侯懿を立てて（少帝）臨朝称制を行った。しかし少帝がわずか100日ほどで崩ずると、宦官の孫程らがクーデターを起こし11歳の順帝を即位させた。この功により孫程をはじめとする19人の宦官が列侯に封ぜられた。さらにその後子孫を残せない宦官のために、養子をとって爵位を継承させることが認められた。宦官による皇帝擁立と宦官封侯という、宦官が政治勢力として大きく成長したことを示すでき事である。

こうした宦官勢力の伸長に対して、知識人たちも活発な発言や活動を見せる。例えば李固は、外戚や皇帝の乳母、宦官などが勢力をもつ現状を非難し、彼らの権限も人数も削減すべきことを上奏した。その多くは順帝によって聞き入れられ、「朝廷粛然たり」となったという。また左雄は孝廉の選挙において、被推薦年齢を40歳以上とし、かつ試験を課すことを提案した。請託によって年少者や品行無き者、実力なき者などが推薦されてくる現実を是正することが目的である。かれら

の批判の背景には、宦官や外戚とそれに連なる者たちの横暴な振る舞いのみならず、そうした有力者に阿り、請託して利益を得たり、不正な人事・選挙が全国的に横行する実態があったのである。こうした宦官・外戚に対抗する、いわば清流派の魁ともいえる李固のような官僚たちは特別な存在ではなく、この頃からまとまりをもち始めたようである。

　かくて皇帝の母である皇太后とその一族として権力をもつ外戚、皇帝の私的空間における側近として権力をもつ宦官、そして全国から集まる知識人官僚という３つの政治勢力が、この頃成立した。これは１つの勢力が育つとそれに対抗すべく他の勢力も育つという力学に則った現象ともいえるが、結局、宦官、外戚、知識人官僚という、後漢政治を特徴づける３つの勢力の権力争いという構図ができあがってゆくのである。

　さて宦官勢力が伸長したとはいえ、順帝の聡明さ、節度ある宦官や清流派官僚の存在などもあって、順帝時代はまだ比較的健全な政治が行われていた。これが大きく変化するのは梁冀の登場による。順帝は梁皇后を立てると、皇后の父梁商を、商の死後は子の冀を大将軍とした。梁冀は若いころから「逸游自恣（勝手きままに遊ぶ）」で、官職についても「暴恣にして非法多し」という甚だ評判の悪い人物であった。順帝が崩ずると、順帝の子沖帝が２歳で即位し、皇太后が臨朝称制したが、翌年沖帝は崩御する。そこで皇太后と梁冀は、章帝の玄孫の質帝（８歳）を即位させた。しかし梁冀は、梁冀を「跋扈将軍」と呼ぶ質帝の聡明さを恐れて毒殺した。皇太后と梁冀は、今度は章帝の曾孫に当たる桓帝（15歳）を立てた。かくして梁太后は、沖帝、質帝を経て、和平元年（150）に桓帝に政権を返還するまで、臨朝称制を続けることになるのである。

　梁冀の横暴ぶりはすさまじかった。「金玉珠璣、異方の珍怪」が倉に満ち溢れ、妻とともに奢侈にふけり、各地の献上品のうち、最高級

の品は天子ではなく梁冀のところへ運ばれる。地方に赴任したり中央に転任する官僚は、真っ先に梁冀に挨拶にいかねばならず、梁冀にだけ適用される特別待遇の儀礼が制定されるなど、『後漢書』には梁冀の権勢の大きさと、中央・地方における梁氏一族及びその関係者の放縦ぶりが描かれている。かくして農民は苦しめられ、不正な選挙が横行し、不満は募っていったのである。

　しかし権勢を極めた梁氏にもついに滅亡の時が来た。150年に梁太后が、159年に桓帝梁皇后（梁太后の妹）が崩御すると、桓帝は宦官と結んで梁氏誅滅を実行した。梁冀と妻は自殺、親族は死刑、彼らに連なる高級官僚の死者は数十人、故吏賓客で「免黜（免官降格）」された者300余人にのぼり、「朝廷空と為」ったという。こうして梁氏は排除され、順帝の時と同様、誅滅に功績のあった宦官たちは列侯に封ぜられ、「これより権は宦官に帰し、朝廷日に乱る」る状態となった。

４）桓帝・霊帝期〜清濁の争いと党錮の禁〜

　外戚と宦官は、高い官職や爵を得、中央・地方のあらゆる方面に権力を振るった。彼らのまわりには賄賂を贈って官職を得たり、裁判における不正などさまざまな「請託」をする者が集まった。地方豪族もまた彼らとつながりをもとうとした。こうした全国的な不正・混乱の中で、特に知識人層にとって深刻だったのが人事の不正である。梁氏政権と梁氏誅滅以後の宦官専権の頃になると、このような外戚・宦官に対する不満が顕在化してくる。当時外戚・宦官は「黒」「濁」、彼らに批判的な知識人は「清」「白」と称せられた。知識人は中央の太学などを拠点とし、また地方において濁流勢力を批判し、独自の人物評論を行った。こうした清流派知識人の勢力伸長と外戚・宦官批判の活動が党錮の禁を引き起こすことになる。

　清流派の李膺はたびたび宦官とつながりある者の不正行為を厳しく処分した。これに対して宦官は、李膺が「太学の遊士を養い、諸郡の

生徒と交結し」「共に部党を為り、朝廷を誹訕（そしる）」していると
告発した。桓帝はこれを見て「震怒」し、党人逮捕の詔が下ったので
ある。李膺らは捕えられ、200人以上の者が指名手配となり、逃げた
ものには懸賞金までかけられた。これが第1次党錮の禁（166年）で
ある。翌167年、外戚の竇武が皇帝にとりなし赦令が出たが、党人は
禁錮（任官停止）となった。しかしその後も宦官批判は止まず、また
各地で「三君」「八俊」「八顧」「八及」「八廚」などという名称を与え
て名士ランキングが作られたり、「天下の模楷李元禮（李膺）、強禦を
畏れぬ陳仲舉（陳蕃）、天下の俊秀王叔茂（王暢）。」といった人物評語
が語られた。こうした現象は、范曄『後漢書』に「桓帝霊帝の頃にな
ると、政治は宦官に委ねられ、官職にある士大夫はこれと同列になる
ことを恥じた。故に匹夫は憤り、処士は横議し、名声を激しく議論し
合って品評し、公卿を品定めし、役人の力量を量った」という通り、
本来官僚になるべきでない者が不正な手段で高い官職についている現
実に対する批判であると同時に、地方人士自らが決めた価値・評価基
準に基づくものである点で、知識人勢力の自立性を示すものである。
こうした地方郷里社会における人物評価の風は、のちの九品官人法成
立の土壌となった。

　党人が釈放されて半年後、桓帝が崩御した。竇太后と竇武は12歳の
霊帝を即位させ、竇太后の臨朝称制が始まった。竇太后の周辺には皇
帝の乳母や宦官が取り巻き、信頼を得ていた。竇武と清流派の陳蕃は
こうした状況を批判し、宦官らを誅滅する計画を立てた。しかしこれ
は事前に漏れて、陳蕃は殺され宗族・門生故吏はみな免官禁錮となっ
た。また竇武は自殺して首は洛陽都亭に晒され、宗親・賓客・姻屬は
悉く誅された。しかし宦官の反撃はこれで終わりではなかった。宦官
は、張儉なる人物が同郷の24人と部党をつくり国家転覆を図っている
と告発させた。これを受けて霊帝は張儉逮捕の詔を出すが、宦官はこ
の機に乗じて大規模な党人弾圧を行ったのである。捕えられ獄死した

党人は100人以上、日ごろ反目したり、恨みのある者を党人にしたてたり、はては党人とは全く無関係な者に至るまで、「死、徒（強制移住）、廃禁（禁錮）」された者は6、700人に上ったという。これが第2次党錮の禁である。今回の党人弾圧は長く続き、184年に黄巾の乱が起こった際、党人と黄巾軍が結ぶと大変なことになるとして、ようやく党人に対して赦令が出た。2度にわたる党人弾圧の結果、清流派官僚は一掃され、官界は宦官とそれと結ぶ者たちによって牛耳られることになる。

　このような政治の混乱状態において、王朝側はどのように対処しようとしたのだろうか。『後漢書』には、こうした事態に及んでもなすすべなきどころか無能ぶりを発揮する霊帝の姿が描かれている。

　黄巾の乱が起こった翌年、洛陽の南宮が火災に遭った。そこで霊帝は全国の田地1畝あたり10銭を課して宮殿を修築するための費用を集めさせたり、各地から模様のある石や材木を調達させた。しかも宦官は言いがかりをつけて安く買いたたいたり、地方官もこれに乗じて私的な徴発をしたため、民は叫び嘆いたという。また太守・刺史など新たに任官する者は、助軍銭・修宮銭を求められ、彼らはまず支払う金額を決めてからでなければ任地に行くこともできなかった。そんな中、鉅鹿太守となった司馬直という人物が、清名があるから300万銭にまけてやるといわれ、「民の父母たる地方長官となりながら民を搾取するのは忍びない」と嘆いて自殺するという事件がおこった。これを聞いて霊帝は暫く修宮銭をやめたという。また、霊帝は光和元年（178）に売官を行った。「二千石は二千万、四百石は四百万」とされ、その収入は西園に建てた庫に納められたという。ただ実際はこれ以外の官も売り出されたようである。冀州の名士崔烈が500万銭を払って司徒になった時、霊帝は「惜しいことをした、彼なら1千万銭はとれたろうに」ともらしたという。

　以上のような霊帝の行為は、彼の暗愚さを示すものとされるが、こ

うした蓄財の目的は必ずしも自らの遊興のためではなく、度重なる異民族の侵寇や自然災害などによる財政窮乏が背景として考えられるし、皇帝直属軍（西園軍）の維持費への充当という、いわゆる霊帝の改革の一環ととらえる見方がある。後漢末にはそれまでの徴兵制が破綻していたため、募兵に頼らざるをえない状態であった。皇帝の私費による常備軍である西園軍は、こうした状況に対処するためのものだった。また西園軍設置と同時に採用された牧伯制も、改革の一環とされる。これは従来の州刺史に「監軍使者」として軍政支配の権限を与えるもので、「州任の重きこと、これより始まる」という（『後漢書』劉焉伝）。このような軍政改革の10年前には鴻都門学が設置されている。これは全国から書簡文、辞賦、鳥書・篆書に秀でた学生を集めた学校で、霊帝のモノ好きや腐敗政治の例とされることが多い。しかしこれも単なる芸術学校ではなく、その学生が官界に進出していることなどから、従来の儒学に対して、文章・辞賦などが新たな選挙基準となったことを意味するものとして、霊帝の改革の1つとする理解がある。このように、霊帝は暗愚な皇帝と評価されることが多かったのに対して、後漢末の混乱状態において、王朝を建て直そうと改革を企図した側面が注目されている。

5）黄巾の乱～太平道と五斗米道～

　2度にわたる党錮の結果、官界から清流派が一掃されると、宦官及びそれに連なる者たちによる不正や収奪が激しさを増したであろうことは想像に難くない。また桓帝・霊帝期における自然災害や疫病、飢饉の頻発は農民の困窮や流民化、社会不安を深刻化させた。そうした追い詰められた人々が救いを求めたのが宗教である。

　鉅鹿（河北省）の張角という人物が「大賢良師」と自称し弟子を集めていた。それは『太平清領書』にもとづく初期道教の一派である。病気は罪に対する罰であるから、病人に自分の犯した罪を懺悔させ、

符と霊水を飲ませるというもので、これで治らなければ信心が足りないとされた。彼は弟子を派遣して布教させ信徒を獲得していった。それは不安な人々の心をつかみ、十余年で信徒は数十万、その範囲は青・徐・幽・冀・荊・揚・兗・豫の八州に及んだという。彼らは36の「方」という組織を設け、大方は１万人、小方は6、700人を率い、それぞれにリーダーを置いた。やがて最も悔い改むべき王朝に矛先が向けられ、「蒼天已に死し、黄天当に立つべし、歳は甲子に在り、天下大吉たり」というスローガンを掲げ、中平元年（184）３月５日を蜂起の日と定めた。ただこの計画は事前に漏れたため、２月に一斉蜂起した。彼らは黄色い布を巻いて標識としたため、人々は彼らを「黄巾」と呼んだ。これが黄巾の乱である。王朝は討伐軍を差し向けるとともに、黄巾と党人が結ぶことを恐れて、党人に赦令を出した。政府軍は各地で黄巾軍を破り、11月までに張角とその弟２人は死に、中心勢力が潰えたため、12月には天下に大赦して、年号を中平と改めた。

　同じころ、いま一つの初期道教の教団である五斗米道が勢力を伸ばしていた。入信する者に米五斗を出させたのでこの名がある。教祖の張陵は蜀（四川省）の鶴鳴山で修業した人物で、子の張衡と孫の張魯の時に教団組織を整備し、建安20年（215）曹操に降るまで約30年にわたって漢中を中心に宗教王国を形成した。一般信者を鬼卒といい、彼らをいくつかのグループに分けて祭酒のもとに統率し、トップリーダーの張魯は「師君」と称した。彼らの教えは、病気の人に罪を懺悔させるという太平道とよく似た方法を説くものであり、罪を認めて悔い改める者はその誓いの文書を作成して、天・地・水の神に捧げた。これを「三官手書」という。また祭酒は義舎と呼ばれる宿泊所をつくって寄進された米肉を置き、旅人は必要な量だけ食べることができた。さらに小さな罪を犯した者は道路工事をすれば罪が除かれるとした。こうした教えや活動は、流民への対応と共同体機能の形成・維持を意図したものといえよう。

6）三国鼎立へ

　黄巾の乱は１年もたたないうちに瓦解したが、霊帝が改革をめざしたものの、後漢王朝にはもはや混乱を治める力はなかった。189年霊帝が崩御すると、何皇后の子劉辯（少帝）が17歳で即位し、何皇后は皇太后として臨朝称制を行った。新帝即位に当たっては、宦官の中に外戚何進を殺して王美人の子である協（のちの献帝）を立てようという動きがあった。実は霊帝は生前劉辯のことを「軽佻にして威儀無し、人主と為すべからず」と評価しており、死の間際には、協を宦官に託した経緯があったのである。こうしたことから、かねてより宦官に批判的であった何進は袁紹とともに宦官誅滅を謀った。しかし何太后が同意しなかったので、脅しをかけるため并州牧の董卓を呼び寄せたところ、恐れた宦官らは何進を誅殺した。すると今度は袁紹が宦官を捕えて皆殺しにした。鬚がないため間違って殺された者もいたが、死者は2000人に上ったという。その後董卓はついに少帝を廃し、王美人の子で９歳の劉協（献帝）を即位させ、何太后を殺した。もちろん献帝は全くのお飾り皇帝で、董卓が政権を牛耳ることになった。彼は党人陳蕃の名誉を回復し、子孫を抜擢するなど知識人たちを取り込もうとしているが、婦女を略奪したり、陵墓を暴いて副葬品を取り出したり、祭礼に集まっていた人の頭を斬って車の轅に懸けて歌を歌って帰るなど、信じられないほどの乱暴のさまが、『後漢書』には記されている。結局董卓は、部下の呂布に殺されることになる。そして董卓誅滅を掲げていた東方の群雄たちは離散し、群雄割拠の状態となった。こうした混乱の中、頭角を現わしたのが曹操、孫堅、劉備である。

7）外戚

　後漢時代は外戚による専権が繰り返された。そもそも外戚が権力を振るうのは、皇帝が幼くて政務が取れない場合、皇太后が臨朝称制

（朝に臨みて制を称す＝朝廷に出御して命令を出す）を行い皇帝代理の役割を果たすとともに皇太后の兄弟が軍事権を握り、一族が枢要な職について新帝を補佐する体制をとるからである。幼帝即位という甚だ不安定で危険な時期を乗り切るためには、何らかの措置が必要ではあるが、皇太后とその一族という異姓による輔政体制は王朝の存立を揺るがしかねない危険なものでもある。しかし、王朝側はそれを十分認識していたにもかかわらず、有効な手立てを打つこともできず外戚政治は繰り返された。それは母の力が強く、かつ母方オジとの関係が緊密な、古くからの親族観念に基づくものだからである。オジはオイを庇護する義務があり、オイはオジに対して敬意を払う。この関係からすれば、皇太后はもちろん、母方オジたちが幼帝を補翼するのは当然のことであって、誰も非難することができないのである。ただし、外戚権力の源泉は皇太后（先帝の皇后）にあるから、彼らの権力は皇太后の存命中に限られる。皇太后が亡くなると同時に外戚誅滅がおこるのはそのためである。ならば、外戚が長く権力を保持するためには一族の女性からできるだけ多くの皇后を立てること、そしてできるだけ幼い皇帝をつけることが必要となる。そのため後宮に多くの女性を送りこんだり、皇帝の女を娶るなどして皇帝と姻戚関係を保とうとする。例えば梁冀の一門からは三皇后、六貴人（皇后に次ぐ地位）、尚公主者（皇帝の女を娶る者）三人を出したという。一方、後漢の皇帝の即位年齢を見ると、明帝30歳、章帝19歳、和帝10歳、殤帝100余日、安帝13歳、順帝11歳、沖帝2歳、質帝8歳、桓帝15歳、霊帝12歳、献帝9歳と、章帝以後、政務を執れる年齢で即位した皇帝はほとんどいない。和帝以後、外戚が繰り返し勢力をもった理由が理解できよう。

8）宦官

　後漢時代のもう一つの政治勢力が宦官である。宦官は古くから世界中に見られるが、紀元前から20世紀まで存在し続け、かつ国家を存亡

の危機に陥れるほどに勢力を振るったことのある国はおそらく中国だけであろう。宦官は生殖機能がないため、一般の男性官僚が立ち入ることのできない宮中や後宮で、皇帝や皇后及び後宮の女性たちに関わる仕事をする。外戚が姻戚という関係において皇帝と近い存在であるのに対して、彼らは物理的に近い存在なのである。従って皇帝との接点も多く、かつ一般官僚が得ることのできない情報に触れる機会も多い。そんな彼らが政治的に力を持ち始めるのは秘書の仕事を任されるようになる前漢後半期以降のことであるが、宦官が政治勢力として大きく成長するのはやはり後漢時代である。後漢時代は幼少の皇帝が即位することが多かったが、彼らは成長するにつれ、実権を握る外戚に対して不満を抱くようになる。そんな時、身近かにいる宦官がよき相談相手になった。皇帝は最高権力者であるがゆえに、皇后・皇太后をはじめ、気の許せる相手のない孤独な存在である。一方宦官は男でも女でもない人間以下のものとして蔑まれる存在である。このように内容は異なるが皇帝と宦官は孤独という共通点をもつ、という指摘がある。皇帝と宦官のこうした特殊な関係もまた宦官専権の基底部分に存在していたのである。かくして幼帝即位→外戚専権→皇太后崩御・外戚誅滅→宦官専権が繰り返されることになったのである。

2　三国時代の政治

1）魏

　曹操は沛国の人。字は孟徳。祖父の曹騰は四帝に仕えた宦官。桓帝擁立の功によって列侯に封ぜられ、宦官として最高位の大長秋にまで上り詰めた実力者である。また騰の養子の嵩（曹操の父）は宦官に賄賂を贈り、さらに1億銭を納めて太尉の官を得ている。曹操はいわば濁流の本流に生まれたことになる。そんな彼は青州の黄巾30余万の降

伏を受け入れて青州兵とするなど力をつけ、「四世三公（4世代にわたって三公となる）」の名門汝南袁氏の出身で反董卓同盟の盟主であった袁紹と並ぶほどの勢力に成長する。またこうした軍事的成功とともに、潁川の名士も吸収していった。濁流の曹操にとって、知識人たちの支持が必要だったのであろう。こうして天下取りをめざす曹操にとって決定的に有利となったのが、196年に献帝を本拠地許（河南省許昌県）に迎えたことである。これで

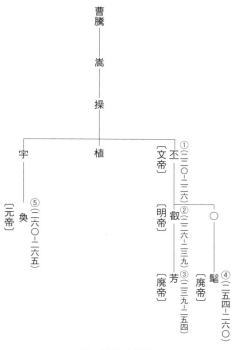

魏の曹氏略系図

大義名分が得られることになった。200年には官渡の戦いで袁紹を破り、華北統一へ大きく前進した。208年には三公を廃して丞相と御史大夫を置き、自らが丞相となって国内での地位を確実に固めていった。しかし同年12月、曹操は赤壁の戦いで孫権・劉備軍に敗れ、天下統一は遠のいた。その後214年に劉備が成都を落として益州を支配し、219年に孫権が関羽を殺して荊州を支配下に入れたことによって魏・呉・蜀の領域が確定し、三国が鼎立することとなる。

２）禅譲

　赤壁の戦いの後、曹操は213年に冀州十郡を領有する魏公に、216年には魏王となるが、結局皇帝の位に就くことなく220年、66歳でこの

世を去った。しかし同年10月、あとを継いだ子の曹丕が、ついに献帝から禅譲を受け、年号を黄初と改めた。漢王朝の滅亡と魏王朝の誕生である。五行相生説（木火土金水の順番で循環する）によると、火徳の漢を継ぐのは土徳であるから、土徳のシンボルカラーである黄の最初、という意味である。また禅譲とは、武力による王朝交替である放伐に対して、徳のある人物に政権を譲る平和的政権交代の形式をいう。儒家の教えでは堯から舜への交替の形であるこの禅譲が理想とされる。王莽も一応禅譲形式をとるが、禅譲の儀を欠くなど不完全なものであった。従って今回が初めての、完全な形の禅譲による王朝交替である。もちろん有徳者に譲るといっても全く形式上のことで、群臣が即位を勧め、献帝が曹丕に譲り、曹丕が辞退する、を何度も繰り返す。勧められたり譲られても徳がないからといって辞退することが徳を示すことになるからである。『三国志』の裴松之の注には、群臣から即位を薦める上書、皇帝からの冊詔、魏王の辞退の文書が延々と記されており、その形式主義ぶりを伝えている。実質的には簒奪である王朝交替に、禅譲の衣を着せるためには、念入りな儀式建てが必要だったのであろう。これ以降禅譲形式の王朝交替は北宋まで続くことになる。それはおそらく、流血を最低限におさえることができることや、前王朝を否定しない形であるため、前王朝をことさらに非難する必要もなく、良いところは継続できるという実質的な利点があること、そして有徳者に譲るという麗しき形式が一旦確立すると、そうでない形はいかにも野蛮だと評価されるからであろう。

3）九品官人法

　曹丕の時代、後世に大きな影響を及ぼした制度がつくられた。九品官人法である。これは曹丕が魏王となってから皇帝になるまでの間に制定されたもので、魏の陳羣が建議した官吏任用制度である。各郡におかれた中正という官が、任官希望者に郷里の評判をもとに一品から

九品までの等級（これを郷品という）をつけて中央へ上申する。一方、官職も同じく九等（これを官品という）に分けられる。中央では郷品に従って任官させるのであるが、その際郷品から四等下がった官品の官職に付けられた。このように郷品と官品が連動しているのが特徴である。この制度の本来の目的は、個人の才能や徳に応じて任官させることにあったとされるが、実際は当初から貴族的性格をもつものであった。後漢末以来の人物評論を基盤とする郷里の評価も、結局は有力豪族の力が大きく影響し、高官の子弟は高い郷品を得ていたからである。かくして個人の才徳ではなく家柄によって郷品が固定化する、即ち郷品と官品が結びつくという制度によって、かえって貴族化傾向が強まる結果となり、「上品に寒門無く、下品に勢族無し」と言われるに至るのである。こうした弊害に対して、隋の文帝の時代、科挙（試験による官吏登用制度）が行われ、有能な人材の確保が図られることになる。

ただこの制度の歴史的意義は貴族制との関係だけではない。郷品は隋代で姿を消すが、官品は清末まで存続しただけでなく、我が国や朝鮮の官位制にも大きな影響を与えたことも忘れてはならない。

4）呉の成立と三国鼎立

呉の成り立ちは孫堅に遡る。彼は呉郡富春県の人。反董卓の戦いで活躍したが戦死（192年）。その後長男の孫策が江南を平定して孫呉政権の基礎を築いた。孫策の死（200年）後は、弟の孫権が山越を平定するなど国内支配を固め、皇帝に即位するに至る（229年）。ただ孫権が江南支配を順調に進めていたとはいうものの、魏との関係におい

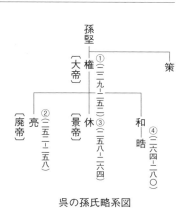

呉の孫氏略系図

ては互いに目立った動きを取る力もなく膠着状態であった。しかしその後、魏と呉はちょうど同じ頃に国内状況が整い、ともに荊州に打って出ようとしていた。するとその時偶然にも荊州の劉表が亡くなったのである。劉表のあとを継いだ劉琮は南下してきた曹操に簡単に降ってしまった。そこで勢いを得た曹操は孫権討伐に向かう。劉琮降伏は孫権はもちろん劉備にとっても衝撃であった。結局劉備と孫権は同盟を結び、曹操対孫権・劉備連合という形で、208年の赤壁の戦いを迎えることになる。この戦いで曹操が敗れた後、劉備の益州支配、孫権の荊州支配を経て魏・呉・蜀の領域が確定した。

5）呉の皇帝誕生から滅亡

　魏と蜀に相次いで皇帝が誕生したのに対して、呉はどう対応したのだろうか。禅譲の翌年、孫権は魏に臣従の意を示し、魏はこれに対して孫権を呉王に封じた。呉としては蜀との戦いに備えて北の脅威をなくしておきたい事情があったのである。しかし臣従の意は示したものの、魏に忠誠を誓っていたわけでは決してない。それは湖北省長沙走馬楼で発掘された呉の木簡に「建安廿六年」「建安廿七年」という紀年が見えることからもわかる。建安とは献帝の年号で25年までしかない。中国の冊封を受けた国が中国の暦を用いるように（正朔を奉じる）、暦を用いることはその国に臣従することを示すから、献帝の年号を使い続けるということは、明らかに魏への不服従である。いやそれどころか、222年には皇帝でもないのに独自の年号まで立てたのである。もっとも独自といっても魏の黄初と蜀の章武をたして2で割ったような黄武という年号であるが。とにかく年号を立てたということは実質的な独立と考えてよい。ただし正式に即位するのは5年後の黄武8年（229）4月であった。

　呉は三国の中で最も遅く皇帝を称した国である。いや称することができなかったのだろう。なぜなら最も正統性の根拠に欠ける国だから

である。そのため魏や蜀以上に符瑞を利用し強調せざるを得なかった。呉の最後の皇帝孫皓が立てた「禅国山碑」にこれでもかと並べられた符瑞の数々(白雉・白鳥・白鵲・白鳩が十九、赤烏・赤雀が二十四、殊幹連理が六百八十三など)がそのことを象徴している。

　孫権の晩年は世継ぎ問題で国内に混乱をきたしてしまう。太子が若死にした後、新たに太子の和を立てたが、同時に和の弟の魯王覇にも同等の待遇を与えて寵愛した。そのため臣下の中に太子を廃して魯王を太子にせんとする動きがあり、結局赤烏13年(250)8月太子は廃され、魯王も死を賜った。この時廃太子の謀略に関わったとして多くの臣下が誅殺されたり配流されたのである。孫権は和に代わって末子の亮を太子とし、2年後に亡くなった。

　孫権の死後、政権内部での紛争が続いたが、孫亮、孫休を経て最後の皇帝となったのが23歳の孫皓である(264年)。実は即位の前年、彼が最後の皇帝になる引き金となる重大事態が起こっていた。蜀の滅亡である。蜀と魏がともに漢王朝の正統をつぐという立場上、同盟関係になれない状況にあって、呉は基本的に蜀や魏のいずれかと手を結ぶことによって存在意義を示し、生き延びてきた国である。従って蜀がなくなった今、呉の滅亡は現実味を帯びて迫っていたのである。

　孫皓は「好学」「奉遵法度」で「才識明断」という優れた人物であったが、帝位につくや粗暴でわがままで酒色に溺れる暴君となる。「呉の天子当に上るべし。」という謡が流行っていると聞くと、喜んで「母妻子後宮数千人」を引き連れ、天命に応じるのだと出かけて行った。大雪の中100人で1台の車を引いていた兵士たちは凍え死にそうになり、「敵が来たら敵と一緒に戦う」といったのでようやく引き返した、という話も伝わる。ここまでの豹変ぶりと奇行はにわかに信じがたいが、こうした末期的な状況の中、280年孫皓は晋軍に降ることとなった。三国の中で最も遅い滅亡である。

6）孫呉政権の性格

　孫呉政権の人的構成をみると、孫堅をはじめとする江北で活躍した人々と後漢末の混乱から逃れてきた人々からなる江北出身者と、江南出身者が半ばするものであった。孫氏が政権基盤を固めるためには土着豪族の協力が必須であったが、一方で土着豪族も華北のようには育っていなかったためこうした連合政権となったのである。また、政権の特徴として、武人政権であることが指摘されている。それは「世兵制」という独特な制度に表れている。これは将軍が世襲して配下の軍隊を率いるというもので、従って私兵的性格をもち、独立性が高いといえる。つまり呉という国家は私兵集団の寄り集まり的な性格をもつのである。こうした集団をまとめていたのが個人の人格的主従関係である。いわば任侠的主従関係が国家をささえる根幹をなしていた。一方こうした軍隊を経済面で支えたのは奉邑の制度であり、奉邑廃止後は屯田である。奉邑の制度とは、将軍に１～数県の奉邑を与え、そこからの収入で兵士を養うというものである。将軍は奉邑となった県の上級官吏の任命権をもっていたので、あたかも領主の如き存在であった。この制度は孫権が呉王となった頃に廃止され、屯田に切り替えられた。その結果、首都建業（現在の南京）周辺のみならず各地に大規模な屯田が開かれた。こうしたことが可能であったのは、何よりも江南が開発途上であり、未開墾地が広がっていたことが背景にある。また屯田に必要となる労働力には、漢人屯田兵以外に山越が当てられた。山越とは中国東南部の山岳地帯に住み、焼畑などを行っていたさまざまな少数民族の総称とされる。華北の戦乱を逃れて大量の漢族が江南に流れ込んで土地を開発した結果、先住民である山越の居住地を犯すことになり、しだいに対立を深めていった。そのため呉は長期にわたって山越との抗争に悩まされることになる。呉は反抗する山越を討伐して強制移住させ、男子は兵士として呉の軍隊に編入し、屯田で

開墾に従事させたのである。

7）蜀

　劉備、字は玄徳。涿郡涿県（河北省涿県）の人。前漢景帝の子で、金縷玉衣が出たことでも有名な満城漢墓の被葬者である中山王劉勝の末裔という。勝の子が武帝時代に涿県陸城亭侯に封ぜられたが、罪に坐して列侯を失い、そのまま涿県に住みついたのである。備は早くに父を失い、母とともに履物売りをしたりむしろを編んで生計を立てていた。そんな中彼も後漢末の群雄の一人となるが、公孫瓚、曹操、袁紹そして荊州の劉表と、群雄の間を転々と渡り歩く。ようやく荊州に落ち着き、そこで諸葛亮という運命の人材を得ることになる。その後荊州から益州進出をねらっていた彼は、劉璋との攻防に打ち勝って益州に入る。そして今度は漢中をねらう魏と数年にわたって一進一退を繰り返すが、最終的に劉備が勝利し、漢中王となった（219年）。勢いに乗ってさらに西進し、関羽に魏が守る樊城(はんじょう)を囲ませた。戦いは関羽軍に有利に進むかに見えたが、孫権と曹操が同盟を結ぶに及んで戦況は一転し、結局関羽は殺されて（219年12月）、孫権が荊州南部を手中に収めた。ちなみに魏は呉と同盟を結んだことによって蜀・呉両面からの攻撃の心配から解放され、翌年の皇帝即位を迎えるのである。

　曹丕が禅譲を受けた後、献帝が殺されたという情報が流れた。それを聞いた劉備はすぐさま喪に服して孝愍帝という諡を贈り、自ら帝位についたのである（221年）。蜀の地に起こった漢ということで後世、蜀漢とも称せられる。禅譲からわずか半年後のことである。皇帝になるにはそれなりの正統性の説明が必要である。劉備はその根拠として『孝経鉤命決録』『洛書録運

蜀の劉氏略系図

期』などの讖緯書や黄気・祥風などの符瑞を利用した。しかし劉備の強みはたとえ傍系であっても劉氏であることである。そんな劉備にとって献帝の死は願ってもないチャンスであったろう。献帝殺害の情報がデマだとわかっていたからとか、荊州を失った焦りがあったからとの見方があるが、すばやい即位であった。

さて劉備は即位すると、魏ではなくなぜか呉に向かった。それほどに荊州がほしかったのかもしれない。しかし呉との戦いで大敗を喫し（夷陵の戦い）、結局荊州を失うことになった。劉備は翌223年、逃げこんだ白帝城で失意のうちになくなった。劉備のあとを継いだ子の劉禅は当時17歳。全ては諸葛亮の肩にかかることになった。

諸葛亮の最大の目標は魏を伐つことである。なぜなら蜀は漢王朝の再興を掲げている以上、簒奪者である魏を伐たねば存在意義がなくなるからである。しかし、荊州が呉の領土となっていることから魏への進撃ルートが限られていること、また兵力に劣ることなどから、何度も北伐を試みるも大きな成果を得ることができぬまま、234年諸葛亮は五丈原で病没した。この時、魏軍が撤退する蜀軍を追いかけようとした時、蜀軍が反攻の姿勢を見せたため、驚いた魏軍は退却した。その時のことを人々は「死せる諸葛、生ける仲達（魏の将軍司馬懿）を走らす」と言ったというのは有名である。

このように蜀は漢の正統をつぐ唯一の王朝という立場をとっているのであるが、ならば呉が皇帝を称することや、まして呉との同盟関係などありえないはずである。従って229年に孫権が即位すると、呉との関係は絶つべしという意見はもっともであった。しかし諸葛亮は皇帝同士の同盟関係を認めたのである。これについて諸葛亮は「（孫）権に僭逆の心あること久し」と非難しながらも、北伐を成功させるためには呉との同盟が必須であること、呉に賢才が多いことなど現状を冷静に分析した後、「権の僭の罪、未だ宜しく明らかにすべからず」と、一時の怒りにまかせてことを構えるべきではないとした。極めて

現実的、あるいは融通無碍というべきか。人口少なく、人材乏しく、地縁・血縁など寄る辺もなく、漢王朝再興しかない蜀。その唯一の大義名分すら棚上げにする、このしなやかさこそ、乱世を生き抜く最も重要な能力なのであろう。

　諸葛亮の死後、しばらくは魏への攻撃は行われなかったが、涼州天水の出身で軍事的才能に長けた姜維が軍事権を握ると、再び北伐を始めた。しかし国内の政治的対立や経済面への配慮を怠ったことなどもあり、蜀はしだいに疲弊・衰退してゆく。そして263年、侵攻してきた魏軍に劉禅が降伏し蜀は滅亡した。そもそも劉備は諸葛亮を通して得た荊州知識人とともに蜀に入り、かれらが蜀漢政権の中枢を占めた。しかし諸葛亮は一方で益州知識人を登用するなど彼らにも配慮することによって、支配の基盤を固めた。また屯田の活用などによって人々の負担を抑える方策も講じていた。しかし、姜維による北伐の頃にはこうした努力もみられなくなり、滅亡を迎えることとなったのである。

8）周辺諸民族との関係

　後漢三国期の国際情勢は、周辺諸国の政治的・文化的成長と、中国国内の不安定さゆえに、周辺民族の強い反抗や、中国・周辺諸国相互の影響・利用関係が見られる。

　建武24年（48）、匈奴は内乱によって日逐王比が漢に降り、南北に分裂した。それを機に匈奴に服属していた鮮卑・烏桓が漢に朝貢することとなり、漢の北辺は比較的安定した。しかし和帝時代、鮮卑が勢力を増して漢に侵寇するようになって以降叛服常なき状態が続いた。そして桓帝の時、檀石槐が現れ「大人」に推戴されて諸部族を統合し、東は扶余、西は烏孫に至る広大な地域を支配するに至る。後漢王朝はこれを制することができず、印綬を授けて王に封じ和親せんとするが、檀石槐は拒否して寇抄はますます激しさを増した。ただ彼の死後はあっけなく瓦解してしまった。

一方中国の西部、現在の陝西省南部、甘粛省中部、青海省東部一帯に居住していたのが羌族である。王莽敗亡後、金城・隴西に侵寇していたが、建武11年（35）、隴西太守馬援に敗れ、天水・隴西・扶風に移住することとなり、さらに永平元年（58）にも降伏した羌族が三輔に徙された。その後も羌族の抵抗は続き叛服を繰り返したが、和帝の永元13年（101）に、首領の迷唐が漢軍に敗れ、降伏した羌族は漢陽・安定・隴西各郡に分徙された。これ以後この地域はようやく落ち着いたものの、こんどは内郡に移住させた羌族の反抗に悩まされることになる。内地の郡県下に置かれた彼らは「吏人豪右」に役使され愁怨を募らせていた。そしてついに大反乱がおこる（107年）。ただ反乱といってもかれらは竹竿木枝を戈矛とし、木の机を楯とし、光に反射する銅鏡を武器にみせかけるという状態であった。にもかかわらず漢の郡県軍は怖気づき、制圧することができなかった。羌族の勢いは止まず、永初5年（111）にはついに河東・河内に至った。人々は驚いて南に向かい黄河を渡ったという。こうした状況において辺郡の太守たちは戦意なく、郡治を内地へ撤収し難を避けるのみであった。その後漢は攻勢に転じ、その結果「諸羌瓦解」してようやく落ち着きを取り戻した。しかし大反乱から10余年、うち続く戦争で、240余億を費やして金ぐらは空になり、辺郡の民の死者は数知れず、并州・涼州はすっかり消耗した。

　このように後漢時代の北辺西辺には、漢による封王をも拒む巨大勢力や長期にわたり王朝を悩ませ続けた勢力が存在した。その原因は後漢王朝の対外的消極姿勢に加え、羌族のような非漢民族を中国内に取り込んで支配することによる矛盾である。特に後者は三国期においても見ることができる。呉が悩まされた山越がそれであるが、これは南に人口が移動したことによる先住民との摩擦であった。

　三国期の周辺諸民族との関係は、三国相互の戦略としての外交という視点も重要である。

まずベトナムでは、建武16年（40）、徴側・徴弐姉妹を指導者とする大反乱がおこる。これも漢の郡県支配に対する不満によるものとされ、建武19年にようやく鎮圧された。その後ベトナム北部では交阯太守の士燮が、「威尊上うるもの無く」「百蠻を震服せしむること尉他も踰ゆるに足らず（尉他…前漢時代、自ら南越武帝と称した人物）」と、あたかも独立国家の如き状態を呈していた。建安15年（210）、孫権が交州刺史を派遣してくると、士燮はそれに服し、建安末年には子を人質に出している。士燮の死後（226年）、呉は士氏政権を滅ぼし、さらに九真以南にも働きかけ扶南・林邑・堂明の諸王を朝貢させた。一方扶南王も赤烏6年（243）に楽人と方物を献上させている。このように呉の外交戦略は遠く東南アジアにまで及んでいた。

　孫権は遼東にも戦略をめぐらしていた。孫権即位の翌月（229年5月）、当時遼東を支配していた公孫淵のもとに使者を派遣する。当然魏と通じる公孫淵は簡単に応じられないし、また魏も座視するはずがない。結局公孫氏への働きかけは成功することはなかったが、このように三国間のみならずその周辺諸国や諸勢力をも含んだ広大なスケールでの戦略が繰り広げられていたのである。

3　後漢・三国の社会と文化

　後漢から三国にかけての時代は、さまざまな面で新しいものが生まれ、既存のものが相対化された時代である。例えば外戚や宦官の勢力によって皇帝権力が相対化され、師と学生、故主と故吏といった新しい人的結合関係によって君臣関係が相対化された。また知識人、豪族らによる人物評論の盛行によって中央・地方官僚による評価が相対化された。さらに曹操によって文学が称揚されて儒学が相対化された、などである。こうして見ると旧秩序が崩壊し、新秩序を模索して諸子百家が争鳴し、論客たちが全国を遊説した春秋戦国期と似ている。し

かし決定的に違うのは、新たな価値が、あくまでも儒教的理念に基づく皇帝制度という枠組みの中で起こったということである。つまり既存の枠組みの中でいかに新しい勢力、具体的には地方豪族、知識人の勢力・影響力をも含んだ全体を整序するか、という模索である。そして先取りしていえば、この模索の行き着く先が、いわゆる貴族制なのである。

１）新たな人的結合～師と学生、故主と故吏

　当時の教育は、家庭や地方の塾のような所で読み書き計算などの基本的な知識を修得した後、中央・郡・国・県・郷などに設けられた官立学校や私学に入り、儒教の経典を学ぶのが一般的である。前漢武帝時代、各郡国に学校が建てられるようになり、王莽期には学校制度が整備された。後漢時代には地方でも学校がかなり普及していたと考えられている。こうした学校で学ぶ学生は必ずしも地元出身者ばかりではなかった。特に私学の場合、著名な師のもとには全国から学生が集まり、例えば「（馬）融の門徒四百餘人、堂に升り進む者五十餘生、融、素より驕貴たり、（鄭）玄、門下に在り、三年見ゆるを得ず。乃ち高業の弟子をして玄に傳授せしむ。」（『後漢書』馬融伝）というように、大儒馬融のもとには全国から400人余りの学生が集まっていた。鄭玄が３年もの間師匠に会うこともなく高弟から教えを受けたように、こうした大きな私学では優秀な弟子が師に代わって教えるという、ある程度の組織化がなされていたようである。このように学生たちは著名な師を求めて全国的に遊学したが、師の方もまた地元以外の地で教えることもあったのである。

　このように、当時は人的流動化が見られた時期である。それまでも人の移動として皇帝の行幸、官僚の公用旅行、軍隊や商人の移動、飢饉や戦乱による移動などがあったが、後漢から三国時代には、こうした学生や知識人が活発に遊学・移動するようになり、そこに新しい人

的結合が生まれたのである。

　後漢時代の師と学生の関係は、単なる師弟関係以上のもので、前漢時代のそれと比べてもかなり強固なものである。例えば前漢時代のこととして、師が罪に坐して処刑されると、門人たちは「盡く名を他師に更め」た（『漢書』云敞伝）、即ち他の師のところに名を登録したという話がある。師が罪になると門人は巻き添えを恐れてさっさと関係を絶ったのである。しかし後漢になると、師が処刑されて亡骸が往来にさらされ、近づくものは罰するとされているにも関わらず、師の亡骸を収容したいと上書し、それが許されないとなると死体を守って離れない、といった話が現れる（『後漢書』李固伝）。この類の話は後漢の後半になるほど多くなる。このような強い結びつきは、故主故吏関係も同様である。

　故主故吏関係とは、郡県の長官と彼によって登用された属吏との間の関係をいう。長官が転出して後もその特別な関係が続くので、「故」主・「故」吏といわれる。こうした関係は広く人材登用における推薦者と被推薦者との間に見られるものと同じである。例えば、胡廣が、かつて任用した陳蕃・李咸とともに三公となった時、故吏の陳蕃らは朝会のたびに病気と称して胡廣を避け、敬意を表したという（『後漢書』胡廣伝）。こうした陳蕃らの行為は特に咎められることはなかったが、これは皇帝との君臣関係よりも故主への敬意が優先され、しかもそれが皇帝にも容認されていたことを意味する。このような、時として死をも厭わぬ強い人間関係は、とりわけ政治的・社会的混乱期においては通時代的に見られる任侠的な結合関係の一種と理解できる。ただこの時代はそれが儒教的倫理に基づいた行動として現れるのが特徴である。

　儒教的倫理に基づく激しい行動は、人事に関わる場面で現れる。当時の人材登用の方法は推薦制で、その基準は儒教的教養と礼の実践である。ならば、推薦が得られるような評判が必要となり、評判を得る

コラム 活発な交際〜刺と謁〜

　日本人はよく名刺を使うといわれるが、その源流は中国にある。それが謁と刺である。他所を訪問した際、それらに名前や要件などを書いて差し出したことが文献に見えている。例えば、劉邦は一銭も持っていないにもかかわらず、謁に「賀銭萬（祝い金1万銭）」と書いた。するとそれを見た主人が驚いて迎えに出てきたという（『史記』高祖本紀）。こうした謁の実物は、西北辺境地帯の軍事拠点の遺跡や、内郡の墓中から出土している。図1は江蘇省連雲港市の尹湾村にある前漢後期の墓から出土した謁である。

謁
五官掾副謹遣書吏奉謁再拝

親
奏主吏師卿

図1　謁（表・裏）

図2 刺

故鄣朱然再拝

問起居

字義封

図1は、五官掾の副が主吏の師卿のもとに書吏を遣わした時に用いたもので、長さ23㎝（＝1尺）幅7㎝の木簡に謹直な文字でゆったりと書かれており、いかにも儀礼的な趣がある。

このように謁には、誰が誰に、どんな要件で、何を持参したかなどを書く。中には使者を派遣したのは病気だからとか、仕事が忙しいからなどと言い訳を書いたものもある。つまり謁は訪問の都度、相手に応じて作成し、目通りを乞うために差し出すものなのである。従って現在の名刺のように作り置きができず、その使用は1回限りのものである。

一方の刺は、長さは同じく1尺程度だが幅の狭い1行書きの木簡に書かれる。図2は孫呉時代の朱然墓から出土した刺である。この朱然墓からは刺と謁が同時に出土しているので、両者に違いがあったことはわかるが、その具体的な使い分けはよくわからない。建安の初め、潁川にやって来た禰衡は、懐に一枚の刺を忍ばせていたが、これといって訪れるべき相手もなく、ついに刺の字が漫滅してしまったという（『後漢書』文苑伝）。形状や内容からすれば、刺の方は作り置きができそうで、謁の簡易版のように思える。

謁や刺が史料上多く見られるようになるのは後漢になってからで、特に刺は後漢末に集中する。これは官僚のみならず、学生や知識人などの交際活動が活発になり、全国的に人が流動していたことが背景にある。刺や謁は全国規模で活動する人々の必須アイテムなのであった。

ためには誰が見てもわかるような形を示さねばならない。そうした形を示すための場としては、相手が窮地にある時や、冠婚葬祭などの礼的場面が最もふさわしいであろう。実際、史料にはそうした事例が豊富に伝わる。例えば、親が亡くなっても墓の中で20年以上も喪に服した人や、党錮の際、李膺の門弟であったわが子が、名簿に登録されていなかったために追及を免れたと知った父親が、名簿に漏れたからといって安穏としておれぬとして、自ら申し出て官を辞した、などである。礼の規定では親の喪は3年であるから、20年もの服喪は礼を逸脱した間違った礼である。しかし当時はそれを「孝」として褒め、「州郡はしばしば之を礼請した」。また名簿に漏れて命拾いしたにもかかわらず名乗り出たのは、自らが李膺という清流派官僚の巨頭と同じ志をもつことを示すためであろう。

　後漢時代は礼教国家などと言われるが、その礼は未だ適正なものとはなっていない。しかし大方の人々にはそれが礼として受け入れられ、称賛の対象となった。そんな時代であった。

2）批判的精神・実証主義と総合化・体系化

◆科学技術

　この時代はあらゆる学術において大きな発展が見られたが、その特徴として、批判的精神あるいは合理的精神、そして従来の経験知の総合化、体系化をあげることができる。

　最初に、行政事務をはじめ学問・芸術など幅広い分野に大きな影響を及ぼした開発品として紙をあげるべきであろう。古くから紙は存在していたが、それは包み紙などに用いられる目の粗いもので、書写用には向かなかった。それを宦官の蔡倫がぼろ布や漁網などを材料として書写用紙を作ったのである（105年に和帝に献上）。もちろん書写用紙ができてからも木簡や竹簡は使われたが、軽く、かさばらず、携帯に便利で、証拠能力が高い（木簡のように削って書き直すことができな

い）、などの特徴をもつ紙は簡牘と使い分けられつつ、やがて紙の時代を迎えることになる。

　数学の分野では『九章算術』がある。これは著作年代も作者も明らかでないが、前漢後半期から後漢前半頃に成立していたことは間違いない。そこには負の数、分数、比例配分、様々な形の面積、立体の体積、開立法・開平法、連立方程式などの計算問題と解法が紹介されている。戦国以来、田土面積、租税徴収方法、徴発する労働者の人数やノルマなど、国家の支配体制が整備されるに従ってさまざまな計算方法が考え出され集積されてきた。こうした数学的知識の集大成ともいうべき書である。ただこれが後世に残ったのは魏の劉徽が著した注によるものであろう。彼のことは史書に記録もなくほとんど不明であるが、その注釈は独創的かつ優れたもので、円周率を3.1416まで求めるなど、その業績は高く評価されている。

　自然科学の分野では張衡をあげなければならない。彼は「思玄賦」の作者として文学的才能を評価される一方、機械技術に優れ、とりわけ天文、暦算に秀でていた。渾天儀（天体観測器）や候風地動儀（地震計）を制作したが、そのうち候風地動儀は、からくりが仕組まれた樽のような入れ物の外に銅の玉を加えた八匹の龍がおり、その下に口を開けたカエルが座っている。地震が起こると龍の玉がカエルの口に落ちるという仕組みであった。実際にこの地動儀で隴西地方でおこった地震を観測したという。

　医学では、張仲景が『傷寒雑病論』を著わしている。傷寒とは熱病のこと。それまでの医書は種々雑多な対症療法の寄せ集めという性格が強かったが、これは診断法と治療法を結びつけた初めての臨床医学書である。また魏の時代に名医として活躍した華佗は、麻沸散を用いて麻酔手術を行っている。さらに皇甫謐は、中国医学の古典である『黄帝内經』の内容を整理・編集し、体系的に再構成して『黄帝三部鍼灸甲乙經』を著わした。『黄帝内經』は内容も雑多で、さまざまな

立場や主張の者の手によって成ったと考えられている書であるが、それを整理・体系化したのである。この他多くの本草書も現れた。中でも『神農本草經』は独自の分類に基づき、動物・植物・鉱物などにおける薬効の説明がなされ、薬物学の基本経典となった。

　以上のように後漢・三国期は科学技術が発展したのではあるが、『後漢書』では、医者である華佗の伝記が、星占いや風占いなどさまざまな占術の士といっしょに方術伝に記載されていることからわかるように、医療行為はあくまで技術として認識されており、しかもそうした技術者の地位は決して高くはなかった。例えば華佗も「医を以て業とされることを恥じた」し、都で火事がおこることを言い当てたことからお召しを受けた人物が、「占事を以て徴に就くのを恥じた」という。こうしたさまざまな術に長けた者はその分野のみの専門家ではない。張衡は「通五経、貫六藝（五経に通じ六藝を貫く）」、華佗も「兼通数経」、その他方術伝に見える人も「兼明五経」「博通五経」などと、儒学の素養を備えた人たちが多い。彼らが得意とする医や占事を評価されることを恥じたのは、本来評価さるべきはやはり儒教的徳だという認識があるからであろう。あらゆる技術は儒教を究める手段に過ぎないのである。後漢・三国時代に限らず中国においては科学の地位が概して低く、数学、天文学、医学、薬学などあらゆる分野でギリシャやヨーロッパよりはるかに早く優れた業績を残しながら、結局はヨーロッパ近代科学に凌駕されたといわれるが、その原因はすでにこの時代に求めることができるようである。

◳思想〜儒教・仏教・道教〜

　後漢末から三国期は、それまでの儒教一尊から、儒教・仏教・道教三教並立へ移行した時代である。まずは儒教についてその特徴を述べておこう。この時代における儒教の特徴は、①今文の衰退と古文の盛行、②総合化と批判精神、③前漢末から後漢にかけての讖緯説の盛行である。

前漢時代、儒学を官学として以来尊重されたのは、古文学を重んじた王莽期を除いて、一貫して今文学であった。その学修方法は、尚書なら尚書のみを修める、いわゆる一経専門であった。しかし後漢になるとしだいに古文学の勢力が大きくなり、その学修方法も古文学では五経全て、今文学でも複数経を、さらに古文も今文も修めるといった、五経兼通、諸経兼修といわれる風がさかんになった。つまり一経だけで完結する世界から経書全体を見渡す広い視野からの学問へと変化したのである。その象徴的存在が鄭玄である。彼は古文学の学者ではあるが、古文・今文を総合的に研究し、多くの経書に注釈をつけた。『後漢書』には「大典を括嚢し、衆家を網羅す（括嚢は袋の口を括ること）」と評されている。ただこのような総合化がなされたものの、古文が学官に立てられることはなかった。一方、学官に立てられ王朝に守られてきた今文学はしだいに廃れてゆく。その原因は、後漢末董卓が長安に都を遷す混乱の中、都の蔵書館に所蔵されていた書籍の多くが失われ、「其の縑帛圖書、大なるものは則ち連ねて帷蓋と爲し、小なるは乃ち制して滕囊と爲す（絹布に書かれた図書は、大きなものは繋ぎ合わせてとばりにし、小さなものは裁断して袋にした）」という荒廃した状況に加え、伝統を重んじた一経専門という学修方法と、一字一句の些末な問題にこだわる狭い学問態度などである。それに対して民間では広く自由な学術研究をなす古文学がますます盛んになっていった。そして魏になると古文学が学官に立てられるに至り、呉や蜀でも同様に古文が優勢な状況となり、博士はほとんどが古文学派であった。

　以上のような、学問の総合化と古文の優勢と並ぶ今一つの特徴は讖緯説の流行と合理精神、批判精神である。

　前漢の終わり頃、緯書が出現し讖緯説が盛んになる。讖緯説とは予言説のことである。讖緯の讖は未来を予言するしるしとして現れる文字のことで、符命、符図ともいわれる。例えば葉っぱの上に表れた虫食いの跡が「公孫病已立」という文字になっていたとか、王莽が皇帝

コラム 碑の流行

　中国では有名な西安の碑林をはじめ、全国各地の博物館や公園などにも歴代王朝時代の石碑や拓本が展示されている。石碑だけでなく自然の石や断崖に文字が刻まれていることも珍しくない。そうした石の文化が始まったのは後漢時代である。もちろんそれまでにも石鼓や始皇帝の巡行刻石などは存在する。しかし、それらは帝王など限られた人々が、祭祀や政治的意図をもって立てたものであった。それが、後漢中頃から墓碑や徳政碑などが流行しはじめる。皇帝、将軍、地方官から庶民まであらゆる階層の人々が、父母・師・地方長官・同郷人・功労者などさまざまな人のために顕彰の石を立てるようになるのである。碑という言葉が石碑の意味で用いられるようになったのも、碑の形（頭部は半円形あるいは三角形で中央に篆書の額があり、碑身上部に穿という穴が開き、下には台座がつく）が定まったのもこの時代である。

碑

　ではなぜこの時代に刻石が流行ったのだろうか。後漢中期以降、外戚・宦官による政治的混乱と社会的不安定が増す一方、豪族・知識人の勢力が伸長し、合理精神・批判精神そして個人主義が成長した。そうした中で人々は安定を求め、社会関係・人間関係を維持せんとし、また自らの主義主張をアピールしようとした。このような社会に向けての自己表現の手段として、石は機能したと考えられる。そもそも石は丈夫で長持ちするし、屋外に置かれて人の目に触れる。こうした永続性と公開性という特徴をもつがゆえに、社会的、政治的性格をも濃厚にもつ。有徳者の顕彰という礼的行為を通して、自らの功績・孝心・信条を主張するという、碑はまさに後漢末という時代にぴったりのツールだったといえよう。

になろうとしていた頃、井戸から出てきた白い石に「告安漢公莽爲皇帝（安漢公莽に告ぐ、皇帝と為れ）」と書いてあったというのがそれである。一方、緯とは横糸のこと。経書の不十分なところを補うものが緯書であり、あたかも織物を織る如く経書と緯書があいまって初めて儒教思想が完全に説かれるとされた。前漢武帝時代の儒者董仲舒は、天と人が対応関係をもつとする天人相関説を背景に、地上の政治が乱れると天は災異という形で警告すると説き（災異説）、現実におこるさまざまな災異を『春秋』によって解釈しようとした。しかし現実に起こる現象を全て経書で説明できるわけではなく、経書に書かれていないことは別に説明する必要がある。そこで生まれたのが緯書である。

　災異説は本来天を媒介とした政治批判であったが、地上世界の大きな乱れの前に天が警告を発するという考え方は、容易に予言という方向に傾いてゆく。ここに符命と共通する性格をもつことになるのである。こうした讖緯説は前漢末から後漢初め頃にさかんに用いられた。光武帝も大いに讖緯を利用しており、即位の祝文には緯書が引かれている。例えば『春秋演孔図』の「卯金刀、名づけて劉と爲す、赤帝の後にして、次いで周に代わる。（卯金刀は劉の字を分解したもの）」を踏まえた「卯金徳を修めて天子と為る」や『河図赤伏符』の「劉秀兵を発して不道を捕う」などがそれである。

　やがてこうした神秘主義的考え方に対して批判的な考えが現れる。その代表が王充である。彼の思想の特徴はその批判精神、論理的思考、実証主義である。たとえ孔子であっても疑問は遠慮なく問いただし批判する。また「人は飢えを満たし寒さを避けるために衣食するのであって、天が意識的に五穀・絹・麻を生み出して人に衣食させるわけではない。それと同様に天災も人を譴責しようとしているのではない。」として災異説を退けた。さらに彼は人が死んだら肉体が朽ち果てるとともに精神も滅ぶと考えたが、これは祖霊崇拝を否定することになろう。このように権威をものともせずに理に合わぬものは批判の

対象とし、当時流行していた予言などの神秘主義的思考を痛烈に批判した。こうした思考や態度は当時の科学技術の発達を促した要因でもある。

　さて、当時新たに現れたのが仏教と道教である。仏教がいつ中国に伝来したのは定かでないが、前漢末から後漢初期の間と考えられている。光武帝の息子の楚王英は黄老を好むとともに仏教の祭祀を行っているし、明帝が、楚王英が納めようとした黄縑白紈30匹を返して「それで伊蒲塞（優婆塞に同じ。在家の男性信徒）・桑門（＝僧侶）の盛饌を助けしめよ」と言ったという。また桓帝の時襄楷という人物は上奏文の中で「宮中に黄老・浮屠の祠を立つるを聞く」と言っている。さらに後漢末献帝時代には笮融という人物が浮屠寺（仏教寺院）を建て、黄金の仏像を作っている。また遺物としては、江蘇省連雲港市にある孔望山の岩肌に彫られた捨身飼虎図や涅槃図、供養者像などの仏教関係図像や、山東省にある豪族の墓のレリーフにある仏像と見られる図像などがあり、後漢時代に仏教がある程度広まっていたことは確実である。ただその受容においては、上述の楚王英や桓帝時代の話で黄老と並んで仏教祭祀が語られていることからもわかるように、神仙術との結びつきが強まり現世利益を求める傾向の強い老子信仰と同じように、仏教も現世利益的な目的があったことが指摘されている。

　一方で仏典の翻訳も後漢時代から行われた。特に三国の呉では仏教が盛んで、支謙や康僧会などの外国人が多くの翻訳を行っている。支謙は大月氏国出身で六ヶ国語に通じ、その才能を聞いた孫権が彼を招いて博士にしたという。また康僧会は先祖が康居の人で代々インドに住んでいたが、父の商売の関係で交阯に移り、十余歳で両親に死に別れ出家する。その後赤烏10年（247）呉にやって来た。初めて見る僧侶の姿に疑念をもった孫権が舎利を求めたところ、21日目に舎利が得られたため、孫権は建初寺を建て、そこを佛陀里と名付けた。「これより江左（北から見て長江下流の左側、即ち現在の江蘇省南部）大法遂

いに興こる」という。

　今一つの宗教である道教についてみておこう。道教の定義やその起源には議論があるが、およそ現世利益的性質をもつ民間信仰で、直接的起源を太平道、五斗米道に求めるのが一般的である。両者とも活動の中心は罪を懺悔し病気を治すというもので、戦乱の世を背景に生まれたものであろう。ただ後漢三国期においては宗教教団としての組織や儀礼など体系的に整っている段階ではない。道教は新興宗教である仏教と対抗してゆく過程で、道家思想をはじめ仏教や儒教をも取り込み融合させつつ形成されていったものである。

◆個人の自覚　～文学～

　後漢・三国期に成立した仏教、道教が儒教と異なるのは、自らの罪を懺悔し、個人が内省することに象徴されるように、いわば個人の宗教であることである。こうした個人の自覚は、文化のあらゆるジャンルに表れている。最も顕著なのは文学であろう。

　中国の文学は『詩経』以来の長い歴史をもつが、漢代は楚辞の影響を受けて誕生したとされる韻文の「賦」が中心であった。それはあたかも壁一面を美しい模様のタイルで埋め尽くすかのように、言葉を連ねてゆく文体である。賦の作者としては、前漢では司馬相如、後漢では『漢書』の作者として知られる班固や渾天儀を作った張衡などが代表的である。しかし後漢も後半になるにつれて壮大なスケールの長編の賦はしだいに廃れてゆく。これは不安定で混乱してゆく社会を反映したものであろう。そして後漢末には五言詩が主流になる。五言詩は、民間の歌謡である「樂府」に起源するもので、『詩経』のような四言詩とは違って起伏に富んだリズムをもつことから豊かな表現が可能であり、個人の心情を歌うのに適した形であった。例えば、博学で知られた蔡邕の娘蔡文姫の「悲憤詩」をみてみよう。彼女は匈奴に連れ去られ、12年間かの地で暮らす中、2人の子をなした。蔡邕と仲の良かった曹操が、蔡邕に跡取りがいないのを痛んで、彼女を買い戻し董

祀に嫁がせた。この詩は、匈奴を去るに当たって、2人の子を残して
ゆくつらい心情を歌ったものである。

　　　兒前抱我頸、問母欲何之。人言母當去、豈復有還時。阿母常仁惻、
　　　今何更不慈。我尚未成人、奈何不顧思。見此崩五內、恍惚生狂癡。
　　　號泣手撫摩、當發復回疑。
　　　（大意：わが子は私の首に抱きついてどこに行くのと言う。「お母さん
　　　は行かなきゃならないって聞いたけど、また戻ってくるの？お母さん
　　　はいつも優しいのにどうして急に冷たくするの？私はまだ小さいのに
　　　どうして思ってくれないの？」五臓は崩れ去り神経はどうにかなって
　　　気が狂わんばかり。号泣しつつ何度も何度も手をなでて、なかなか出
　　　発しきれない。）

　漢代の賦が、王朝と深くかかわり、また普遍的で大きなテーマを歌
うのに対して、時に力強く時に切なく、感情豊かに個人の心情を歌う、
いわば個人の文学が成立したのであった。こうした五言詩のレベルを
さらに高め、六朝から唐代の文学の中心的詩形を確立したとして高く
評価されるのが曹操とその息子たち曹丕、曹植そしていわゆる建安七
子である。中でも曹植は傑出した才能を発揮した。こうした五言詩は、
魏末に至ってさらに新たな境地が開かれる。竹林の七賢の一人、阮籍
である。形にばかりこだわる俗物を嫌った彼の行動には常識はずれの
激しさがある。母の埋葬の日、よく肥った豚を蒸し、酒を二斗飲んだ。
母の亡骸に別れを告げるに、「窮せり（ああもうだめだ）」と一声発す
ると血を吐いてばたりと倒れた（『世説新語』任誕）。礼の規定では母
の死に遭った子が酒を飲むなどもってのほかであるが、こうした彼の
「奇行」が母への溢れる愛と素直な思慕の情によるものであることは、
痛いほどに理解されよう。魏末、朝廷では司馬氏が権力奪取をめざし、
欺瞞と偽善と詐術がうずまいていた。阮籍の反社会規範的態度は、こ
うした魏王朝末期の状況への反抗だったとされる。そしてそうした彼
の精神が、五言詩の形式において表現されたのである。五言詩は阮籍

に至って「人生観世界観を歌い得る文学となった」（吉川幸次郎「阮籍伝」）のである。

◉──参考文献

西嶋定生『秦漢帝国　中国古代帝国の興亡』（講談社学術文庫、1997年）
　　［同氏著『中国の歴史2　秦漢帝国』（講談社、1974年）の文庫版］
川勝義雄『魏晋南北朝』（講談社学術文庫、2003年）
　　［同氏著『中国の歴史3　魏晋南北朝』（講談社、1974年）の文庫版］
宇都宮清吉『漢代社会経済史研究』（弘文堂、1955年）
鎌田重雄『秦漢政治制度の研究』（日本学術振興会　丸善、1962年）
東晋次『後漢時代の政治と社会』（名古屋大学出版会、1995年）
渡邉義浩『後漢国家の支配と儒教』（雄山閣、1995年）
冨谷至・宮宅潔・井波陵一・藤井律之『京大人文研漢籍セミナー2　三国鼎立から統
　　一へ　史書と碑文をあわせ読む』（研文出版、2008年）
金文京『三国志の世界』（講談社、2005年）
石井仁『曹操魏の武帝』（新人物往来社、2000年）

魏晋南北朝

藤井律之

年　表

220	曹丕、漢の献帝より禅譲を受け、帝位に即く。(後漢の滅亡、魏の成立)。
249	司馬懿、クーデターを起こし、曹爽・何晏らを誅殺して魏の実権を掌握する。
260	曹髦(高貴郷公)が司馬氏を排除せんと兵を挙げるも、弑逆される。
264	司馬昭、晋王となる。魏が蜀漢を滅ぼす。
265	司馬炎、元帝より禅譲を受け、帝位に即く(魏の滅亡、西晋の成立)。
280	西晋が呉を滅ぼして、天下統一を達成する。
291	恵帝の皇后賈氏、楊駿・楚王瑋を殺し、専権はじまる。
301	趙王倫、帝を称し、恵帝を幽閉する。
304	劉淵、漢王を称する。五胡十六国時代の始まり。
311	劉聡、洛陽を攻陥し、懐帝を捕らえる(永嘉の乱)。
316	劉曜、長安を攻陥し、愍帝を捕らえる(西晋の滅亡)。
318	琅邪王睿、帝位につく(元帝。東晋の成立)。
319	劉曜、国号を漢より(前)趙に改める。石勒、襄国にて自立(後趙の成立)。
328	石勒、劉曜を殺害する。
347	桓温、成漢を滅ぼす。
356	桓温、北伐して洛陽を奪回する。
376	前秦、華北を統一する。
383	前秦、東晋に遠征するも大敗(淝水の戦い)、華北ふたたび分裂する。
386	拓跋珪、代王を称する(北魏の成立)。
398	拓跋珪、平城に遷都し、帝位に即く。
403	桓玄、安帝の禅譲を受け、楚を建てる。翌年、劉裕が桓玄を殺害して安帝を復位させる。
416	劉裕、洛陽を攻略する。翌年、長安を攻略して、後秦を滅ぼす。
420	劉裕、恭帝より禅譲を受け、帝位に即く(東晋の滅亡、宋の成立)。
439	北魏、北涼を滅ぼし、華北を統一する。南北朝時代の始まり。
446	北魏の太武帝、廃仏をおこなう。
450	崔浩、国史事件により誅殺される。
466	晋安王劉子勛、反乱をおこす。
479	蕭道成、順帝の禅譲を受け、帝位に即く(宋の滅亡、南斉の成立)。
485	北魏、均田制を制定。翌年、三長制を施行。
493	孝文帝、洛陽に遷都する。
502	蕭衍、和帝の禅譲を受け、帝位に即く(南斉の滅亡、梁の成立)。
519	羽林の変。
523	破落汗抜陵、反乱を起こす(六鎮の乱)。
528	霊太后、孝明帝を殺害する。爾朱栄、孝荘帝を擁立して、霊太后らを殺害(河陰の変)。
530	孝荘帝、爾朱栄を殺害。爾朱兆、孝荘帝を殺害。
532	高歓、爾朱氏を撃破し、北魏の実権を掌握する。
534	孝武帝、長安に出奔。高歓、孝静帝を擁立(東魏の成立)。宇文泰、孝武帝を殺害(北魏の滅亡)。
535	宇文泰、文帝を擁立(西魏の成立)。
548	侯景の乱。
549	梁の武帝死去。西魏、胡姓を復活させる。
550	西魏にて二十四軍が成立。高洋が孝静帝の禅譲を受け、帝位に即く(東魏の滅亡、北斉の成立)。
554	西魏、江陵を占領して、梁の元帝を殺害し、蕭詧を即位させる(後梁の成立)。
557	宇文覚、恭帝の禅譲を受け、帝位に即く(西魏の滅亡、北周の成立)。陳霸先、敬帝の禅譲を受け、帝位に即く(梁の滅亡、陳の成立)。
572	北周の武帝、宇文護を殺害する。
574	北周の武帝、廃仏をおこなう。
577	北周、北斉を滅ぼして華北を統一する。
581	楊堅、静帝の禅譲を受け、帝位に即く(北周の滅亡、隋の成立)。
589	隋、陳を滅ぼして天下統一を達成する。

1　魏晋

1）禅譲革命

　後漢霊帝の死後、十常侍の誅殺を契機として、後漢は群雄割拠の時代となった。そうした群雄の中から台頭したのが献帝を擁した曹操（155〜220）である。中原を押さえた曹操は官渡の戦いに勝利して河北における支配を確立すると、江南を平定すべく南征するが、孫権と劉備の連合軍に敗れ、曹操の天下統一は事実上頓挫した。この赤壁の戦いによって三国鼎立へと向かうことになるが、それでも曹操の勢力は、劉備・孫権のそれをなお圧倒していた。こうした大功を挙げたにもかかわらず、曹操は王朝交代の下準備だけしてこの世を去り、息子の曹丕が父の後を継いで王朝交代を成し遂げることとなる。

　曹丕は皇帝となる手段として、漢の打倒ではなく、有徳者への帝位譲渡――禅譲を選んだ。現実としては、父・曹操の功績に依拠したものだが、理念としては五行相生にもとづく、火徳の王者から土徳の王者への交替であった。ただし、これは王莽が前漢から帝位を簒奪したときのロジックと同じであったため、曹丕は慎重にこの禅譲劇を挙行し、二度拒否して三度目に帝位に即いた（220年）。こうした禅譲方式は形式的な辞退とともに、南北朝にも引き継がれることとなる。

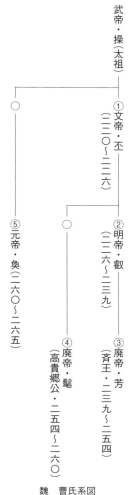

魏　曹氏系図

ともかく、この禅譲により漢は終焉をむかえ、魏が成立した。翌年には劉備も皇帝に即位（221年）、やや遅れて孫権も皇帝となった（229年）ことにより、中国には三人の皇帝が鼎立する事態となった。

　曹丕こと魏の文帝（在位220〜226）は、自身の兄弟をはじめとする、曹操の直系子孫を抑圧したものの、宗室である曹氏・夏侯氏と名族とを協調させる方針をとった。また、陳羣の手がけた人事登用法である九品官人法は、魏晋南北朝を特徴付けるものである（後述）。

２）司馬氏の奪権

　文帝が没して、子の明帝（在位226〜239）が即位すると台頭するのが曹真・陳羣とともに後事を託された司馬懿（179〜251）である。明帝の即位を契機として蜀漢の諸葛亮が北伐を開始するが、司馬懿は曹真とともにこれをよく防ぎ、曹真没後は一人その任にあたって、諸葛亮の企図を頓挫せしめた。司馬懿はさらに遼東の公孫淵政権を攻め滅ぼした（238年）ことにより、その地位はゆるぎないものとなる。なお、日本より卑弥呼が魏に使者を派遣し、親魏倭王に封ぜられたのは、その翌年である。

　明帝も後事を司馬懿と曹真の子・曹爽に託して没するが、司馬懿を排除しようとする曹爽一派を逆にクーデターで打倒すると、司馬懿はついに魏の実権を掌握する。司馬懿は曹操同様、自身は帝位に即かずに没したため、やはり王朝交替はその子孫に委ねられることとなった。長子の司馬師はすぐに没したため、その弟の司馬昭が父の基盤を継承し、皇帝廃立、さらには弑逆をも敢行し、着実に皇帝への地歩を固めていった。また司馬昭は蜀漢の攻略を成功させたことにより、爵位を晋王へと進め、皇帝の一歩手前にまで到達したが、自身の死により、王朝交替を達成することはできなかった。

３）つかの間の統一

司馬昭の後継となったのが、子の司馬炎であり、司馬炎も曹丕と同様、禅譲によって帝位に即いた（265年）。これが晋の武帝（在位265〜290）である。武帝は慎重論を押し切って呉の攻略を成功させ（280年）、後漢末以来の分裂状態を収束させることに成功したが、これはより大きな混乱を呼び込む、つかの間の統一に過ぎなかった。

天下統一を達成したものの、武帝は様々な政治的課題を抱えていた。例えば、中国内地に移住してきた非漢族の危険性を指摘した江統の「徙戎論」、才能ではなく家柄が重視される九品官人法の弊害を指摘した劉毅の「中正八損」などは、非常に重要なものである。劉毅のいう家柄の重視とは、父祖の官歴を参照することであり、祖先が高官であれば子孫も高官に達しやすかったのである。言い換えると、九品官人法は特定の家系にて高官を再生産するシステムとなったのであり、その結果、高官を排他的に独占する門閥貴族を生むこととなったのである。

武帝が抱えた最大の問題は後継者問題であった。武帝の皇太子・司馬衷は暗愚として知られており、廃嫡を勧める大臣すら存在したが、武帝は結局司馬衷をそのまま皇太子として後継者にさだめた。その結果、他の皇族達は朝政の掌握、さらには皇位をもひそかに狙うようになる。魏においては、皇帝の子弟は冷遇されており、それが魏の弱体化を招いたと考えた晋は皇族に大きな権限を与えた。中でも政治への関与と私兵の保有を認めていたため、皇族間の争いは単なる政争から軍事衝突へと発展することになるのである。

４）八王の乱と永嘉の乱

武帝没後、皇太子が即位する（恵帝。在位290〜306）のだが、予想されていたとおり政務を処理する能力に乏しく、皇太后の父・楊駿が専権をふるった。これに対して皇后の賈氏が奪権のために楚王の司馬瑋

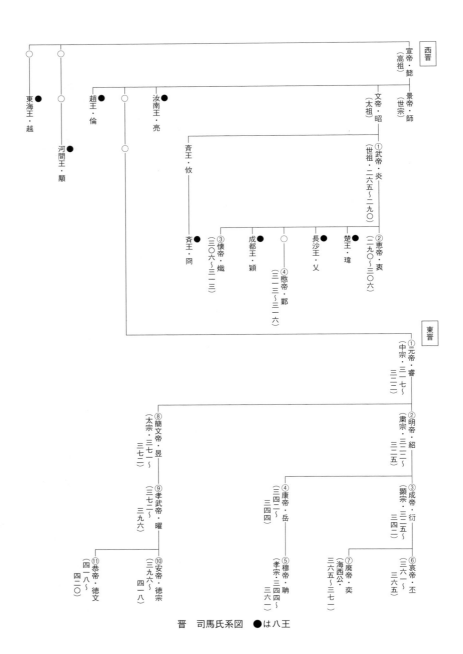

晋　司馬氏系図　●は八王

を抱き込み、楊駿一派の排除に成功する。これが西晋を混乱におとしいれた皇族間の権力争い――八王の乱のはじまりである。賈皇后は、抱き込んだ司馬瑋をも殺害して権勢をふるうが、趙王の司馬倫によって殺害され、その司馬倫が帝位を簒奪するに至る。この間、恵帝は幽閉され、司馬倫が打倒されて復位した後も鄴に拉致される有様であった。

　このように、八王の乱は、主人公がめまぐるしく入れ替わり、複雑な展開をたどるが、権力争いを繰り広げた司馬氏一族、さらには当時の高官達も政治的能力に乏しく、晋の混乱はいやますばかりであった。例えば、当時、清談という形而上学的議論が流行しており、八王の乱の時期に宰相であった王衍はその達人とされたが、清談とは結局のところ空疎な言葉遊びに過ぎず、清談の達人には、こうした政局の混乱を鎮める能力などなかったのである。

　八王の乱は洛陽での軍事衝突から他地域に波及していく。また本来は司馬氏一族内での抗争であったものが、兵力として中国内地に居住する非漢族――胡族の軍事力にも依拠しようとしたことにより、晋は決定的な破綻を迎えることになる。

　八王の乱は306年に収束したが、今度は胡族の蜂起に直面する。その中心となったのが、平陽周辺に居住する匈奴であった。彼らは後漢に内附してきた南匈奴の末裔であり、リーダーとして劉淵を大単于に擁立した。その劉淵は、304年に自立して王位に即き、国号を漢とした。前漢時代に匈奴の単于が漢の公主を娶っていたことをもとに、劉氏の末裔と称していたからである。

　漢の軍勢は洛陽を攻め落とすと（311年）、懐帝（在位306〜313）を平陽に拉致・殺害し、これにより晋は実質的に滅亡した。これを永嘉の乱という。さらに長安にて愍帝（在位313〜316）が即位するが、やはり漢により長安を攻略され（316年）、愍帝も懐帝と同様に拉致・殺害され、晋は名実ともに滅んだ。

2 東晋・南朝

1）晋の南遷

　その晋を江南にて再建するのが琅邪王の司馬睿である。彼は八王の乱の際、東海王・司馬越の党与であり、その命によって呉の旧都・建業（建康）に軍府を開くこととなったが、幕僚であった王導（276〜339）の尽力により、同地に基盤を築くことができた。結果として中原での争乱から距離を置くことができた司馬睿を頼って、北方から多くの人々が逃れてくることとなった。愍帝が拉致されると司馬睿は晋王を自称し、その殺害を受けて皇帝に即位した。これが元帝（在位317〜322）である。首都の位置によって元帝以降の晋を東晋、それに先立つ統一王朝の晋を西晋と呼んで区別する。

　元帝の没後、その子明帝（在位322〜325）が皇位を継承するが、その支配が及ぶ地域は長江の中下流域に過ぎなかった。また長江中流域をおさえていたのは王導の従兄・王敦であったが、王敦は東晋に対して反旗を翻して建康を一時的に制圧した。その後王敦は病死したものの、乱の鎮圧に功績のあった蘇峻も建康に放火するなど、東晋初期の情勢は甚だ不安定であった。蘇峻の乱が陶侃によって平定され、東晋はようやく落ち着きを取り戻すと、陶侃と王導、そして武力集団を率いて北方から逃れてきた郗鑒、外戚の庾亮らが東晋初期の政治を主導した。この中でも、王導の功績は群を抜いており、司馬氏を支える王導が、「王と馬、天下をともにす」と評されたように、王導の一族——琅邪の王氏は、東晋、そして続く南朝において、皇族を除けば最高の家柄とみなされるようになった。また、東晋は江南を根拠地とする政権でありながら、土着の江南豪族たちが王氏をはじめとする北来の門閥貴族によって抑圧されるという構造が形成されたのである。

　蘇峻の乱が鎮圧された後、郗鑒は自身の率いる軍団を建康の北に位

置する京口・広陵一帯に配置した。この軍団を北府と称する。いっぽう陶侃は、王敦なきあと、長江中流域の江陵・武昌に軍団を配置した。この軍団を西府と称する。東晋とその後継王朝は、この二大軍閥によって支えられることとなるが、王朝を動揺させる集団もこの中から登場することとなる。

２）桓温の北伐と淝水の戦い

東晋の情勢が安定すると、その版図拡大が試みられるようになる。なかでも西府を率いる桓温（312〜373）は成漢を滅ぼして四川盆地一帯を奪取し（347年）、さらには北伐を敢行して、一時的ながら旧都・洛陽を恢復した（356年）。さらに桓温は土断と呼ばれる戸籍整理を断行した（363年）。当時、庶民は黄籍とよばれる戸籍に登録されたが、永嘉の乱を避け、北から南へと逃れてきた民は、僑州という名前だけの土地の住民とされ、白籍という臨時の戸籍に登録されて力役も免除されていた。東晋にとっては、天下を再統一し、逃亡してきた人々を本籍地に返すというのがたてまえであったが、数十年たっても領土を恢復することができずにいたため、僑州の住民をどう取り扱うかが政治課題となっていたのである。土断とは、こうした白籍を廃止し、流寓してきた北方の人間を現住地の戸籍に登録するもので、桓温の土断により、東晋の財政は潤ったという。土断は東晋の後継王朝においてもしばしば行われた。

かくして、東晋建国以来の大功を挙げた桓温は、東晋の実権を握ったが、前燕への北伐に失敗してしまう。失墜した声望をとりもどすべく、桓温は高齢であった会稽王の司馬昱を帝位につけ（簡文帝。在位371〜372）、さらにその死を利用して禅譲を優位に進めようとした。しかし、桓温自身も高齢であったことが誤算であった。それを見抜き、時間稼ぎをして桓温を悶死させ、禅譲への道を閉ざしたのが謝安（320〜385）である。謝安の寝技によって東晋は内憂から守られたが、そ

の直後に強大な外敵に直面することになる。それが一時的ながら華北を統一した前秦である。前秦の皇帝・苻堅は天下統一の総仕上げとして南征を行うが、謝安らはこれを迎撃して大いに打ち破った（淝水の戦い。383年）。東晋を内憂外患から救った謝安は、王導と並ぶ評価を獲得し、彼の一族——陳郡の謝氏は、琅邪の王氏とならぶ名門となり、王謝と称されるに至った。

3）軍人皇帝の登場

謝安の没後、桓温の子・桓玄が一時的ながら簒奪に成功するが（403年）、翌年、劉裕（363～422）によって打倒され、東晋は復興した。劉裕は漢の皇族の末裔と自称はするものの、文字もろくに知らない下層出身の人間であった。こうした人間が官僚として立身出世する道はほぼふさがれていたものの、軍人となって功績を挙げる道が残されていた。劉裕は北府のリーダーであった劉牢之の配下となって次第に頭角をあらわし、孫恩・盧循の乱や桓玄を討伐したことによって表舞台に登場した。劉裕は桓温の例にならって土断と北伐を行い、前秦滅亡後に華北に割拠していた小国を複数滅ぼし、なおかつ洛陽と長安を恢復することに成功した。こうした抜群の功績を挙げた劉裕は禅譲により帝位につき（武帝。在位420～422）、東晋から宋への王朝交代がなされた（420年）。

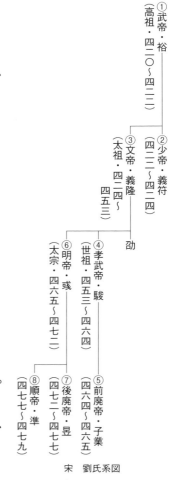

宋　劉氏系図

武帝は即位後3年で没したが、その際、遺詔を残した。その中には北府の長官には皇族もしくは近親、西府の長官には皇子を任命すること、という項目があり、これは宋のみならず後継王朝においてもおおむね遵守された。赤の他人よりも、一族を信用したいというのは人情ではあるが、呉楚七国の乱や八王の乱など、親族であるが故に生じた争乱があったように、宋、つづく斉においては、皇族間でしばしば血が流れる事態となる。

4）元嘉の治

武帝の後は少帝（在位422〜424）が即位したが、武帝の功臣達に廃位されて、かわりにその弟の劉義隆が擁立された。これが文帝（在位424〜453）である。文帝は自身を擁立した連中を誅殺し、30年に及ぶ治世を実現した。文帝の時代はその年号をとって元嘉の治と称される宋の最盛期であり、日本の、いわゆる倭の五王が遣使してきたのもこの時期である。しかし、文帝の治世の影では、数々の問題が蓄積されつつあった。第一の問題は外患である。武帝は華北の五胡小政権をいくつか滅ぼしたものの、そのさらに北に位置する代——のちの北魏が着実に勢力を伸ばしつつあった。その二代皇帝・明元帝は黄河を越えて洛陽周辺を奪取、さらにその子の太武帝は建康にほど近い長江北岸にまで軍を進めた。こうした北魏の南侵により東晋末に獲得した山東半島や黄河南岸一帯の領土は宋の手から離れてしまうことになる。なお、太武帝はその後華北を統一し（439年）、それ以降を南北朝時代と称する。第二の問題は、寒門・寒人の台頭である。北府には皇族あるいは近親者、西府には皇子を任命せよという武帝の遺詔を紹介したが、これは宋を支える主要な軍権が王謝といった門閥貴族の手を離れて皇帝に掌握されたことを意味する。これにより寒門や寒人たちが軍人として台頭する傾向に拍車をかけることになったが、文帝が皇帝権力の強化を志向したことにより、彼らは政治方面にも影響を及ぼすことに

なる。第三に文帝は後継者問題を抱えていた。文帝の皇太子・劉劭^{りゅうしょう}は問題児であったが、文帝はそれを廃嫡しなかった。それが仇となり、文帝は太子に暗殺されてしまう。劉劭は帝位に即いたが、弟の武陵王・劉駿に討たれて敗死し、その劉駿が皇帝となった。これが孝武帝（在位453〜464）である。

5）寒門・寒人の台頭

孝武帝は、他の皇族や門閥貴族の力を抑え、さらなる皇帝権力の強化につとめた。自身が州刺史として挙兵して劉劭を打倒したことから、州への監視を強めたが、その任にあたったのが刺史の属僚である典籤^{てんせん}であった。また、門閥貴族が要職を占める中央政府においては、詔勅の伝達を本来の職掌とする中書舎人を重用し、詔勅の起草をも担当させた。典籤や中書舎人は、門閥貴族とは無縁の下級の官職であり、上昇志向を有し、皇帝にとりいろうとする寒門・寒人——恩倖^{おんこう}が、こうした官職を獲得し、皇帝の手足として権力を振るうこととなる。

孝武帝が没すると、その太子が即位するが（前廃帝。464〜465）、皇族の実力者であった劉彧^{りゅういく}によって廃位され、とってかわられる。これが明帝（在位465〜472）である。しかし、この明帝の即位に対して大規模な反乱が起きた（劉子勛の乱）。乱に担ぎ上げられた孝武帝の皇子・劉子勛は数え年で10歳にすぎず、この乱の実態は皇位継承争いというよりも、王謝といった北来の門閥貴族に抑圧されてきた南方土着の豪族たちの反発という側面を有していたのだが、明帝は乱の鎮圧に何とか成功し、同じ轍を踏むまいと、皇族を多数殺害していった。

明帝期は劉子勛の乱の鎮圧に功績のあった武将が台頭する時期でもあった。その一人が蕭道成（427〜482）である。彼は前漢の丞相・蕭何の末裔と称するが、寒門の軍人であった。明帝は蕭道成を危険視して抹殺しようとするが、彼はそれを巧みにかわして力を蓄えていった。明帝没後、太子が即位すると（後廃帝。在位472〜477）、蕭道成は自身

の敵対勢力を葬っていき、傀儡の順帝(在位477〜479)を即位させ、その禅譲を受けて自身が帝位に即いた(479年)。これが斉(南斉)の高帝(在位479〜482)である。

6) 南斉の興衰

斉の高帝も劉裕同様、即位してすぐに没し、太子の蕭賾が即位した。これが武帝(在位482〜493)である。斉は南朝の中で最も短命で、24年しか存続しなかったが、武帝の治世はうち10年以上を占める。宋の文帝のように、彼の治世も年号をとって永明の治と呼ばれる。武帝は父とともに宋末から武将として活躍した有能な人物であり、即位後には土断を行うなど指導力を発揮したが、その没後すぐ南朝にとって非常に大きな対外問題が発生した。それは北魏・孝文帝による洛陽遷都であり(493年)、以前ははるか北の平城にいた北魏の本隊が、突如として西府の目前に出現・常駐することになったのである。しかし、そうした北からの脅威に対して斉で行われたのは、皇位継承争いと、それにともなう皇族間での殺し合いであった。

武帝の太子は父に先立って他界していたため、帝位をついだのは皇太孫の蕭昭業(鬱林王。在位493〜494)であっ

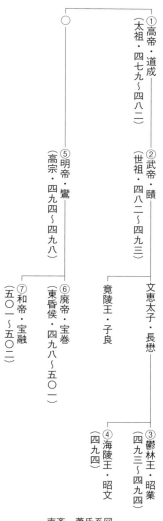

南斉 蕭氏系図

たが、若年であったため宗室の蕭鸞と蕭子良が政務を輔佐することとなった。

蕭子良の死により蕭鸞が実権を掌握すると、蕭昭業を廃し、その弟の蕭昭文を帝位に即けたが（海陵王。在位494）、それも数ヶ月で廃位して、今度は蕭鸞自身が皇帝となった。これが明帝（在位494〜498）である。明帝は高帝の甥であり、傍系から即位したため、明帝は武帝の子孫を殺害してしまう。但し、倹約に努めるなど、政治家としては有能ではあった。明帝が没するとその太子・蕭宝巻（東昏侯。在位498〜501）が即位するが、恩倖たちを近づけて享楽にふけり、外出すれば民衆を殺害して喜ぶという、いわゆる悪童天子であり、諫言する家臣はおろか、反乱を鎮圧した功臣すら殺害する有様であった。しかし彼は、蕭宝巻の弟・蕭宝融を奉じた蕭衍（464〜549）の挙兵によって殺害され、蕭衍は蕭宝融を帝位に即ける（和帝。在位501〜502）が、まもなくその禅譲を受けて自ら皇帝となった。これが梁の武帝（在位502〜549）である。

7）梁の武帝と賢才主義

武帝は即位すると人事制度の再編に着手した。三国時代に始まる九品官制は、官品によって官僚の等級を示すシステムであったが、清濁という、職務内容に基づく評価の方が重視されて官品は有名無実となっていたため、武帝はそれを十八班に再編したのである。また、宋の孝武帝以来の恩倖への依存を減らし、王謝など旧来の門閥貴族たちとの協調姿勢も打ち出している。その一方で、家柄に拘らず、才能ある人物を試験によって抜擢しようとも試みた。宋・斉の初代皇帝が軍人あがりだったのに対して、梁の武帝はもと斉の皇族であり、教養を十二分に備えた人物であったこともこうした施策と関係している。

さて、こうした賢才主義を端的に示すのが中書舎人という官職である。前述したように、宋・斉の中書舎人はもっぱら恩倖に与えられる

ポストであったが、武帝はそれを有能な人物や儒学者にも開放した。その賢才主義によって抜擢された人物の代表が朱异である。彼は、その出自からすれば宋斉時代では到達しえない高官にまで立身出世を果たすことになるが、その際も中書舎人を兼任し続けており、武帝時代の中期から後期にかけて政治の中心を占めることとなる。

　武帝にとって幸いであったのは、北魏が六鎮の乱（523年）以降混乱し、南方に軍を向けるどころでは無くなっていたという点であり、これが梁を繁栄に向かわせることになる。結果としては失敗に終わったものの、武帝は北魏の亡命皇族を、北魏の皇帝に擁立しようとする余裕すらあったのだが、それが国内の緊張を削いでしまった側面もある。

　また武帝の在位が半世紀近くにわたったことも、梁の繁栄の一因ではあったが、同時に破滅の端緒でもあった。まず、皇太子の蕭統（昭明太子）が父より先に没したため（531）、後継者をめぐる軋轢が生じた。後継者は蕭統の弟の蕭

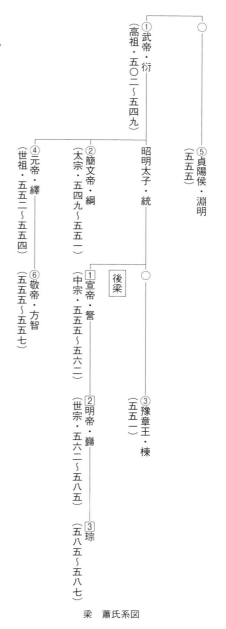

梁　蕭氏系図

綱と定められたが、他の弟たちは内心穏やかではなかった。第二に、老いた武帝が政治的課題から目を背けるようになってしまった。梁は鉄銭を発行して通貨不足を解消させたが、民間で私鋳が横行して貨幣価値の暴落を招いた。それに対して武帝は有効策を打ち出すことはせず、仏の奴隷となる捨身を行い、家臣がそれを買い戻すというパフォーマンスを繰り返した。確かに武帝は熱烈な仏教信者ではあったが、捨身は信仰のみならず現実逃避の手段でもあったのである。

8）侯景の乱

そのようなパフォーマンスに熱中している間、華北の情勢は大きく変わりつつあった。北魏は爾朱栄の専権期をへて、その配下であった高歓と宇文泰が抗争を開始し、結果、北魏は東西に分裂していたのである（534年）。武帝は東魏と誼を通じたが、高歓没後に生じた東魏の混乱に巻き込まれ、致命的な判断ミスを犯すことになる。

高歓配下の侯景は、東魏の西部を任された有能な武将であったが、高歓の子・高澄と折り合いが悪かったため、高歓の死後梁への帰順を求めた。東魏とのこれまでの関係を考えるならば武帝はこれを拒否すべきであったが、侯景の申し出を受け容れてしまった。これは侯景が支配する地域を差し出すという条件に目がくらんだためであったが、侯景は高澄に敗れ、手勢のみ率いて梁に帰順しようとしたところ、武帝が東魏と和議を結ぼうとしたため、侯景は梁への攻撃を決意する。侯景は、皇位継承問題に不満を有していた武帝の甥・蕭正徳を味方に引き入れ、梁の首都・建康を攻撃した。建康は侯景の包囲に耐え、また援軍も到着したため、侯景は偽りの和議によって建康を陥落させ、武帝を幽閉して死に追いやり、蕭綱を即位させた（簡文帝。在位549〜551）。侯景は簡文帝を廃位し、予章王の蕭棟を帝位に即け、その禅譲をうける形で帝位に即いたが、江陵を拠点とする蕭繹により滅ぼされた。その蕭繹は江陵にて即位し（元帝。在位552〜554）、西魏と同盟を

結んで他の梁の皇族と対立したが、西魏に江陵を奪われて殺害された。これを受けて、元帝の配下であった王僧弁と陳霸先（503〜559）が元帝の子・蕭方智を建康にて即位させ（敬帝。在位555〜557）、対する西魏は武帝の孫・蕭詧を江陵にて即位させた（宣帝。在位555〜562）が、蕭詧は西魏の傀儡であり、支配領域も江陵周辺のみに過ぎなかった。こちらを後梁と呼び区別する。

　敬帝は帝位に即いたものの、北斉が王僧弁を通じて蕭淵明を即位させるよう圧力をかけてきたため、敬帝は皇太子となる。その後、王僧弁との抗争に勝利した陳霸先によって敬帝は復位するが、禅譲のための傀儡にすぎなかった。かくして梁から陳への交替がなされ、陳霸先が即位した（武帝。在位557〜559。なお、後梁は587年まで命脈を保った）。

9）南朝の終焉

　陳は南朝最後の王朝で、四川盆地一帯を西魏に奪取されるなど、領域はもっとも狭かった。また、南朝文化を支えた門閥貴族たちも江陵に移ってしまっていたため、国力も振るわなかった。しかし、武帝についで即位した文帝（在位559〜566）は、王僧弁の残党を討ち、また北斉の侵攻もしりぞけて国内を安定させることに成功した。その皇太子は即位してすぐ廃位されたが、かわって即位した宣帝（在位568〜582）は、北斉から領土を奪取することにも成功している。しかし、北周が北斉を滅ぼして華北を統一すると（577年）、その勢いに押され始めるが、宣帝の後を継いだ陳叔宝（後主。在位582〜589）は、享楽にふけって現実から逃避

陳　陳氏系図

した。そのような暗君では北朝に対抗するすべもなく、北周からの禅譲を受けた隋の文帝により陳は滅ぼされ（589年）、永嘉の乱以来の分裂時代は終焉を迎える。

3　五胡十六国・北朝

1）胡族の蜂起

　つぎに、永嘉の乱後における華北の展開について述べる。永嘉の乱のころから、宋の文帝の頃までの華北は、五胡十六国時代（304〜439）と呼ばれ、非漢族を中心とした小政権が多数勃興した時代であるが、これは五胡と十六国とを合成した造語である。五胡とは、匈奴・羯・鮮卑・羌・氐を指すのが一般的である。匈奴とは、モンゴリアに遊牧帝国を築いた騎馬遊牧民、羯は匈奴の別種、鮮卑は匈奴にかわってモンゴリアを支配した騎馬遊牧民、羌・氐はチベット系の集団であり、当時の中国の北方から西方にかけて分布していた非漢族——胡族の集団の名称であるが、当時の胡族たちを六夷と呼ぶ場合もあり、五胡の「五」という数字には、あまり意味はないし、胡族による政権といっても単一の集団のみによって構成されていたわけではない。

　もうひとつの十六国という単語は、北魏の崔鴻が記した『十六国春秋』という書物の名にちなむ。これは永嘉の乱から北魏による華北統一までの間に勃興した各国を取り扱った歴史書であるが、この十六という数字も意図的な選択によるものである。例えば北魏の前身である代は十六国に含まれていないし、さらには江南に割拠する東晋や宋も含まれてはいない。五胡十六国時代という単語はあくまで便宜的な造語に過ぎないのである。

　永嘉の乱とは、胡族のひとつである匈奴が西晋に対して起こした反乱であるが、その危険性は西晋の武帝の時代に予見されていた。その

魏晋南北朝

民族	王朝	創始者	主な首都
匈奴	漢→前趙 夏 北涼	劉淵 赫連勃勃 沮渠蒙遜	離石・平陽・長安 統万 張掖・姑臧
羯（匈奴の別種）	後趙	石勒	襄国・鄴
鮮卑	前燕 後燕 ＊西燕 南燕 ＊代→北魏 西秦 南涼	慕容皝 慕容垂 慕容冲 慕容徳 拓跋猗盧 乞伏国仁 禿髪烏孤	棘城・竜城・薊・鄴 中山・襄国 長子 広固 盛楽・平城・洛陽 苑川・金城・枹罕 楽都・姑臧・西平
氐（チベット系）	前秦 成（漢） 後涼	苻健 李特 呂光	長安 成都 姑臧
羌（チベット系）	後秦	姚萇	長安
漢人	前涼 ＊（冉）魏 西涼 北燕	張軌 冉閔 李暠 馮跋	姑臧 鄴 敦煌・酒泉 竜城

（注：十六国は＊を除く）

五胡十六国時代王朝表

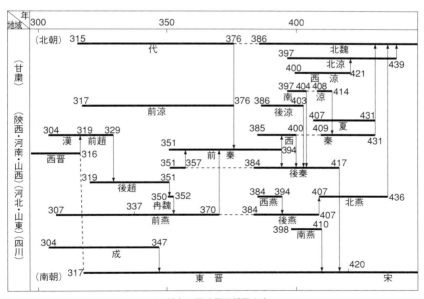

五胡十六国時代王朝興亡表

ひとつが江統の「徙戎論」である。これは様々な理由によって中国外の原住地を離れて中国内地に居住していた胡族を、原住地に返せという提言であり、主に問題視されていたのは匈奴と羌であった。この二つの胡族は前後両漢と激しく争った集団である。匈奴は前漢武帝期に漢と全面対決した結果、内紛により東西分裂する。のち再統一に成功したものの今度は南北に分裂、南匈奴は後漢初めに内属するようになった。そうした匈奴の集団は後漢末、曹操によって五部に分割され、平陽一帯に居住するようになっていた。一方の羌は、主に後漢と衝突し、その集団の一部が関中・涼州方面に移住させられていたのである。さらに郭欽は、平陽で匈奴が変を起こした場合、三日で洛陽近郊の孟津に到達すると警告していたが、武帝は彼らの提言に対して何も対応できなかった。

　さて、永嘉の乱の主役となる匈奴の集団にて、リーダーと目されていたのが劉淵という人物であった。彼は匈奴単于の末裔であったが、漢の公主との通婚によって劉氏の血が流れていると主張して劉を姓としたのである。五部に分割され、魏晋によって監視されていた匈奴に自立の契機を与えたのが八王の乱である。劉淵は、八王の一人、成都王司馬穎の配下となり鄴に留め置かれるが、鮮卑や烏桓を兵力として用いていた司馬穎の敵対勢力に対抗するためには匈奴の兵力が必要だと説得して鄴からの脱出に成功、平陽の北に位置する離石にて大単于と自称すると（304年）、同年には王位に即き、国号を漢と称して自立した。これをもって五胡十六国時代の開始とする。

　それにやや先だって、296年には、関中にて氐の斉万年が反乱を起こしていたが、西晋政府が鎮圧に手間取ったため、乱は南の四川方面へと波及し、現地の地方官との争いをへて、氐の李雄が成都に拠って成を建国した（304年）。中国内部における胡族の自立は同時多発したのである。

　劉淵は308年に帝位に即くもまもなく没し、後継となった劉聡は、

江統が危惧したとおり洛陽を陥落させると（永嘉の乱。311年）、国内の住民を再編した。漢族を内史に、胡族を単于に統括させるようにし、皇帝はその上に君臨するようにしたのである。こうした胡漢のすみわけを胡漢二元体制と称するが、胡漢二元体制は漢のみならず他の五胡政権にもみられるものである。二元体制とはいえ、かつて前漢の皇帝に匹敵した匈奴君主の称号・単于は、もっぱら皇太子などの皇位継承者に与えられて皇帝の下に明確に位置づけられたことにより、単于の価値は急落していくことになる。

２）前秦の覇権と破綻

　漢は中原の支配を確立しつつあったが、山西から河北方面を攻略していた羯の石勒と、宗室の劉曜との争いが表面化する。長安を攻略して西晋を名実ともに滅ぼした劉曜は皇帝となり、国号を趙と改めるが（319年）、石勒は王位について自立し、その国号を趙としたのである。つまり、劉曜を皇帝とする趙帝国と、石勒の趙王国とが対立するという奇妙な構造となった（劉曜の趙を前趙、石勒の趙を後趙と呼んで区別する）が、両者の争いは石勒の勝利に終わり、後趙が華北の覇権を握った。

　石勒はこれにともない皇帝に即位することとなるが（330年）、その数ヶ月前に天王なる位に即いている。王と皇帝の中間に位置する天王という称号は、皇帝即位を躊躇する他の五胡政権の君主によってしばしば用いられた。後趙は、石勒の従子・石虎の時代にさらに強大化するが、その没後、後継者争いによって弱体化し、石虎の養孫であった冉閔によって滅ぼされ（351年）、その領土は、東部を前燕に、西部を前秦に奪われることとなる。

　前燕は遼西の鮮卑・慕容部を中心とする政権で、永嘉の乱後は東晋に恭順を示して人心収攬に努めていたが、次第に中原へと領土を拡大し、352年には慕容儁が帝位に即いた。その間、首都も棘城から龍

城・薊・鄴へと南遷しつづけた。

　一方の前秦は関中に移住した氐を中核とする政権であるが、羌も参画していた。前秦の基盤を築いた苻洪は前趙・後趙に服属し、関中から東へと徙されていたが、石虎の没後に自立し、子の苻健が関中への帰還に成功して、351年に天王、翌年には皇帝に即位する。中原はこの二国がにらみあい、その北に代、甘粛方面に前涼、江南に東晋が割拠するという情勢であった。

　これに前後して、東晋の桓温が長江をさかのぼって成を滅ぼし（347年）、また洛陽奪還にも成功した（356年）。それに対して、前燕は東晋より洛陽を再奪取し（364年）、桓温のさらなる北伐を退けることにも成功したものの（369年）、内紛を前秦につかれて滅亡する（370年）。そののち前秦は、桓温が獲得した四川一体を東晋から奪うことにも成功した（373年）。

　前秦を隆盛に導いたのは苻堅（338～385）であった。彼は宰相の王猛の補佐をえて、農業重視、学校整備などの内政にも留意した。彼の美点は敵国人に対してはなはだ寛容であったことである。彼は滅ぼした国々の君主達を殺害するどころか、自国の大臣として積極的に登用したが、この措置が前秦の破滅を招くことになる。苻堅は376年に華北の統一に成功し、残る敵国を東晋のみとしたが、「東晋を攻めてはならない、羌と鮮卑に注意せよ」という王猛の遺言を守らず東晋征討を決意する。80万以上もの大軍を率いて南征した苻堅であったが、淝水にて総崩れとなり、自身も負傷する有様であった（淝水の戦い。383年）。

　これに先だって、苻堅は根拠地の関中から氐を華北各地に移住させていたため、再起を図ることが困難となった。加えて、苻堅が情けをかけた前燕の宗室・慕容垂は、淝水からの退却時にこそ苻堅を救ったものの、その後離脱して、前燕の旧勢力圏内にて自立した（後燕）。苻堅は関中に帰還することはできたものの、後秦の姚萇と対立して殺

害されてしまう。王猛の遺言通り、鮮卑（慕容）と羌（姚）によって、前秦の華北支配は破綻し、再び華北には小政権が割拠することとなる。

3）北魏の華北統一

この後、華北に勢力を拡大するのが、代の後継国家・北魏である。代は鮮卑の拓跋部を中心とする小国家であったが、376年にいったん苻堅に滅ぼされ、君主の什翼犍も殺害された。淝水の戦いによって前秦による華北支配が瓦解すると、什翼犍の孫である拓跋珪が代王に擁立され（386年）、同年四月には国号を魏とあらためる。これを三国の魏と区別して北魏と称する（ちなみに、旧国名の代もそのまま用いられた）。

拓跋珪は、侵攻してきた後燕を参合陂の戦いにて大いに破ると（395年）、後燕領内に侵入して河北一帯を奪取し、その後、平城に遷都して帝位に即いた。これが道武帝（在位398〜409）である。道武帝は子の拓跋紹に暗殺され、その兄の拓跋嗣が拓跋紹を殺害して即位し（明元帝。在位409〜423）、領土を河南方面に拡げ、宋の領土も奪取した。

その子・太武帝（在位423〜452）は拡大路線を継承して、長江北岸にまで南征し、また華北に残る夏（427年）、北燕（436年）、北涼を滅ぼして華北を統一した（439年）。これにより五胡十六国時代は終了し、南北朝時代となる。また、太武帝は、当時モンゴル高原に勃興しつつあった柔然（芮芮・蠕蠕・茹茹とも表記する）とも抗争を繰り広げた。なお、このころからモンゴリアを支配する遊牧国家の君主の称号が、単于より可汗（可寒）へと変化する。可汗（可寒）とは、いうまでもなく、後のカン・カーン・ハーンの淵源である。

太武帝は熱心な道教徒であり、道教を尊崇して仏教を弾圧した。これが三武一宗の廃仏という、中国史上四度おきた仏教弾圧の第一にあたる。前述したように、北魏は鮮卑の拓跋部を中核とする国家であるが、拓跋部の絶対数は少なく、国内の統治には漢人の協力を必要とし

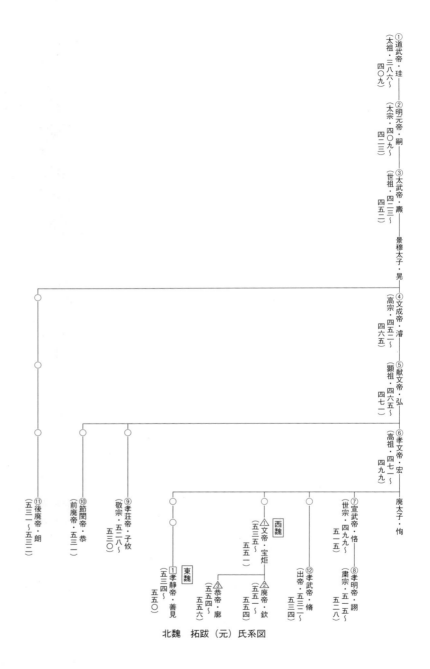

北魏　拓跋（元）氏系図

た。南朝の王謝をはじめとする名門が、基本的には北方からの流寓者
であったのとは異なり、北朝の名門漢族は、彼らの郷里と密接に結び
ついた存在であった。そうした華北を代表する漢人の名門は、博陵の
崔氏であり、北魏朝廷において重きをなした。太武帝期には崔浩が宰
相として信任を得ていたが、突如誅殺されるという事件が起こった
(450年)。その理由は、崔浩が、拓跋部が素朴な遊牧生活を送ってい
た時代のことを赤裸々に記した史書を著述して石碑にした、というも
のであったが、疑問も多い。翌年には皇太子の拓跋晃も急逝、さらに
その翌年には太武帝が暗殺されてしまう。

　後継として帝位に即いたのは拓跋晃の子、文成帝である(在位452
〜465)。文成帝は廃仏をとりやめただけではなく、首都付近の雲崗に
石窟寺院を開くなど、仏教の復興に努めた。

４）漢化政策と洛陽遷都

　その子の献文帝(在位465〜471)が即位すると、文成帝の皇后で
あった文明太后が政治の実権を握り、様々な制度改革を断行していく
ことになる。その改革とは端的にいえば、鮮卑の習俗を棄てて漢化し
ていくことにあった。文明太后は儒教に依拠して明堂と辟雍を建設す
るが、そうした動きは最終的には国家祭祀にまで影響を及ぼすことと
なり、鮮卑固有の習俗であった西郊祭天すら廃止されるまでにいたる。

　こうした改革の背景として、崔浩誅殺事件によっていっとき退潮し
たものの、漢人が北魏の重要なポストを占める割合が増加していたこ
と、また胡族の側でも歩六孤氏のように、積極的に漢人の文化を受容
する人々が現れていたことを挙げることができる。また均田制も文明
太后によって新設された。

　文明太后は献文帝を譲位させて、その子・孝文帝(在位471〜499)
を即位させたのち献文帝を殺害し(476年)、ひきつづき朝政を掌握し
た。文明太后の没後(490年)に親政を開始した孝文帝も、その路線

を継承するが、その最たるものが平城から洛陽への遷都である（493年）。

　洛陽は古来より中国の中心と考えられてきた場所であり、孝文帝の漢化指向を如実に示すものであるが、当時は凶作が続き、平城周辺では食糧供給に難があったこと、また献文帝期に、宋にて生じた劉子勛の乱に乗じて淮北一帯を獲得した（469年）ことにより、平城から軍を派遣する負担が増加したなど、洛陽遷都は複合的な理由によるものと考えられる。遷都後も改革は続行され、前述の西郊祭天の廃止にくわえて、胡族の姓を漢人風に改める（例えば拓跋は元となった）、朝廷において胡服・胡語を禁止するなどの漢化政策が施行され、旧来の胡族の家柄を祖先の官爵によって等級づけて、漢人名族の家柄と対応させる姓族詳定も行われた。これは東晋南朝において培われた門閥主義の導入である。

　洛陽遷都が北魏の大多数に秘匿され、抜き打ちで実施されたように、孝文帝の漢化政策は北魏にて充分なコンセンサスを得た上で行われたものではなかった。孝文帝の在世中は、漢化政策への反動は皇太子の謀反程度で収まっていたが、やがて北魏は大きなツケを払わせられることとなる。

　孝文帝に続く宣武帝（在位499〜515）の時代には、新都・洛陽の整備が進められ、漢魏洛陽城の両翼に外郭が新造された。洛陽城には仏寺も多数造営され、その繁栄の様子は楊衒之の『洛陽伽藍記』に描写されている。しかし、宣武帝に続く孝明帝（在位515〜528）の時代から北魏の国運は大きく傾く。

5）六鎮の乱と北魏の東西分裂

　孝文帝の推し進めた漢化政策により、鮮卑系を中心とする胡族武人の出世が途絶され、それに反発した皇帝の親衛隊である羽林の兵士が尚書省を襲撃するという事件を起こした（519年）。これに対して北魏

北魏の六鎮

政府は、停年格という、空きポストを待った時間の長いものから才能とは関係なく登用するという人事システムによって当座をしのいだが、羽林ほどのエリートでも中央政府に大いに不満を抱いていたのであるから、北辺に取り残された人々の不満は推して知るべきであろう。

　旧都・平城はモンゴリアに近いこともあり、その北方を防衛する鎮という軍事施設が置かれていた。かつては首都防衛隊であったその住民は、洛陽遷都により辺境防衛隊へと転落し、冷遇されるようになった。そうした人々の不満が、523年に沃野鎮にて爆発する。鎮民の破六韓抜陵（破落汗抜陵とも）が鎮将を殺害して挙兵すると、たちまち他の鎮に波及していき、さらには山東・河南方面へと拡大していったのである。これを六鎮の乱と称する（残りの鎮は、懐朔鎮、武川鎮、撫冥鎮、懐荒鎮、柔玄鎮）。

　六鎮の乱の平定に活躍したのが爾朱栄であった。爾朱栄は、孝明帝が対立する母・霊太后に暗殺された機に乗じて、霊太后や公卿二千余人を殺害し（河陰の変、528年）、孝荘帝（在位528〜530）を擁立して北魏朝廷の実権を掌握した。その頃、六鎮の乱のリーダー達は次々と交

替し、最終的に葛栄が残党を糾合していたが、爾朱栄はその葛栄を打ち破って、その残党を吸収した。こうして、爾朱氏の活躍により六鎮の乱が終息すると、孝荘帝は爾朱栄を暗殺（530年）、甥の爾朱兆が報復として孝荘帝を殺害すると、北魏は実質的な無政府状態におちいった。

　この状況下で爾朱氏を打倒して台頭するのが高歓（496～547）である。高歓は六鎮の一つ懐朔鎮の出身で、六鎮の乱に参加したのち葛栄の集団に属し、爾朱氏の配下となっていた人物であった。しかし、高歓の専権を嫌って、孝武帝（在位532～534）が関中に割拠する宇文泰のもとに出奔すると、高歓は孝静帝（在位534～550）を擁立して鄴に遷都し、結果、北魏は鄴を首都とする東魏と、長安を首都とする西魏とに分裂した（534年）。

　東西両魏は沙苑の戦い（537年）・邙山の戦い（543年）など激しく衝突したのち膠着状態におちいる。高歓は東魏皇帝のいる鄴を離れ、爾朱栄がかつて駐屯していた晋陽に駐屯した。いっぽうの宇文泰は、西魏皇帝のいる長安を離れて華州（のちの同州）に駐屯した。皇帝のいる首都を王府、高歓・宇文泰ら権臣の拠点を覇府と呼ぶ。

6）勲貴・漢人・恩倖

　東魏の王府と覇府には非常に大きな特徴があった。王府の鄴は、漢人の門閥貴族にくわえ、北魏孝文帝の洛陽遷都によって南遷してきた鮮卑をはじめとする胡族系の貴族—そうした連中はやはり孝文帝の施策により漢化を受容していた—を擁していた。一方の覇府は先述したように爾朱栄の拠点であり、六鎮の乱に参加した集団を再編した地区であった。この覇府の周辺にいる人々が高歓の軍事力を支えていたが、高歓はそうした兵士達に鮮卑語で命令を下していたように、旧来の鮮卑の習俗を残していたのである。王府の利益を代表するのが漢人（および漢化した胡族系）貴族であり、いっぽう、覇府にて高歓の戦争を

支え、高位に至った軍人達が勲貴である（なお、勲貴には鮮卑のみならず勅勒系の人々も含まれる）が、高歓とその後継者たちは両者の調停に苦慮し続けることになる。

　高歓没後、長子の高澄が父の後を襲うが、高歓の在世中に、鄴にあって東魏政府を監視していた際、漢人官僚を用いて勲貴を抑圧し、結果として侯景の離反を招いた。高澄は暗殺されたため（549年）、弟の高洋が孝静帝より禅譲を受けて皇帝となった。これが北斉の文宣帝（在位550〜559）である。文宣帝は内政を充実させ、外征も積極的に行った。その没後に太子が即位するものの、抑圧されていた勲貴によって廃位され、文宣帝の弟が擁立されるが（孝昭帝。在位560〜561）、即位２年目に落馬がもとで死去した。

　帝位をついだのは弟の武成帝（在位561〜565）であったが、自身の贅沢のために民衆を苦しめた。それでも北斉は、西魏の後継政権である北周や陳に対して優位に立っており、くわえて斛律光など勲貴の名将たちも健在であったが、武成帝が和士開などの恩倖を重用し始めると国運は大きく傾くことになる。恩倖は南朝においてもみられたが、北斉の場合は、ソグド商人（後述）が含まれていたのが特徴である。そうした恩倖が国政に関与した結果、つづく後主（在位565〜577）の時代には、斛律光や雅楽の題材ともなった蘭陵王・高長恭が粛清され、勲貴と対立した漢人貴族の祖珽も失脚、挙げ句の

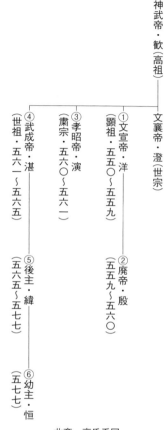

北斉　高氏系図

果てには陳にすら領土を奪われるありさまとなってしまった。こうした状況をみて、北周の武帝は北斉に侵攻、後主は子の高恒に譲位するものの（幼主。在位577年）、親子ともども捕らえられ、あっけなく北斉は滅亡した（577年）。

７）宇文泰の改革

いっぽう、高歓と敵対した宇文泰（505〜556）は、六鎮のひとつ武川鎮の出身で、高歓と同じく葛栄集団に所属していた。のち爾朱栄集団の賀抜岳の配下となって関中鎮圧にしたがい、賀抜岳が殺害された後はその集団を率いて関中を掌握した。534年に高歓と対立して洛陽より出奔してきた孝武帝を受け入れるが、孝武帝と宇文泰の関係はすぐに険悪となる。結果、孝武帝は同年に殺害され、宇文泰はその従兄弟の元宝炬を即位させて傀儡とし（文帝。在位535〜551）、自身は西魏の実質的支配者となった。

西魏の国力は東魏に劣っており、また邙山の戦いに敗れたことを契機として、宇文泰は内政・軍事の大改革に踏み切った。まず、宇文泰は自身を含めた西魏建国の功臣を八柱国とした。これは八名の柱国大将軍という意味だが、このうち宇文泰と西魏の宗室である元欣を除いた六命の柱国大将軍の下に二名の大将軍を所属させ、さらにその下に各二名の開府を所属させて、計二十四の開府からなる二十四軍を西魏の中央軍とした。これは隋唐時代の府兵制の前身である。また、東魏・北斉が六鎮の乱に参加した連中を軍事力として活用できたのに対し、西魏にはそうした胡族系の兵力に乏しかったため、関中在地の豪族を郷帥に任命し、彼らが率いる郷兵を積極的に取り込んだ。こうした軍事、さらに婚姻を媒介にして西魏政権中枢と関中在地勢力との融合が進み、隋唐帝国の母胎となる関隴集団が形成されることとなる。

内政については、儒教の経書『周礼』に依拠して、中央政府を天官・地官・春官・夏官・秋官・冬官の六官とするなど、官制を全面的

に改めた。これは、王莽の官制変更よりも過激なものであったが、西魏が混乱に陥らなかったのは、宇文泰はもとより、二十四軍を掌握する他の柱国大将軍たちも六官の長官や要職を兼ねるという軍政を実施したからである。この六官の制は、蘇綽と盧同の手になるものだが、蘇綽はこれに先駆けて、地方官のあるべき姿を説いた六条詔書を手がけており、そこでは家柄ではなく個人の才能や人間性が重視されている。これは北魏孝文帝の姓族詳定にともなって導入された門閥主義の否定である。さらに宇文泰は、孝文帝が漢化政策によって中華風に改めた胡族の姓を本来のものに戻すという政策も行っている。なお、胡族の姓（虜姓）は漢人にも賜与された。

　如上の制度改革にくわえて、侯景の乱によって混乱に陥った梁から四川一帯を奪取し、さらに江陵をも攻略して元帝を殺害し、同地に傀儡国の後梁を置いた（554年）。

8）華北の再統一

　こうして、西魏の国制を整備してから宇文泰が没すると、子の宇文覚が西魏の恭帝（在位554～556）より禅譲を受けて即位した。これが北周の孝閔帝（在位557年）である。ただし、北周の実権を握ったのは、宇文泰の甥である宇文護であった。孝閔帝と宇文護はほどなくして対立し、孝閔帝が宇文護の排除をもくろ

北周　宇文氏系図

コラム　梁職貢図

　梁職貢図とは、梁に来朝した外交使節の肖像画とその解題で、武帝の皇子・蕭繹（のちの元帝）の手になる。原本は現存しないが、模本がいくつか残されている。描かれた使節の国々は、倭国はもちろんのこと、近くは百済、遠くは天竺・波斯にまで及んでおり、梁の繁栄と安定を端的に示すものである。

　さて、梁職貢図に描かれた倭国の使節の姿は、服装ははなはだ粗末な上に、靴すら履いていない。しかしながら、『梁書』をはじめとする典籍史料には、倭国が梁に朝貢した記事は見えず、魏志倭人伝の記事をもとに想像で描かせたのではないかと考えられている。

　梁職貢図の模本間では図や文章に食い違う箇所が存在することが知られていたが、2011年に、別の模本が発見された（ただし、肖像はなし）。そこには従来の模本にはみえなかった高句麗と斯羅（新羅）が登場し、また、梁の皇帝が「揚州天子、日出処大国聖主」と表現されていたのである。この表現は、隋の煬帝に宛てた「日出処天子致書日没処天子、無恙」という倭国の国書の文面を想起させるものである。また、近年の研究では、梁の典籍が百済を経由して日本に流入していたこと、さらには、東晋や梁から百済を経て倭国へと続く、南朝文化圏と呼ぶべき学術の流通が存在していた可能性が指摘されている。

　この新しい模本の発見により、梁職貢図そのものだけではなく、梁代の東アジア外交秩序、くわえて北朝の企図した東アジア外交秩序、そしてこの両者がどのように日本に影響を及ぼしたか、こうした諸点にかんする今後の研究の進展が期待される。

むと、逆に廃位してその兄の宇文毓を即位させた（明帝。在位557～560）。しかし、明帝が英邁であり、自身が排除されることを恐れた宇文護は、明帝を毒殺、弟の宇文邕を即位させた（武帝。在位560～578）。武帝は二人の兄の轍を踏まぬように、宇文護に対して下手に出ていたが、その誅殺に成功して親政を開始する（572年）。

　武帝のとった施策の一つに廃仏があり（574年）、単に仏教だけではなく道教も対象となった。三武一宗の廃仏の第二である。この廃仏には、徴税を逃れるために僧侶となったものを還俗させるなど、財政政策としての側面もあったため、仏教・道教が完全に禁止されたわけではなく、仏道の研究機関として通道観が置かれている。外政に関しては、陳と友好を結び北斉と対抗するという方針をとった。おりしも、北斉では恩倖の跋扈により勲貴の名将達が殺害され、その隙をついて陳が北斉からの領土奪取に成功していた。その機を逃さず、武帝は北斉に親征し、北魏分裂以来の華北再統一に成功する（577年）。

　その後、武帝が目指したのが突厥対策であった。柔然を打破してモンゴリア支配に成功した突厥は、北斉・北周に圧力をかけ「南にいる二人の息子（北斉と北周）に孝行させれば、何でも手に入る」とまで豪語していた。武帝はその突厥親征にむかう途次にて没する。

　武帝の後を継いだのが、子の宣帝（在位578～579）であった。宣帝は皇太子時代から資質を危ぶまれていたのだが、果たして即位するとすぐに子の宇文衍（静帝。在位579～581）に譲位し、自身は天元皇帝と称して奢侈にふける有様であった。このため北周の実権は、宣帝の皇后の父である楊堅（541～604）が掌握するところとなり、宣帝の没後、静帝は楊堅に譲位して北周は滅亡した（581年）。この楊堅こそ隋の文帝であり、前述したとおり、陳を滅ぼして、永嘉の乱以降、長きにわたる中国の分裂時代を終息させるのである。

4 魏晋南北朝の制度

1）九品官人法

　魏晋南北朝の諸制度のうち第一に挙げられるべきは九品官人法である。三国魏のはじめに導入され、南北朝を統一した隋の文帝が科挙を導入したことによって終焉をむかえたからである。さらにいえば、その影響力は当該時代のみならず、後世、さらには中国外にも及んでいる。九品官人法とは、魏の文帝期に陳羣がさだめた人事登用法であり、各郡におかれた中正が仕官希望者を評定し、一品から九品までの郷品を与え、くわえて各人の特性を記した状を作成する。それをうけて中央政府は郷品に対応する官品──郷品一品を与えられれば官品五品から、というように、郷品から四等低い官品──の官職から起家させる、というシステムである。この九品官人法を実行するために、魏はそれまで二千石・六百石などのように、俸給として与えられる穀物の容積で表現していた官職のランクを、すべて官品による表記に切り替えた。この方式は、九品官人法廃止後も引き継がれたし、遣唐使によって日本にもたらされ、品は位と改められ、現在においても用いられている。

　さて、本来は品と状を勘案するというシステムであったが、仕官前の人間の能力をはかることはどだい不可能であり、いきおい参照されるようになったのが親や祖先の経歴であった。そして、親の七光りによって、良いスタートを切った人物が高官に達すると、今度は自身の経歴を、子の仕官に優位に作用させることができた。このように、本人の才能ではなく親の経歴によって、高い郷品の獲得者を再生産できる一族──門閥貴族が形成されていくこととなったのである。こうした九品官人法の弊害は、はやくも西晋において問題とされており、劉毅は「中正八損」なる意見書にて「上品に寒門無く、下品に勢族無し」と批判し、九品官人法を廃止するよう西晋の武帝に訴えたが、

「徙戎論」のときと同じく決断を下せないまま西晋は滅び、九品官人法は引き続き用いられたのである。

　こうした門閥貴族の形成は官僚制にも大きな害を及ぼした。門閥貴族が官職の選り好みをしたからである。彼らは職務の清濁によって官職を弁別し、濁な官職への就任を嫌った。そうした選り好みの蓄積により、低い官品であっても清官であれば、高い官品の濁官よりも優れていると考えられるようになり、官品秩序は骨抜きにされてしまったのである。南北朝の皇帝は清濁による上下を追認するかたちで官僚制を再構築せざるを得なかったし、西魏・北周が『周礼』にもとづく官僚制を実施したのも、こうした清濁を御破算にするためなのであったが、官職の清濁という概念は後代にも継承されていくことになる。また、東晋滅亡後、宋・斉と寒門出身の軍人が皇帝となり、彼らの王朝が短命であったのに対し、それを支える門閥貴族の家系は存続し続けた。その宋斉時代には、皇帝が自身の権力伸張のために恩倖を重用するようになり、彼らが政治を左右することとなるが、それでもなお門閥貴族の権威には、皇帝とても手をつけられるものではなかったのである。

　こうした傾向は北朝においても同様であった。北魏孝文帝の姓族詳定とは、華北における漢人の名門を追認して、胡族の家柄との対応関係を設定したものであり、東晋南朝にて展開した門閥主義の導入に他ならない。西魏・北周において、胡族・漢族を問わず、胡族の姓（虜姓）が賜与されたのは、こうした漢族を中心とした門閥主義に対する反動という側面もあったが、虜姓は隋によって廃止されて旧に復した。

　門閥貴族の力を削ごうとする試みは、南北統一後の唐の皇帝によってもなされたが、門閥貴族が衰えるのは安史の乱以降であり、彼らにとどめを刺したのは科挙を突破してきた官僚たちであった。九品官人法が科挙によって終焉をむかえたように、九品官人法の副産物である門閥貴族は、科挙官僚にとってかわられるのである。

２）官制

　先述したように、秦漢以来、秩石制によって表示されていた官職の高下は、魏以降官品によって表示されるようになった。そのさい、旧来の三公九卿にかわって大きくクローズアップされたのが尚書である。尚書は前漢後期ごろに重視されはじめ、後漢には政策立案機関として成長する。三国以降になると、尚書はさらに機構が発展肥大化し、政策実行機関へと変容していく。そうすると、かつて尚書が担っていた政策立案、ことに詔勅の起草は、より皇帝に近しい機構へと移っていった。三国時代に秘書省から派生した中書がそれにあたる。また詔勅に効力を与える皇帝印を管理し、そこから詔勅の審査を行うようになった侍中も中央政府を代表するようになった。これら尚書・中書・侍中の三者はいうまでもなく、隋唐時代の三省六部の前身である。

　また、前述したように、官職の清濁によって官品秩序が有名無実となったが、それに対応した特筆すべき改革が梁の武帝によってなされた。武帝は官職の清濁を追認し、それを基準として、旧来の九品のうち一品から六品までの各官職を十八班に再編して流内（りゅうない）とし、七品から以下を、おもに寒門寒人を対象とした流外七品と、庶民を対象とした蘊位・勲位に再編したが、蘊位・勲位は後代における胥吏（しょり）の淵源である。

　地方行政について、秦以来の郡県制にくわえ、前漢中期に複数の郡を監察する州が、後漢以降行政組織として発達したことにより、州──郡──県からなる三層の行政区分が定着した。しかし、蜀・呉の旧領域の州が西晋時代に細分化され、南北朝時代においても州のさらなる細分化が進行したため、漢代には13しかなかった州が、北朝末期の華北だけでも211に細分化されてしまった。こうした細分化は、隋の文帝が郡を廃止して、州──郡──県の三層を、州──県の二層に再編したことによって克服された。

また、戦乱の時代であったこともあり、軍管区も発達した。その任を担ったのが都督である。後漢末に登場した都督は目付にすぎなかったが、州の長官が兼任するようになり、その上に複数の州を監督する都督も生まれた。いっぽう、軍の司令官というべき将軍は、後漢末に濫発されたことが契機でその価値を失い、役人の地位だけを示すものへと転化していった。これが隋唐における文武散官（位階）の淵源である。しかし、将軍たちは地方官を多く兼ねていたことから、隋代に郡が廃止されて、州が直接県を統括するようになると、将軍の属僚であった長史・司馬は、刺史の属僚として地方官へと転化することとなる。

3）税制

後漢末の戦乱により、農民達が土地を棄てて流亡すると、曹操はそうした土地を接収して屯田とした。兵士が耕作する軍屯と流民を定住させて耕作させた民屯の二つがある。また、曹操は後漢にて臨時に課せられた諸税を「戸調」として制度化し、独自の財源とした。その額は畝ごとに田租が４斗、戸調が戸ごとに絹２匹、綿３斤であった。これが漢魏交替ののち、正規の税制となる。西晋になると民屯は廃止されて占田・課田制が実施される。この土地制度についてはいまだ不明な点も多いが、占田とは土地所有の上限を定めたもので、一般男子には70畝、女子には30畝を上限とするものであり（ただし、官僚にはその地位に応じた大土地所有が認められた）、課田とは、田租の徴収対象となる耕地の支給であった。徴収される税は、戸調として絹３匹・綿３斤、くわえて穀物も４斛徴収された（なお、この額はあくまで徴収ノルマであり、実際に徴収する郡県が貧富の差に応じて差を設けた）。

西晋滅亡にともなう中原の混乱により、多数の漢人が江南へと流亡した。こうした連中——僑民は、あくまで江南には仮住まいし、いずれは中原へと帰還するというたてまえであったがゆえに、正規の戸籍

である「黄籍」ではなく、「白籍」という別の戸籍に登記された。こうした白籍に登記された人々を、江南の住民として「黄籍」に登記しなおすことが土断であるが、こうした戸籍の混乱によって、東晋以降に占田・課田制をそのまま継続することは困難となった。東晋は、土地面積を基準とする度田収租を実施したが、それも廃止されて1人当たり米3斛（のち5斛）を課す口税米に移行した。

　また、江南への人口流入により江南の開発が進み、貴族たちによる大土地所有が進展する。開発は農地から山林叢沢にも及び、そこでえられた資源は加工をへて商品化され、水運を介した流通経済が発展してゆくことになる。こうした商業活動に南朝政権が課税を強化したことにより、銅銭の流通も促されたが、銅銭の不足と品質悪化が進行した。それをうけて、梁では鉄銭まで発行されることになるが、盗鋳や貨幣価値の下落と物価騰貴を招いた。

　対する五胡十六国時代の財政制度には不明な点が多い。つづく北魏初期においては、西晋とおなじく1戸あたり帛2匹、絮2斤、絲1斤、粟20石の公調が徴収されたのに加え、調外費として戸ごとに帛1匹2丈を各地の州庫におさめさせていた。しかし、洛陽遷都に代表されるように、北魏の重心が南にシフトしていくと、5家ごとに隣長、5隣ごとに里長、5里ごとに党長をおく隣保組織・三長制など、隋唐時代へと続く諸制度がかたちづくられていくこととなる。

　三長制をもとに実施されたのが均賦制と均田制である。均賦制とは夫婦一組（牀）につき帛1匹、粟2石を課すものであり、課税単位が戸単位から夫婦単位となった点に特徴がある。ただし、北朝時代には戸口の把握が徹底しておらず、婚姻した実態を隠して税を逃れるものも多かった。

　均田制とは一代限りの口分田と一定面積の世襲をみとめる永業田を支給し、かわりに租（穀物）・調（絹や綿）・役（労役・兵役）を納めさせるものである。後継王朝である北斉・北周も北魏の規定を改変しつ

北魏・北斉・北周の土地支給額比較表

	班給対象	露田		桑田	麻田	園宅地	備考
		正田	倍田				
北魏	男夫	40畝	40畝	20畝	10畝	良民3人に1畝	・倍田は休耕用に給付
	婦人	20畝	20畝		5畝		・開墾地は貸与地として扱う
	奴	40畝	40畝	20畝	10畝	奴婢5人に1畝	
	婢	20畝	20畝		5畝		
	丁牛（4頭まで）	30畝	30畝				
	土地の還受	×	×	×	○	×	

	班給対象	露田	永業田	園宅地	備考
北斉	男夫	80畝	20畝		・開墾地は私有地（永業田）扱い
	婦人	40畝			・永業田には桑もしくは麻を栽培
	奴	有資格数を皇族・官品に分			
	婢	けて規定（給田額は不明）			
	丁牛（4頭まで）	60畝			

	班給対象	露田・永業田	園宅地	備考
北周	有室（妻帯者）	140畝	備考欄参照	〔園宅地支給規定〕
	丁（未婚成年男子）	100畝		10口以上＝5畝,9口以下＝4畝,5口以下＝3

つ継承した。なお、天下を統一した隋は北周系の王朝であったが、均田制の規定は北斉のものを継承する。支給される土地面積については附表を参照していただきたいが、北魏均田制においては、婦人や牛も給田対象となっている点が特徴である。婦人への給田は均賦制と軌を一にしているのだが、牛への給田は多数牛を飼える大土地所有者に有利な規定であった。これが文字通り「均等な」給田規則となるのは隋唐以降のことである。

4）法制

曹操は魏王となって以降、独自の法令を定めていた。それらは魏科と呼ばれており、漢の律令を補足するものであったが、曹丕による禅譲後にそれらは魏律十八篇として整理された。つづく西晋は、王朝交代直後の泰始年間に律令の再編を行った。この律令を泰始律令と呼ぶが、同律令は中国法制史において画期となるものであった。律が二十

篇に再編されたことに加え、令典が編纂されたのである。従来の令は、皇帝が下した詔勅そのものであるため、対象や持続期限にかかわりなく令と呼ばれており、内容によって分類・整理できる法典といえるものではなかったのだが、泰始令は、四十篇からなる事項別の法令であり、隋唐時代における令の祖型となるものである。そして、このとき律令は、刑罰法規（律）と非刑罰法規（令）とに分化したのであり、その意味において日本の律令は泰始律令の影響下にあるといえよう。

　泰始律令を継承した南朝においては、法制に関する議論はさほど活発ではなかったが、南斉において永明律が編纂され、梁においては、律令に加えて、細則にあたる科も編纂された。しかしこれらは隋唐の律令には継承されなかったため、具体的な条文は不明である。

　一方の北朝においては、隋唐に大きな影響を与える法改正がしばしば行われた。北魏もやはり泰始律令に依拠したが、新たに流刑や官当（官爵を刑罰に代替する制度）を導入し、これらは隋唐に継承される。東魏は麟趾格を発布し、北斉はこれを継承して河清律令を制定した。また、西魏では大統式が頒行され、つづく北周は大律を制定して、死・流・徒・杖・鞭の五刑を定めた。五刑は、鞭が笞に変更されはしたものの、そのまま隋唐の律に継承されることとなる。

5　魏晋南北朝の社会と文化

1）思想と宗教

　魏晋南北朝の社会と文化を述べる上で欠かすことができないのが、仏教の本格的な流入・伝播と道教の成立であり、後漢時代においては一尊といってもよかった儒教もそれらの影響を受けることとなる。こうした儒教・仏教・道教の相互交渉を三教交渉と呼ぶ。

(a) 儒教：後漢という統一帝国が崩壊し、儒教一尊も崩れると、混乱した社会において、従来とは異なるイデオロギーが模索され、結果選択されたのが『易経』や『老子』『荘子』であり、これらを三玄と称するが、魏の儒教もその影響を強く受けた。その代表が魏の王弼『周易注』と何晏『論語集解』であり、玄学（三玄から強い影響を受けた学風）の創始者と目される。その一方で、後漢に立てられた熹平石経の破損を修復し、あらたに正始年間（240〜248）に古文・篆・隷の三つの書体からなる『書経』『春秋』と『左氏伝』の石経（正始石経）を設置している。

　晋においては、汲冢書（後述）の出土が当時の学者達に大きな衝撃を与えたが、その知見を一部踏まえたのが、杜預の『春秋経伝集解』である。同書は『左氏伝』の注釈書であるが、従来、経と伝が単独で通行していたものを、経・伝・注の合行本とした点もその特徴である。『春秋』経伝の注釈書としては、他に東晋・范甯の『春秋穀梁伝集解』も撰述されたが、杜預・范甯の著作は、玄学よりも後述する史学の影響を強く受けたものである。

　南朝においては、仏経に対する注釈方式の影響を受けて、経と注をさらに詳細に解説する疏が加えられるようになり、梁の皇侃の『論語義疏』をはじめとする多数の義疏が撰述された。いっぽう対する北朝では、『書経』に鄭玄の、『左氏伝』に服虔の注を採用するなど、漢代の訓詁を重視する学風であった。

(b) 老荘思想と道教：玄学を生んだ王弼と何晏らは、「貴無論」という、虚無を根本とする形而上学的な議論を展開するが、それは「正始の音」と称されて清談流行の先駆けとなった。清談とは、後漢末に盛んとなった人物評論である郷論の理論的側面を脱世俗化させた、非現実的な哲学論議である。王弼と何晏らは孔子をなお聖人として老荘の上位においたが、続く竹林の七賢（嵆康・阮籍・山濤・向秀・劉伶・王

戎・阮咸の七名。なお、彼らが一堂に会したことはない）は、老荘思想を根本に据えて、世俗からの超越と礼教主義の批判へと発展させた。

　これらは知識人の間に流行した思想であったが、庶民にも影響を及ぼしたのが道教教団の形成である。後漢末には太平道の教徒たちが華北にて黄巾の乱を起こし、また、陝西省南部では、張陵が五斗米道を開いた。五斗米道はのちに天師道と改称する。天師道教団では、『老子』が教授され、教授用の注釈として『（老子）想爾注』が撰述されているが、生活規範を教え込むことを目的としたものである。なお、天師道は後代、正一教と改称して、現在に伝わる。

　また、東晋初には、葛洪が『抱朴子』を撰述して仙人となるための秘術を説いた。その葛洪が修錬したという建康東南の茅山では、霊媒の楊羲が南嶽夫人なる真人から『上清経』やお告げを授けられたという。そのお告げを『真誥』として整理したのが梁の陶弘景であり、彼によって茅山派（上清派）の教理も大成された。

　いっぽう、華北においては、寇謙之が新天師道をひらいて北魏太武帝の信任を得、年号を太平真君と改元させるなど、北魏国政にも大きな影響を及ぼし、また廃仏を実行させた。しかし、寇謙之の没後、北魏では復興した仏教に押されていくこととなる。

　当時、三教が交渉する中で、老子が釈迦を教化したという「老子化胡説」が生み出され、仏教にたいする道教の優越が主張されたが、廃仏を実行させた寇謙之でさえ、仏教を参考にして戒律や教団組織を定めており、仏教が道教に与えた影響を無視することはできない。

(c) 仏教：仏教は後漢初期に中国に伝来し、洛陽に白馬寺が造営された。その後、安息出身の安世高や月支出身の支婁迦讖らが経典を将来し、また翻訳に従事した。三国時代になると、受戒が行われるようになり、仏教の中国浸透の契機となった。

　西晋になると、西域諸国にて経典を学んだ竺法護が大乗経典の訳出

につとめ、また敦煌と長安を往来して教化にはげみ、敦煌菩薩と称された。また、仏教の説く「空」を、老荘の説く「無」で解釈するなど、経典翻訳および仏教の浸透には、当時流行していた玄学も大きく貢献した。

　五胡十六国時代には、亀茲出身の仏図澄が後趙の石勒・石虎からの尊崇を受け、また多数の門徒を擁した。その弟子の道安は前秦の苻堅の庇護のもと、仏典の総目録である『綜理衆経目録』を編纂して経典を整理し、また当時増えつつあった偽経と真経とを弁別した。なお、出家者の姓を釈とさだめたのも道安である。後秦になると、亀茲出身の鳩摩羅什が訳経につとめ、彼が翻訳した『仏説阿弥陀経』などが現代日本においても誦読されているように、多大な影響を及ぼした。訳経史の時代区分においても、唐の玄奘以降の訳を新訳、それ以前を旧訳と呼んで区別するが、旧訳を代表するのが鳩摩羅什訳であり、それ以前を古訳と呼んで区別するほどである。なお、彼は最初の三蔵法師でもある。

　東晋においては、清談に通じた支遁が謝安らと交流し、当時の貴族社会に仏教をひろめた。また、道安の弟子である慧遠は、仏教徒を従属させるべく、僧侶は皇帝に敬礼せよと圧力を加えてきた桓玄に対して、「沙門不敬王者論」をもって反論し、仏教教団の自立性を保った。また、彼は鳩摩羅什と書簡を交わして教義を質問しており、これは鳩摩羅什からの応答とあわせて『大乗大義章』としてまとめられた。また法顕は、戒律の不備を補うべくインドに求法し、その旅行記は『仏国記（法顕伝）』として知られる。

　南北朝時代に入ると、仏教はさらなる隆盛を迎える。南朝においては、因果応報を否定する范縝の「神滅論」、仏教を外国の宗教とみなして道教の優越を説く顧歓の「夷夏論」などの排仏論が提示されたが、仏教の流行を止めることはできず、のちに「南朝四百八十寺」と称されるまでに繁栄する。そうした繁栄のなか、梁の武帝は熱心な仏教信

者となり、菜食などの戒律を堅持して「皇帝菩薩」と呼ばれ、また、しばしば同泰寺にて捨身を行った。のち、建康は侯景の乱によって灰燼に帰すが、その後も、武帝が扶南国より招請していたインド僧の真諦が『摂大乗論』を翻訳して摂論宗の基盤をつくり、同じく彼が訳した『大乗起信論』も後代に大きな影響を与えた。また、智顗が天台山にて天台宗を開き、隋の楊広（のちの煬帝）の帰依を受け、隋唐以降大いに発展することとなる。

　北朝においても仏教は流行したが、その一方で、中国史上四度行われた廃仏「三武一宗の法難」のうち、最初のふたつが実施されている。

　まず北魏道武帝期に道人統（仏教教団を統括する僧官。のち沙門統）となった法果が、道武帝を「当今の如来」として崇拝したことにより、国家仏教としての性格を有するようになった。三代皇帝の太武帝が寇謙之を尊崇したことに加え、蓋呉の乱を平定した際に、長安の仏寺から武器が大量に発見されたことが引き金となって廃仏が実施され、僧侶・信者の誅殺、経典・仏像の焼却、寺院・仏塔の破壊が行われたが、つづいて即位した文成帝により仏教の復興が行われ、沙門統となった曇曜が平城郊外に石窟寺院（雲崗石窟）を開鑿し、北魏皇帝を模した五体の大仏を造立した。これは法果の考えを推し進めて「皇帝即如来」という概念を形にしたものである。また曇曜は仏図戸（諸寺の清掃や寺田の耕作に従事）と僧祇戸（毎年一定額の穀物を僧曹に納付）を設置して、教団の経済基盤を固めた。

　孝文帝が洛陽に遷都すると、雲崗石窟の造営は中止され、かわって洛陽南郊の龍門に石窟寺院が造営された。また洛陽城も九層の仏塔を有する永寧寺をはじめ、多数の仏寺が造営されたが、北魏末の動乱によって失われた。また、この頃、インド僧の達磨が洛陽郊外の嵩山少林寺で面壁したのち、禅宗を開いた。

　北魏の東西分裂後、洛陽の仏教徒の多くは東魏の鄴にうつり、また北斉の文宣帝が道士を出家させて僧侶とするなどの仏教保護政策を

とったこともあって、寺院四千、僧尼八万を数えるまでに繁栄した。

いっぽうの西魏においては、『周礼』にもとづく制度改変が行われたとはいえ、仏教教団は道教教団とともに保護されていた。しかし、北周の武帝が即位すると状況は一変する。武帝は、仏寺を曲見伽藍〔きょくけんがらん〕と非難して廃仏を主張する道士の衛元嵩に強い影響を受け、仏道二教の優劣を論議させたのち、儒教を首として道・仏と続く三教の序列を定め、574年には仏道二教を禁止し、僧尼・道士は還俗させた。この政策は併合した北斉領内でも実施された。なお、武帝は三教の研究機関である通道観を設置し、還俗させた僧侶・道士を選抜して学士として教義を研究させている。武帝の没後、宣帝が即位すると復仏を許可したため、武帝による廃仏の期間は5年に満たず、つづく隋において再び仏教が繁栄をむかえることとなる。

2）学術

上述のように、儒仏道の三教が相互に影響を与えつつ発達していった一方で、学術にも大きな変化があった。それが四部分類の成立である。従来の図書分類は、前漢末に劉向が『七略』にて提示した、図書を大きく六つに分類するもの（六芸略・諸子略・詩賦略・兵書略・術数略・方技略の六つ。これらに総目に相当する輯略をくわえて七略となる）であったが、司馬遷の『史記』の登場を契機として、そのフォロワーが多数現れたことにより、あらたに歴史書を収納する大分類が必要とされたのである。当時の図書は西晋の荀勗〔じゅんきょく〕によって甲・乙・丙・丁の四つに再編された後、さらに東晋の李充によって経・史・子・集の四つに整理された。この四部分類が中国における図書分類のスタンダードとして清末まで用いられることとなるが、以前は狭い枠に押し込められていた歴史書が経書につづく第二の地位を得たところに特徴がある。

魏晋南北朝時代には多数の歴史書が撰述されたが、散佚してしまっ

たものが多い。現存するものから代表的な歴史書として、陳寿『三国志』を挙げたい。同書の成立は西晋時代であるが、5世紀の古写本がトルファンから出土しており、きわめて短期間のうちに広汎に伝播したことがわかる。また同書には宋の裴松之によって注釈がつけられているが、その注釈書の史料となった歴史書も、やはり魏晋南北朝時代のものを主とする。地理書も史部に含まれるが、その中でも北魏・酈道元『水経注』は河川流路解説という本来の目的を超えた、貴重な情報を多数含んだものであり、後世においても盛んに参照された。

　前述した汲冢書も、当時の学術に大きな衝撃を与えた。同書は西晋咸寧五年（279）に、汲郡にあった戦国魏王墓が盗掘された際に発見された竹簡群で、内容多岐にわたる典籍十数種からなり、従来の通説とは異なる内容が記されていた。これらの典籍は『穆天子伝』を除き散佚したが、他書に引用される形で『竹書紀年』の一部が残っており、これは先秦時代の紀年を整理する上で必須の資料である。

　科学技術の方面においては、魏の劉徽や宋・南斉の祖沖之が円周率の近似値を求めている。なお、後者の近似値よりも詳細な値が提示されるのは16世紀以降である。また、祖沖之は子の祖暅とともに、球の体積計算法を導き出し、歳差をとりいれた大明暦を作成したことでも知られる。

　農業にかんしては、北斉の賈思勰が当時の華北の農業技術を集大成した『斉民要術』を撰述している。

　医学にかんしては、陶弘景が『神農本草経』の注釈である『（神農）本草経集注』を撰述し、薬物の数を倍増させ、また薬物の性質による分類法を提示した。また、当時は道教の流行にともない、不老不死を目指す錬丹が盛んに行われた。主に行われたのは、丹薬を服用する外丹で、硫化水銀などの劇物を材料としたため、しばしば深刻な薬物中毒を引き起こしたが、丹薬製造技術の蓄積は間接的に科学技術の発展に貢献した。

コラム

墓誌

魏晋南北朝

　中国では、個人の伝記を碑誌伝状と呼ぶ。これらは、墓碑・墓誌・伝記・行状を略してまとめたものであるが、これらのうち、魏晋南北朝時代に登場・発展し、そのスタイルが確立したのが墓誌である。

　墓誌の素材は原則として石であるが、石に文章を刻むこと——石刻は戦国時代に遡る。そうした石刻が爆発的に普及するのが後漢時代であった。当時は過剰な葬礼が流行していたこともあり、盛んに個人を顕彰する石碑が立てられたが、後漢末に曹操によって禁止された。地上に立てることが原則として禁止された石碑は地下——墓の中へと逃げ込むこととなるが、いきおい小型化せざるを得なくなった。しかし、それでは文字数を稼ぐことはできない。

　地下に長文の石刻を納めなければならない、という課題に対する当時の人々の答えは、碑を倒してしまうことであった。すなわち、文字を前面ではなく上部に刻むことにしたのである。それによって石の高さは不要となった。これが墓誌のはじまりなのだが、碑が縦長の長方形の石板（その上にさらに半円あるいは二等辺三角形の額を載せる）であったのに対して、墓誌は碁盤状となった。この、長方形から正方形への変化の理由については、いまだコンセンサスが得られているとは言い難い。

　さて、墓の中に納められる墓誌は、本来、他人の目には触れ得ないものなのだが、冒頭に述べたように墓誌は伝記としての性格をもつため、墓誌の撰者の文集などに掲載されて世人の目に触れる。その後、実物の墓誌が発掘されると、文集中の墓誌との間で文章が異なっていることがある。こうしたギャップが生ずる理由としては、墓誌を埋めたあと、文集に採録するまでの間に撰者が推敲を重ねた、あるいは墓誌を書いたあと、政治状況などが変化し、撰者自身あるいは関係者に害が及ぶのを避けるために、差し障りのない文章に書き改めた、など様々な理由が考えられる。こうした一個人の墓誌でありながら異文が生じ得るという点も、墓誌のおもしろさのひとつである。

203

学校については、魏の文帝が洛陽に太学を立てて五経課試を実施するなど（224年）、儒教教育に重きが置かれ、西晋もそれを引き継ぎ、五品以上の人間を対象とした国子学も設置したが、宋の文帝が儒・玄・文・史からなる四学館を設置するなど、玄学や史学の発展を反映する教育も行われた。また、梁の武帝は五経館を開き、成績に応じて官位を与えた。当時はなお国子学が存在し、貴族の子弟を対象としたが、五経館には寒門が集った。こうした教養重視は武帝の賢才主義を反映したものであり、隋唐に実施される科挙の先駆けである。

　その他、一種の百科事典である類書も編纂された。魏の『皇覧』をはじめ、梁の『華林遍略』、北斉の『修文殿御覧』は、唐宋を代表する類書『芸文類聚』『太平御覧』の資料源となっている。

　また、識字教科書として梁の周興嗣が撰述した『千字文』も後世に多大な影響を与えた。

3）文学

　後漢末の群雄として魏の基盤を築いた曹操は子の曹丕・曹植とともに三曹と称され、後漢末の建安年間から文学界の中心的存在を占めた。彼らの他に建安七子（孔融・陳琳・王粲・徐幹・阮瑀・応瑒・劉楨）も同時期を代表する文学者である。曹操にはスケールの大きい楽府の「短歌行」、曹丕には文学の価値を称揚した「典論」、曹植には洛水の女神を描いた「洛神賦」などの作がある。司馬氏が魏の権力を掌握しつつあった正始年間には、竹林の七賢である阮籍と嵇康が、それぞれ、孤独を詠んだ「詠懐詩」、自身の生涯に対する悲嘆を述べた「幽憤詩」を著した。

　西晋にはいると、張華は「女史箴」を著して賈后の専横を諷刺し、その彼によって引き立てられたのが、陸機・陸雲の兄弟である。兄の陸機は韻文・散文を問わず多数の傑作を残したが、文学理論をのべた「文賦」はとくに重要である。また、潘岳は妻の死を悼む「悼亡詩」

を、左思は、魏呉蜀の都を描写して洛陽の紙価を貴からしめた「三都賦」をのこした。老荘思想や玄学の流行を反映して、貴族たちの間で玄言詩が流行した。

東晋においては、山水の美をうたう山水詩が発展する。それとはやや趣をことにするが、自然の美をうたった代表的詩人に、陶侃の曾孫にあたる陶淵明（陶潜）がいる。官を辞して郷里に帰って田園生活を送る喜びをうたった「帰去来辞」、また桃源郷（ユートピア）を描いた「桃花源記」などを残し、田園詩人、隠逸詩人の代表となった。また、この頃には、神秘や怪奇談などを取り扱う、志怪と呼ばれる作品が流行するようになる。その代表が干宝の『捜神記』であり、これらがのちの小説の淵源となった。

宋以降になると、門閥貴族による文学が一層の発展をとげた。陳郡の謝氏という名門出身の謝霊運による、自身の別荘を描いた「山居賦」がその典型であるが、顔延之などの寒門出身の詩人も登場し、後代に影響を及ぼしている。また、後漢から宋初にいたるまでの著名人の逸話をあつめた『世説新語』が劉義慶によって編纂され、当時流行した清談を今に伝える。つづく南斉においては、沈約らが、平・上・去・入の四声を区別し、押韻以外に、句中においても四声の排列に法則を設けて詩のリズムを整えようとした。この法則はなかなか繁雑なものではあったが、さらに整理されて、律詩や絶句へとつながってゆくこととなる。また、四字句や六字句を基調として対句を駆使し、韻律にも注意を払った駢儷文（四六駢儷文、駢文）も盛行し、隋唐においても強い影響を及ぼした。

沈約は南斉の竟陵王・蕭子良が西邸に文人を招いたサロンの主要メンバーであり、彼らは竟陵の八友と呼ばれた（残りの七人は、謝朓・任昉・陸倕・范雲・蕭琛・王融・蕭衍＝梁の武帝）。彼らは山水詩にくわえて、恋愛や女性の生活を主にとりあげた宮体詩を発展させた。梁にはいると、武帝の皇太子・蕭統（昭明太子）が、文体別に約800篇の

文学作品を収録したアンソロジーである『文選』を編纂し、唐さらには日本においても盛んに読まれた。蕭統の没後皇太子となった弟の蕭綱（簡文帝）は、徐陵に宮体詩をあつめた『玉台新詠』を編纂させている。また文学理論においても進展があり、劉勰によって、文学のジャンルごとにその歴史と創作の心得を説いた『文心彫竜』、鍾嶸によって、漢から梁までの詩人を格付けし品評した『詩品』がつくられた。陳においては、皇帝としては全く評価できないが、詩人としての才能は高かった後主（陳叔宝）が、楽府を得意とした。

　五胡十六国から北朝にかけての文学は、東晋南朝のごとき華々しさはなく、胡族が活躍した時代・地域ということもあり、むしろ素朴さが目につく。北斉の勲貴であり、勅勒人であった斛律金の「勅勒歌」は、北方の草原を描写したもので、鮮卑語あるいは勅勒語から翻訳されたものである。また、老いた父のかわりに男装して闘った木蘭をうたう「木蘭詩」は北朝の民歌を下敷きにしたものとされている。また南朝文学からの影響もある。父の庾肩吾とともに宮体詩を得意とし、徐陵とならんで「徐庾体」と称された梁の庾信は、侯景の乱後に西魏・北周に仕えたが、北にあっては、「擬詠懐」や「哀江南賦」などの作品で亡国の臣としての悲しみや、望郷の念をうたった。

４）芸術

　魏晋南北朝時代は、後漢の蔡倫が改良した紙が中国に普及する時期である。紙は木簡・竹簡に比して軽く、また帛に比して安価であり、当該時代の書物の増加に貢献した。そして、そこに書かれる文字についても、変化が見られた。

　後漢時代に、隷書を省略した章草、さらに草書が生まれ、速書体である楷書・行書も登場した。西晋の衛恒が撰述した書論『四体書勢』は、古文・篆書・隷書・草書の四書体の能筆家を列挙したものであるが、隷書に含むかたちで行書・楷書も挙げられている。

この時代には、中国書道史を代表する書家が登場した。それが東晋の王羲之であり、書聖と称えられた。唐の太宗が彼の真蹟蒐集に血道をあげたことはよく知られている。その子・王献之も能書家として知られ、この父子は二王と称された。

　絵画の方面では、東晋の顧愷之が画聖と称えられ、「女史箴図」といった作品のみならず、画論も残している。ただし、残念なことに王羲之にしても顧愷之にしても、われわれが目にしえるのは後世の模本である。

5）都城と集落

　まず、都城については、魏・西晋・北魏の首都となった洛陽をとりあげたい。後漢時代の洛陽城内部には南宮と北宮という二つの宮城が

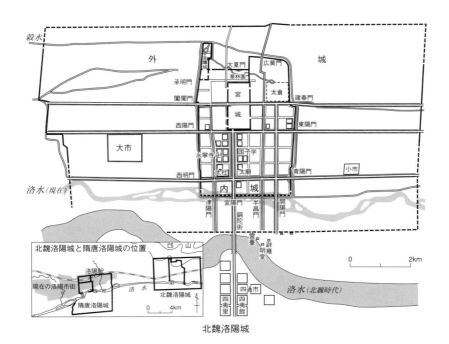

北魏洛陽城

コラム　洛陽と建康

　『世説新語』夙恵篇には、東晋の元帝と幼き明帝による、長安と太陽とどちらが遠いか、という問答が残されている（このときの明帝の解答はなかなかとんちがきいたものなので、是非とも『世説新語』の該当箇所をお読みいただきたい）。長安の陥落によって西晋は名実ともに滅亡し、元帝は東晋を建国したわけだが、西晋の本来の首都は洛陽であり、元帝と明帝の問答が行われた建康と並ぶ、魏晋南北朝を代表する都城である。

　洛陽は後漢の首都であったものを魏の文帝・明帝が改修し、孝文帝による遷都の後、北魏がさらに手を加えたもので、この洛陽城を漢魏洛陽城と呼んでいる。隋唐時代には、この西側に新しい洛陽城が造営され、その上に現在の洛陽市が発展していったため、漢魏洛陽城は現在農村の中にあり、考古学的調査を蓄積することができた。加えて『洛陽伽藍記』や、洛陽より出土する北魏時代の墓誌により、北魏時代に関しては、宮殿や役所の配置、さらには著名人の居住地などの情報を得ることができる。

　いっぽうの建康は、呉の孫権が整備したものを、東晋・南朝が再整備して利用したものである。同地は明の洪武帝が南京として再整備し、結果、現在の南京市の中心となっている。そのため、建康の全面的な考古学的調査は困難であり、加えて建康城内を描写した典籍や出土文字

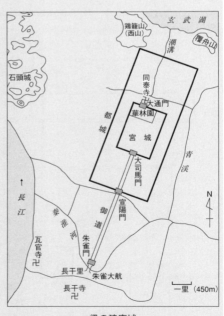

梁の建康城

資料に乏しいため、建康の復元は多分に推測を含んだものとならざるを得ない。従来、研究者ごとに全く形のことなる建康復元案が提示されてきたが、近年の調査により、宮城およびその外側をとりかこむ外郭城は、いずれも南北に長い長方形であったと考えられるようになってきた。これは、魏が整備した洛陽城の影響を受けたものであり、それがさらに北魏時代の洛陽城へとフィードバックされているらしい。南北朝時代においては、官僚制度や文化などにかんする南北間での相互影響がしばしば論じられるが、首都の構造もその例外ではなかったといえよう。

存在したが、魏の文帝・明帝によって洛陽が再整備された際、宮城は洛陽の中心に設定され、さらに正殿として太極殿が置かれることとなった。その洛陽は北魏によってさらなる改修を受ける。旧来の洛陽城の外側に、東西に長い外郭城を築き、その中に碁盤の目状の街区を設定したのである。それらの街区は壁で囲まれ、坊と呼ばれた。これが条坊制の淵源であり、隋唐においてより洗練された形で継承され、また、太極殿とともに、日本の都城にも採用されることとなる。

　つぎに、集落の形態についても魏晋南北朝時代に大きな変化が生じた。後漢末以降の動乱により、本籍地を離れて流民となった農民が多数生じたが、本籍地に留まって争乱からの防衛を選んだものもいた。そうした人々が営んだ集落が塢である。塢とは本来、高い壁（塢壁）に囲まれた防御施設のことであったが、自衛のために塢壁で防御した集落をも塢と呼ぶようになった。こうした塢は、八王の乱から五胡十六国時代にかけて華北に多数建造され、塢内の集団、および塢に避難してきた流民のリーダーは塢主と呼ばれた（なお、移動中の流民のリーダーは行主と呼ばれた）。

　塢とならんで当該時期に発展したのが村である。後漢時代に豪族が荘園の開発・経営をすすめると、流亡してきた小農民たちを小作として荘園内に居住させたことにより、散村が形成されていったが、塢の

場合と同じく、後漢末以降の動乱によって流亡した農民が、村をあち こちに点在させていった結果普遍化し、後代において、村が農民聚落 を意味するまでにいたる。華北の村は、塢と一体化する場合もあった が、江南の村は人工的障壁を設けない場合が多く、城壁に囲まれるこ とを常とした中国の都市の形態とは大きく異なるものであった。

6）民族

五胡十六国時代という言葉が端的に示すように、同時期はもとより、 魏晋南北朝時代は、中国内において非漢族が盛んに活動した時代で あった。しかも、五胡政権は他国を滅ぼした際、その集団を自身の拠 点へと強制移住させる徙民を盛んに行ったため、非漢族は華北の広範 な地域を頻繁に移動した。

とはいえ、漢族に比して絶対数の少ない非漢族が自身のアイデン ティティを保ち続けられたかというと必ずしもそうではなく、北魏孝 文帝の漢化政策に代表されるように、巨視的には（もちろん、六鎮の 乱のごとき抵抗もあったであろうが）漢族と融合し、隋唐帝国という 「新しい中華」のみなもととなっていった。

自身では建国しなかったものの、重要な役割を果たした胡族として、 ソグド人を挙げたい。ソグドとは中央アジア、アム川とシル川の中間 地域にてオアシス都市を営んでいたイラン系の人々であり、中央アジ アにおける中継貿易の担い手であった。彼らは3〜4世紀頃には中国 で活動しており、都市にソグド人が集住するコロニーを形成していた。 また、ゾロアスター教徒でもあった。彼らの活動を示す墓誌などが近 年いくつも発掘されている。さて、ソグド人は中国においても専ら商 業活動に従事し、財力を背景に、北斉では恩倖として政治に関与し、 結果として勲貴の排除とそれにともなう北斉の滅亡を招いたが、彼ら はつづく隋唐時代以降も華々しく活躍することになる。また、彼らの 使用していたソグド文字は、ウィグル文字のもととなり、それはさら

にモンゴル文字、満州文字となって、現代に引き継がれている。

◉──参考文献

宮崎市定『九品官人法の研究─科挙前史』（中公文庫、1997年）

岡崎文夫『魏晋南北朝通史』（弘文堂書房、1943年）

福原啓郎『魏晋政治社会史研究』（京都大学学術出版会、2012年）

川勝義雄『六朝貴族制社会の研究』（岩波書店、1982年）

中村圭爾『六朝貴族制研究』（風間書房、1987年）

安田二郎『六朝政治史の研究』（京都大学学術出版会、2003年）

吉川忠夫『六朝精神史研究』（同朋舎、1984年）

三崎良章『五胡十六国─中国史上の民族大移動』（東方書店、2012年）

川本芳昭『魏晋南北朝時代の民族問題』（汲古書院、1998年）

谷川道雄『増補　隋唐帝国形成史論』（筑摩書房、1998年）

隋・唐

辻 正博

年　表

	西暦	皇帝	事　件
隋	581	文帝	楊堅、皇帝に即位（隋の文帝）《隋王朝の成立》。開皇律の制定
	582		開皇令の制定。大興城（隋唐長安城）を建設
	583		開皇律の改訂。郡の廃止（州県二級制）。突厥が東西に分裂
	589		陳を滅ぼす　《南北朝の統一》
	598		高句麗に侵攻
	604		文帝が崩御、煬帝が即位
	605	煬帝	東京（隋唐洛陽城）を建設。通済渠を建設（610年、大運河が杭州に到達）
	607		大業律令の制定
	611		高句麗に侵攻（613年、614年にも侵攻）
	613		楊玄感の乱
	617	恭帝	李淵が太原で挙兵、長安に入城し代王を皇帝に擁立（恭帝）
	618	高祖 / 皇泰主	宇文化及が煬帝を殺害。李淵が皇帝に即位（唐の高祖）《唐王朝の成立》越王、洛陽で皇帝に即位（皇泰主）《翌年、隋王朝が滅亡》
唐	626	太宗	玄武門の変。秦王李世民、皇太子となる。李世民、皇帝に即位（太宗）
	628		唐、朔方の梁師都を滅ぼす　《唐朝による中華再統一》
	630		東突厥が滅亡。太宗、鉄勒諸部より「天可汗」の称号を受ける
	645		高句麗に侵攻（647年、648年にも侵攻）
	651	高宗	永徽律令の制定
	664		則天武后による垂簾聴政が始まる
	668		高句麗が滅亡
	684	中宗／睿宗	武太后、中宗を廃位し睿宗を擁立。李敬業の乱
周	690	武則天	武太后、皇帝に即位　《武周王朝の成立》
	696-7		契丹・奚族の乱。突厥の黙啜可汗が河北に侵攻
	698		廬陵王が皇太子となる
唐	705	中宗	張柬之らのクーデタにより廬陵王が復辟（中宗）《唐王朝の再興》
	710	睿宗	中宗、韋皇后により毒殺。李隆基・太平公主らのクーデタ。睿宗が復辟
	712	玄宗	睿宗が譲位し、玄宗が即位
	713		玄宗、クーデタにより太平公主を倒し実権を掌握　《開元の治》
	724		宇文融による括戸政策
	734		裴耀卿による漕運改革。李林甫、宰相となる（～752）
	737		律令格式の制定（開元25年律令）
	744		楊太真、玄宗の後宮に入る（翌年、貴妃となる）
	752		李林甫の死。楊国忠、宰相となる
	755		安禄山が范陽（幽州）で挙兵（安史の乱）、東都洛陽を陥落
	756	粛宗	安禄山、洛陽で皇帝に即位。玄宗ら成都に蒙塵。粛宗が霊武（霊州）で即位
	758		榷塩法（塩の専売制）を導入
	763	代宗	史朝義が自殺し、安史の乱が終熄。吐蕃が長安に侵攻
	775		藩鎮の乱（～786）
	780	徳宗	両税法を施行
	818	憲宗	淮西節度使を解体（翌年、平盧軍節度使も解体）　《元和中興》
	826	文宗	敬宗、宦官により殺害。文宗が即位
	835		甘露の変
	840	武宗	このころ、ウイグル帝国が崩壊
	845		会昌の廃仏（～846）
	874	僖宗	王仙芝・黄巣の乱（～884）
	904	昭宗	朱全忠が洛陽遷都を強行。昭宗が殺害され、哀帝が即位
	907	哀帝	朱全忠が禅譲により汴州で皇帝に即位（後梁の太祖）《唐王朝の滅亡》

1　隋——「中華」の再統一

1）隋王朝の成立——文帝の治世

　隋王朝は、初代皇帝（文帝、高祖）となった楊堅（541〜604、在位581〜604）が北周の静帝から帝位を禅譲されて成立した王朝である。しかしこの王朝交替には、いくつかの偶然と謀略が介在した。

　楊堅の父楊忠は、名門「弘農の楊氏」の出と名乗るが、実は北魏以来の武門の家柄、祖先は平城（山西省大同）の北辺に点在する「六鎮」の一つ、武川鎮を守る武将であった。楊忠自身も、西魏・北周の建国に参画し十二大将軍の一人となった功臣であり、武成元年（559）、随国公に封ぜられた。

　楊堅も武人として北周に仕え、武帝のもとで北斉併合（577年）など数々の武勲を立て、長女は皇太子（のちの宣帝）の妃となった。第一の偶然は武帝の急死（578年、享年36）で、これにより楊堅は外戚となった。新たに即位した宣帝は楊皇后や楊堅と折り合いが悪く、大象2年（580）5月には側近鄭訳の進言に従い楊堅を揚州総管として転出させることに決めた。ところがその矢先、宣帝は22歳の若さで急逝してしまう。これが第二の偶然である。宣帝は即位翌年に7歳の静帝に譲位していたが、鄭訳らは幼帝を見限って外戚楊堅による奪権へと舵を切った。彼らは宣帝の喪を秘して詔勅を捏造し楊堅に朝廷の全権を掌握させるとともに、主立った宗室諸王を封地から長安に召喚したのである。その上で楊堅は、反旗を翻した尉遅迥（相州総管、河北）・司馬消難（鄖州総管、湖北）・王謙（益州総管、四川）を10月までに各個撃破し、12月には随王、翌年正月には相国となって国政を総覧し、同年2月、禅譲により皇帝に即位する。

　文帝による治世は、後世の史家から「開皇の治」と称されるが、その評価は煬帝に対する悪評と裏腹の関係にあると見るべきであろう。

なぜなら、隋代史の根本史料は初唐に編纂された『隋書』しかなく、そこには唐王朝の歴史観が濃厚に反映されているからである。

　楊堅は即位前から、西魏・北周による「虜姓再行」政策を撤回、漢族に賜与された胡姓を旧に復させていたが、即位後は前王朝の痕跡を払拭する政策をさらに推し進めた。律令の制定は、『周礼』に立脚した北周の国制をそれ以前の制度に戻すために必要なことであったし、新たな都城として「大興城」を建設することは、王朝簒奪の現場となった北周の宮城から離れることを意味した。文帝が新都造営の詔勅を発したのが開皇2年（582）6月、翌年3月には新都に入城しているので、外郭城（東西約9.7km、南北約8.2km。唐・高宗の時に完成）など未完成の部分が多かったことは言うまでもない。

　無論、文帝の施策には、南北朝時代の社会と訣別し新たな時代を開く契機となったものもある。州郡県制から州県制への移行、科挙の創始などがそれである。

　秦漢以来、中国の地方行政制度では、「郡」が複数の「県」を統轄する「二級制」が採られてきた。ところが、前漢・武帝時代に監察区分として設置された13の「州」が、後漢時代になると郡の上位に位置する行政区分へと変質したため、行政区分が「三級制」となり、その後、州・郡・県が細分化した結果、北周末には州201・郡508・県1124の多きに至った。そこで文帝は開皇3年（583）、地方行政の無駄を省くべく、州郡の整理統合を断行し郡を廃止した。これにより成立した州—県の二級制は、清末に至るまで維持されることとなった。

　後世、「科挙」として歴代王朝の官吏選抜システムの根幹をなす制度が創始されたのは、隋・開皇年間のこととされる。「貢挙」と呼ばれたこの制度は、漢代以来行われてきた地方長官による人材推挙制度——秀才（州）・孝廉（郡）の科目による——に由来するが、郡の廃止に伴い孝廉科が消滅したため、開皇年間に改めて秀才・明経・進士の科目を設け、それぞれ方略・経学・文学の能力を試みて人材を選抜

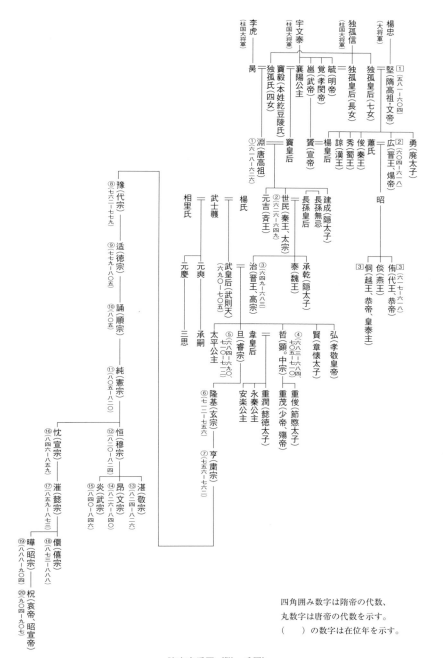

隋唐帝系図（附、武周）

したものである。なおこのとき中正官が廃止され、曹魏以来続けられた九品官人法はその役割を終えた。

２）「北」による「南」の併合──南北朝統一がもたらしたもの

　南朝・陳の併合は、即位直後から文帝の念頭にあった。しかし計画を実行に移すには、周到な準備を要した。まず北辺の難敵・突厥（突厥第一帝国）に対する備えである。華北が東西に分裂していた６世紀後半、突厥は東ユーラシア最強を誇る遊牧国家であり、北斉も北周も突厥可汗の歓心を買うことに腐心していた。ところが、北周が北斉を併合し華北を統一した頃から形勢が変わり始め、隋の文帝が放った離間策によって突厥は東西に分裂（583年）、東突厥は隋に臣従するに至る。それでも開皇７年（587）、丁男10万余を20日間徴発して長城を修築させたことは、背後の強敵に対する備えを怠らぬ文帝の慎重さをうかがわせる。

　同年４月、文帝は邗溝（山陽瀆）を建設し、淮水と長江を結ぶ運河を完成させた。長江以北の地はすでに北周の武帝が版図に組み込んでいたから（578年）、運河建設の目的が陳朝征服戦争における補給路の確保にあったことは明らかである。９月には長江中流の傀儡国家・後梁が廃されて隋の直轄領となり、江陵には隋軍が駐屯して建康攻略の前進基地となった。

　文帝が陳叔宝（陳の後主）の罪状を数え上げて指弾し陳討伐の詔勅を発したのは、開皇８年（588）３月のことである。すでに前年から、隋は陳領内の穀倉をスパイに焼き払わせたり、農繁期に攻め込むそぶりを見せて情報攪乱を行っていたが、慎重な文帝はこの詔の写しを30万枚作成させ、江南各地にばらまいて敵の士気を低下させることを忘れなかった。同年11月、討伐軍の主力が長安郊外で文帝の見送りを受けて各方面に進発、全軍51万の総帥には晋王楊広（のちの煬帝）が指名された。翌年正月１日、建康への総攻撃が開始、陳の朝廷では濃霧

218

のなか元日の朝会が開かれていたが、皇帝は寝入ってしまい目覚めたのは昼を過ぎてからであったという。陳軍は有効な反撃をなし得ないまま、僅か10日で建康は陥落、陳叔宝は他の皇族・后妃らとともに捕縛され、交戦中の自軍に対し投降を促す勅令を手書するよう命ぜられた。これによって陳軍の組織的な抵抗は終わり、陳朝の命運は5代33年で尽きた。4世紀初頭以来続いた分裂の時代に、ひとまず休止符が打たれたのである。

　新たな領土となった江南の地を、隋朝の地方官は華北と同様、儒教的な秩序を押しつけることによって統治しようとした。しかし長年にわたって門閥貴族が幅を利かせ、儒教倫理よりも道教・仏教の影響が濃厚であった江南社会にその手法は通用しなかった。関中に強制連行されるとの噂と相俟って、各地で反乱が続発した。陳滅亡の翌年、楊素を司令官とする討伐軍が編成され、約2か月をかけてこれらの反乱は平定された。

　南北朝の統一は、隋王朝の統治のあり方にも変化をもたらした。北周による旧北斉領の併合（577年）から僅か4年後に隋朝が成立し、その8年後に陳の旧領たる江南が隋の版図に加わったのである。文帝時代の統治体制は、帝国の急速な拡大に対応しているように見えて、その実、上滑りな面が多々あった。

　魏晋以来、州刺史は将軍号を帯びることが多く、都督某州諸軍事として州軍を統率したため、州には州府の属僚（州官。刺史が現地の士人を辟召）と軍府の幕僚（府官。原則として中央が任用）が並存していたが、府官はしばしば州官の権限を侵犯した。北斉・北周では州官を漸減し、中央の吏部が任用した府官に州の行政を委ねる施策を始めていたが、隋の文帝は、郡を廃止するとともに地方官の任免権を中央の吏部に回収したのである。現地採用の州官については「郷官」として肩書のみを安堵し、府官の大半を州の官吏に横滑りさせ（州の官職名も府官の名称を採用）、やがて吏部により異動させた。開皇15年（595）

に郷官が廃止されると、隋の地方統治は、現地とは関わりを持たぬ中央派遣の官僚により担われることとなった。3年ほどの任期で定期的に異動する長官や属僚に代わり、現地採用の下級吏員（胥吏）が地方政治に隠然たる影響をもつようになるのは、これを契機とする。

　江南平定の翌年（590年）、文帝は大胆な軍備縮小策を断行した。各地に置かれていた軍府を、都のある関中地方を除き大幅に削減すると同時に、兵役専従の「兵戸（軍戸）」を民籍に編入したのである。兵戸制の廃止は魏晋以来の兵制のあり方を大きく変更するものであった。

　中華一統ののち、文帝が力を入れたのが礼制・楽制の整備である。わけても楽制、つまり宮廷音楽については、北方系・南朝系のいずれを採用するかで議論が紛糾したが、陳の平定後は、北族系・西域系の要素を含みながらも、南朝に保たれた中華の伝統音楽を中心に再編が進められた。

3）煬帝の時代──「中華」皇帝の気概と挫折

　隋の煬帝（唐朝による諡号。他に明帝・閔帝という諡号がある）こと楊広（569〜618、在位604〜618）は、文帝の次男として生まれ、平陳戦役では総司令官の大任を果たした。『隋書』には兄を失脚させて皇太子の地位を奪い、病床の父帝の命を奪い帝位に即いたと思わせるような記述も見えるが、これについては編纂者（唐朝）による情報操作を割り引いて考える必要があろう。

　久方ぶりに統一された「中華」の皇帝として、煬帝がどれほどの気概に満ちていたかは想像に難くない。即位して最初に手がけた事業が洛陽における「東京」の建設であったことは、中華に君臨する皇帝としての矜恃を示すものに他ならない。古来、洛陽は「土中」すなわち「天下の中心」と目された地である。現在の洛陽市街の地下に眠る隋唐洛陽城は、北魏滅亡ののち廃墟と化した漢魏洛陽城の西方約10km の地点に位置する（207頁の地図参照）。大業元年（605）3月から

約10か月で一応の完成を見た新都は、天文に擬して宮城を「紫微城」、皇城を「太微城」と名づけたことからも看取されるように、帝都に相応しい壮大なプランのもとに造営された（大業5年（609）、「東都」と改称）。大業3年（607）には、文帝時代の峻酷な条文を削除し中華一統後の世にふさわしい法典として、「大業律令」が制定された。

煬帝の名を後世にまで残した事業の一つが、大運河の建設である（226頁の地図参照）。すでに文帝時代に広通渠（長安大興城〜黄河屈曲部、584年）と邗溝（山陽瀆。淮水〜長江、587年）が完成していたが、煬帝は即位翌年より、通済渠（黄河〜淮水、605年）、永済渠（黄河〜涿郡、608年）、江南河（長江〜銭塘江、610年）を矢継ぎ早に完成させた。このうち、通済渠と江南河は以前の水路・運河を再利用したものであったが、永済渠については新規に開鑿された箇所も少なくなく、人民にかかった負担は大きく女性をも徴発したとされる。隋末の反乱が大運河沿いに頻発したのは、こうしたことが一因であろう。

煬帝はこの大運河を経由してしばしば江都（揚州）に出かけた外、長城沿線と河西回廊への巡幸を精力的に行った。皇帝自らが巡幸することによって、突厥と西域諸国に睨みを利かせ、その服従を確かなものにしようとしたのである。

高句麗侵攻も、煬帝の積極的な対外戦略と密接に関係している。隋は文帝時代から長城の修築を繰り返し北方の雄・突厥に対する備えを強化する一方、離間策により突厥を東西に分裂させることに成功し、遂には東突厥の可汗を隋に臣従させた。陳の滅亡を契機に、高句麗が隋に対する警戒を強めた背景には、こうした北アジア情勢の大きな変化がある。これに隋の国内事情（平陳戦以来、大きな軍事作戦がないことに対する将兵の不満）が相俟って、開皇18年（598）、文帝は高句麗側の越境侵犯を口実に、水陸30万の大軍をもって高句麗に侵攻した。ところが、前線への物資補給の不備と疫病の発生に、悪天候による水軍の潰滅が加わって隋軍は自滅、高句麗王が詫びを入れて戦争は終結

余儀なくされた。

　北アジアのみならず、西域や東南アジアにも積極策を展開していた
煬帝にとって、朝鮮半島は征服されるべき地と認識された。表向きは
恭順を装いつつ秘かに突厥の啓民可汗に使者を送る高句麗王の態度に
不信を懐いた煬帝は、大業7年（611）、高句麗征討を宣言、翌8年春、
113万余という史上空前の大軍により水陸から高句麗領に攻め込んだ。
煬帝は勝利を疑わなかったが、この戦役も兵糧補給の破綻と専守に徹
した高句麗軍の抵抗により、隋軍の大敗に終わった。国初に再編され
た府兵を中心とする国軍・十二衛もこのときほぼ潰滅したため、煬帝
は、翌9年（613）の再侵攻に先立ち、新たな徴兵を断行して「驍
果」と名づけた。しかし二度目の侵攻も、後方で勃発した反乱（楊玄
感の乱）により撤退を強いられ、さらに翌10年（614）に敢行した三度
目の遠征も内地で続発する反乱と出征兵士の逃亡により空しく退却す
る結果に終わった。

　総じて言えば、煬帝がその治世において行ったことの多くは、文帝
時代からの継続事業であった。しかしその規模は、吝嗇家の父帝に
は成し得ぬ壮大なものであった。問題は煬帝がそれらのプロジェクト
を矢継ぎ早に展開した点にあり、それが人民に過重な負担をかけ、他
の時代に類例を見ぬほど数多くの反乱を引き起こす結果を招いた。

4）楊玄感の乱

　煬帝が高句麗侵攻を始めた頃から、隋朝の統治に対する反乱が目立
つようになった。中心となったのは、兵糧輸送などの重役を負わされ
た華北東部地域であった。当初、兵役や労役からの逃亡者を吸収し掠
奪を繰り返していた武装集団は、楊玄感の乱を契機に一気にその数を
増し、離合集散を繰り返して大規模化し、ついには各地に割拠して帝
号を称するようになる。

　楊玄感は、隋朝建国の元勲楊素の子である。謀略に長けた楊素は、

平陳戦役や煬帝即位に深く関与したが、晩年は疎まれて不遇のうちに世を去った。煬帝が中華の皇帝として権威を確立してゆく過程で、王朝の創業を支えた功臣が次々と粛清されていったことは、楊玄感を不安に駆り立てたに違いない。永済渠の南端に置かれた黎陽倉で兵糧輸送の責任者となった楊玄感は大業9年（613）に挙兵、このとき高句麗侵攻の前線で督戦していた煬帝は全面撤退を余儀なくされた。

　楊玄感の優柔不断により、反乱自体はわずか2か月で鎮圧された。しかし王朝を支えた有力な一族が反旗を翻したことで、隋朝の権威は一気に失墜した。散発的に発生していた反乱はこれを機に全国各地に波及し、身の危険を感じた煬帝は洛陽から揚州の江都宮に逃れた。そして大業14年（618）3月、長安と洛陽に亡き皇太子の子（代王と越王）を留めたまま、煬帝は親衛隊長宇文化及の手にかかり命を落とした。都を遠く離れた江南の地で皇帝が崩御したことは、隋王朝の命運を大きく左右することとなった。

2．「貞観の治」

1）唐王朝の成立と隋王朝の滅亡

　唐室李氏は名門「隴西の李氏」出身を標榜するが、実は隋室楊氏と同じく「武川鎮軍閥」の出身である。高祖李淵（565～635、在位618～626）の母と煬帝の母はともに西魏の柱国大将軍独孤信の娘（つまり煬帝と李淵は従兄弟）、李淵の祖父李虎も同じく八柱国の一人であったから、李氏の家柄は楊氏よりも一等格上ということになる。

　煬帝より4歳年上の李淵は、侍従武官を経て、煬帝の高句麗侵攻が始まる前後から国防の重責を担うようになり、大業12年（616）には太原留守として華北防衛の最重要拠点を任されていた。

　かかる立場にあった李淵が反旗を翻すことを、煬帝は予想し得たで

あろうか。翌13年7月、3万の兵で太原を進発した李淵の軍は、同年11月、長安に入城すると、直ちに煬帝の孫・代王侑（605〜619）を皇帝に擁立（恭帝、在位617〜618）、「義寧」と改元して煬帝を勝手に太上皇へと祭り上げた。帝都大興城に拠った李淵は、全権を掌握して幕府を開き「唐王」に封ぜられ、翌14年（618）4月に煬帝弑殺の知らせが長安に届くと、翌月には禅譲革命を断行して皇帝に即位、「武徳」と改元して新たな王朝を建てた。このとき李淵は長男李建成（589〜626）を皇太子に立て自らの後継者とした。ところが、秦王となった次男李世民（598〜649）が国内平定戦において縦横無尽の働きを見せ、「天策上将」なる比類なき地位を得て幕府を開く（621年）と、高祖の気持ちは、長幼の序か実績かのいずれを取るかで、激しく揺れ動くことになる。

武徳元年（618）9月、唐朝は隋の第2代皇帝に「煬帝」なる諡号を贈った。「内を好み礼を遠ざく」「天に逆らい民を虐ぐ」者への諡号を特に選んだのは、李淵が自らの挙兵を「起義（正義の挙兵）」として正当化するために他ならない。大業14年（618）5月、東都洛陽に煬帝の訃報が届くと、隋朝の官僚は煬帝の孫・越王侗を皇帝に擁立し（恭帝、皇泰主。604〜619、在位618〜619）、「皇泰」と改元して先代皇帝に「明帝」の諡号を贈った。しかし間もなく、煬帝の信任厚かった王世充（？〜621。西域出身）が全権を掌握、禅譲を強行し、619年、「鄭」王朝を立てた。ここに隋王朝は滅亡し、旧臣の多くは唐朝の配下に加わった。

唐朝は成立からしばらくの間、「開皇の旧制」に復帰することを政治的スローガンに掲げた。煬帝に反旗を翻して成立した唐朝にとって、煬帝の治世は全否定するしかなかった。しかし皇統を受け継いだ隋王朝の正統性を否定するわけにはゆかず、もう1人の皇帝たる文帝を「偉大な統治者」とせざるを得なかったのである。しかし、唐初の政治制度の全てを開皇時代のそれに戻すことは不可能であり、実際には

大業年間の制度や唐の新制が混在していたと思われる。

２）群雄勢力との戦い──国内統一戦争の時代

　高祖の治世は、割拠する敵対勢力の平定に終始した時代であった。長安に拠った唐朝にとっての最初の危機は、619年９月、代北（山西北部）の劉武周が王朝創業の地太原を陥れ、さらに南進を窺った時であった。隋末、華北の割拠勢力の多くは突厥から軍事援助を受けており、李淵もその例外ではなかった。李淵が長安で新政権を樹立し自立した結果、突厥は劉武周を動かして揺さぶりをかけてきたのである。劉武周の勢いは決して侮れなかったが、唐は秦王李世民の活躍により太原を奪還、劉武周は突厥に保護を求めて逃亡した（620年）。

　長安に拠る唐朝にとって、洛陽そして山東（華北東部）の諸勢力をいかに平定するかは政権の存亡に関わる大問題であった。黄河と通済渠の結節点に拠って一大勢力を築いていた武川鎮軍閥出身の李密（582〜618）はすでに王世充に倒されていたので（618年）、唐朝のライバルは洛陽の王世充と、その背後に控える山東の竇建徳（573〜621）であった。竇建徳はもと河北出身の里長（100戸の長）であったが、高句麗侵攻に伴う苛酷な負担に耐えかねて反乱に身を投じ、山東に「夏」国を建て一大勢力を築いた人物である。煬帝を殺害して帝位に即いた宇文化及を討ち滅ぼし、王世充が皇泰主より帝位を簒うと袂を分かって、煬帝に「閔帝」の諡号を贈った（619年）。「隋の民」を自認する竇建徳にとって、王世充も李淵も隋から帝位を簒奪した逆臣であったが、621年、李世民の率いる唐軍が洛陽を包囲すると、竇建徳は10万の援軍を差し向けてその背後を襲撃した。２か月に及ぶ激戦の末、竇建徳は唐軍に捕らえられ処刑、次いで王世充も唐に降伏して、唐朝は中原の主要部分を平定したかに見えたが、同年末に竇建徳の部下劉黒闥が挙兵する（翌春に平定）など、唐朝の統治がこの地に浸透するにはなお相当の時間が必要であった。

225

隋末の群雄割拠（氣賀澤保規『絢爛たる世界帝国』所掲の地図を一部修正）

　結局、唐朝の国内統一は高祖時代には果たし得ず、国内に平和が訪れるには、貞観2年（628）、突厥の後ろ盾を失った朔方の「梁」（梁師都の勢力）が唐朝に降伏するのを待たねばならなかった。

3）玄武門の変と「貞観の治」——太宗とその時代

　国内統一戦争における秦王世民の活躍は圧倒的であった。これに対して皇太子建成の立てた武勲は、突厥の援助を得て河北に攻め込んだ

劉黒闥の乱を平げたのがほぼ唯一であり、皇太子とその側近は秦王を大いに警戒した。それに拍車をかけたのが、高祖の迷いである。李淵の逡巡は太原起義にまで溯るが、この時「挙兵成功の暁には汝を太子とする」との李淵の申し出を、李世民は固辞したという。武徳7年（624）、皇太子の意向を汲んで慶州都督楊文幹が反乱を起こした時にも、李淵は皇太子を庇う一方で秦王に反乱討伐を命じ、再び立太子の約束をした。皇太子と秦王が互いに疑心を募らせる中、同9年（626）6月4日、宮城の北門玄武門内において、参内を命じられた皇太子と斉王元吉に対して、秦王らが先手を打ち待ち伏せて殺害（「玄武門の変」）、事件は直後に「皇太子らの謀反」として皇帝に報告され、高祖はこれを承認し、事の帰趨は決した。

　秦王はその後、皇太子となって全権を掌握、高祖は皇太子への譲位を決意し、天策府・秦王府に所属した李世民の属僚は新政府の要職に配された。そして同年8月、皇太子が帝位に即き（太宗。在位626〜648）、高祖は太上皇となった。翌年正月、「貞観」と改元され、新たな時代が幕を開けた。

　世に名高い「貞観の治」の内実は、意外にも模糊としている。史書は、太宗の即位間もない貞観4年（630）のこととして、死刑の減少（年間全国で29名）や治安の安定（通行の安全）を特記している。こうした記述は、太宗時代を「盛世」と顕彰すべく編纂された『貞観政要』（呉兢撰、開元17年（729）進呈）に基づくものであり、多少の潤色を考えるべきであろう。

　『貞観政要』は後世、広く東アジア諸国において「帝王学」の教科書として読まれた。死をも顧みず皇帝を諫める臣下と諫奏を甘受する皇帝の姿は、太宗自身が理想とした帝政のあり方であった。太宗を支えた「名臣」の中には、魏徴（580〜643。李密—皇太子建成—太宗）の如くかつて唐朝や太宗に敵対した勢力からの帰順者も少なくない。太宗の治世を輝かせた原動力は、経歴不問・能力本位の人材登用にあっ

たのかも知れない。

4）「羈縻体制」の成立

　かつて煬帝に服従した東突厥は、その後隋末の混乱に乗じて勢力を盛り返し、華北に割拠した諸勢力の多くに軍事援助を行った。当時の華北は実のところ、東突厥の強い影響下にあったのである。長安で自立した唐が華北平定の過程で戦った相手の背後には、つねに突厥可汗の影があった。唐朝は、突厥との和睦を保ちつつ国内統一に邁進したが、それゆえ国内統一が終盤に差しかかると、突厥との直接対決は避け難いものとなった。

　玄武門の変直後の武徳9年8月、和親の提案と侵攻とを繰り返してきた突厥の頡利可汗（在位619～630）が大軍を率いて長安の渭水北岸に姿を現した。太宗はわずか6騎でこれと対峙、相手を威圧して退けたエピソードは有名である。その後、唐朝の離間策も手伝って突厥では内紛が続発、攻勢に転じた唐朝はついに貞観4年（630）、頡利可汗の陣営を直撃して潰滅させた。のち可汗は捕縛されて長安に連行、東突厥は一時滅亡した。情勢の変化を見て取った鉄勒諸部の君長たちは、直ちに長安で太宗に謁見し「天可汗（テングリ・カガン）」の称号を奉った。

　こうして唐朝の威光は北アジア世界にまで届くこととなったのであるが、ここに新たな問題が生じた。何十万という突厥の遺民が唐に内属してきたのである。議論の結果、唐朝は彼らをオルドス以南の地に留まらせて羈縻府州を置き、もとの君長をその都督・刺史に任じて統治させることとした。羈縻府州を統轄する機関として都護府が設置され、朝廷から長官たる都護が派遣された。かくして、唐への服属を誓わせつつ君長に各部族を統治させる「羈縻体制」が成立したのである。

　唐朝の勢力は、更に周辺地域へと拡大していった。貞観9年（635）には吐谷渾を征服して青海地方を勢力下に入れ、同14年（640）には、

漢人を王に戴く高昌国を滅ぼし「西州」（トルファン）を置いて直轄支配した。その後、タリム盆地のオアシス国家が次々と服属してきたので、唐は安西都護府を設置し、羈縻統治を行った。同15年（641）には、文成公主を降嫁させ（和蕃公主）、吐蕃と和親関係を結んだ。

5）高句麗侵攻と後継者問題──太宗晩年の苦悩

　高句麗と唐との関係は当初安定的であったが、642年、大臣の淵蓋蘇文（泉蓋蘇文）がクーデタにより親唐的な王を殺害して全権を掌握すると、新羅との外交関係が緊張したこととも相俟って、高句麗は唐と厳しく対立するに至った。貞観19年（645）、太宗は水陸10万を越える大軍で高句麗に侵攻、自らも前線に乗り込んだが、高句麗の激しい抵抗を受けて退却を余儀なくされた。太宗はさらに2度（647、648年）にわたり侵攻を行うがいずれも失敗に終わる。隋の煬帝とほぼ同様の失敗を犯したにもかかわらず、大事に至らなかったのは、兵力の損失が比較的軽微であったことに加えて、大運河など煬帝時代の遺産を利用し得たことも寄与している。

　太宗には皇后長孫氏との間に3人の男子（長男・承乾、4男・魏王泰、9男・晋王治）があった。太宗ははじめ長幼の序に従って承乾を皇太子としたが、やがて自分に似たところの多い魏王に期待を寄せるようになり、両者のあいだに軋轢が生じた。貞観17年（643）、追い詰められた皇太子は謀反の嫌疑により廃嫡となったが、新たな後継者と目された魏王も直後に失脚した。皇后の兄長孫無忌（？〜659）が、かかる事態を招いた責任は魏王にもあると主張し、太宗がこれに同意したからである。結局、皇太子には末弟の晋王が立てられ、後見人を自認する長孫無忌が政界での発言力を強めた。

　高句麗侵攻の失敗と皇太子の廃立は、輝かしい太宗の治世に暗い影を落とした。貞観23年（649）、太宗は53歳で崩御し、遺詔により皇太子の即位が宣言された（高宗、628〜683、在位649〜683）。22歳の新皇

帝の治世は、後事を託された長孫無忌と褚遂良（596〜658）に支えられて幕を開ける。

3．武周革命と「開元の治」

1）則天武后の登場

即位当初、高宗の周辺は、唐の建国を支えた武川鎮軍閥もしくは関隴貴族の血を引く人々で固められていた。皇后を名門太原の王氏から娶ったのは、ともすれば低く見られがちな宗室李氏の地位を、門閥貴族を姻戚とすることで引き上げようとしたのかも知れない。

「貞観の遺風有り」と称された高宗初期の治世は、太宗時代に育った果実を収穫して充実したものとなった。まず、貞観11年（637）に定められた律令をもとに、国制の基礎をなす律令格式が永徽2年（651）に制定され、同4年には律の公式注釈書たる「律疏」が編纂された。法令と対をなす礼典もこの時期に制定された。こうした礼や律令は、遣唐使によってやがてわが国に将来され、いわゆる「律令国家」建設の骨格となった。

周辺地域に羈縻支配が拡大したことも、この時代の輝かしい成果である。貞観年間に滅亡した東突厥に続き、顕慶2年（657）には西突厥も唐軍の攻撃を受けて滅亡し、その遺民は唐朝の羈縻統治を受けることとなった。また、隋代から断続的に続けられた高句麗への軍事侵攻も、この時期に終わりを告げる。顕慶5年（660）、新羅の要請を受けて唐軍が百済を攻撃しその王を投降させたのに続いて、龍朔3年（663）に唐・新羅の連合軍が倭とその支援を受けた百済復興軍を撃破し（白村江の戦い）、総章元年（668）には高句麗が唐・新羅連合軍によって滅ぼされたのである。

王朝が絶頂期にさしかかったかに見えたこの頃、政治の実権はすで

に皇帝以外の人物の手に握られつつあった。その人物こそ、永徽6年（655）に新たに皇后に冊立された則天武后（624〜705）である。武后は本名を武照といい、父は山西で材木商として財をなし李淵の挙兵に参加した武士彠（577〜635）、母は名門弘農の楊氏から武士彠の後妻に入った女性であった。

　貞観11年（637）、太宗の後宮に「才人」として入ったところから武照の歴史は始まる。人並み外れた才気と果断さに魅了されたのは、皮肉なことに皇帝ではなく皇太子の方であった。同23年、太宗が崩御すると武才人は出家して尼僧となったが、3年後の永徽3年（652）には高宗の後宮に「昭儀」として迎えられ、長子李弘を生む。この頃、高宗の後宮では、王皇后と蕭淑妃の確執が激しさを増していた。子の無い王皇后は利発な武昭儀を利用して蕭氏の追い落としを画策するが、急速に高宗の寵愛を得た武氏はこれを逆手に取り、王皇后に厭勝（呪詛）の嫌疑をかけ彼女を窮地に追い込んだ。

　王皇后の廃位と武昭儀の皇后冊立は、朝廷を二分する議論をひき起こした。長孫無忌を中心とする武川鎮軍閥・関隴貴族は露骨に反対の態度を表明し、許敬宗・李義府ら寒門出身の官僚は武氏の皇后冊立に賛成した。最終的に高宗は、宿将李勣（本名徐世勣、賜姓により李世勣、のち太宗の諱を避けて李勣と改名）が言い放った「これ陛下の家事なり」の一言に励まされ、永徽5年（655）、武氏を皇后に冊立した。王皇后・蕭淑妃は廃位されたのみならず、手足を切断のうえ酒甕の中に放置されて殺され、更にそれぞれ蟒（うわばみ）氏・梟（ふくろう）氏と改姓して貶められた。

　皇后となった武氏はまず、高宗を動かして長孫無忌ら反対派の官僚を次々と中央政界から排除した。顕慶5年（661）、高宗が「風眩」（頭痛を伴う間歇的な視覚障害）を発症したのを契機に、武后は政務全般を自ら決裁するようになった。これに危機感を懐いた高宗は、麟徳4年（664）、武后の廃位を企てるが、詔勅の発布前に武后に気づかれ計

画は失敗、武后による「垂簾聴政」を許した。武后は高宗と並んで「二聖」と称され、咸亨5年（674）には皇帝を「天皇」、皇后を「天后」と称するようになったが、政治の実権はすでに武后の掌中に握られていた。

　武后の専権ぶりは、皇太子を次々と廃立したことにも窺われる。高宗は永徽3年（652）に側室の子李忠を皇太子としたが、顕慶元年（656）、これを廃して武后の長子李弘を新たに皇太子に立てた。しかし上元2年（675）、李弘は急死し（当時から武后による毒殺が噂された）、武后の次子李賢が代わって皇太子となった。ところが李賢は永隆元年（680）、謀反の容疑により廃位され、今度は武后の第3子李哲が皇太子に冊立された。李弘・李賢ともに、武后の意に背いたためその地位を失ったのである。

2）武周革命

　高宗はすでに乾封元年（666）に泰山での封禅を行っていたが、永淳元年（682）、今度は中嶽嵩山での封禅が計画された。武后が実権を握って以来、政治の中心は長安から東都洛陽に移りつつあり、この封禅の主役が彼女であることは明白であった。ところがその矢先に高宗が病没してしまった。皇太子が急遽即位（中宗、在位683〜684）したものの、実権が依然として皇太后となった武氏の手にあったことは言うまでもない。即位翌年の嗣聖元年（684）正月、皇后韋氏の意を汲みその父を宰相に抜擢しようとして中宗が武太后と対立すると、太后は皇帝を盧陵王に降格のうえ幽閉し、代わって第4子李旦（睿宗、在位684〜690）を皇帝に立てた。すでに成人していたにもかかわらず皇帝には何の権限もなく、全ては「臨朝称制」を行う武太后の意のままに決せられた。

　「光宅」と改元された同年9月、旗幟の色が金色に変更されると、唐朝の皇族は武太后による王朝乗っ取りを危惧した。土徳の王朝たる

唐は黄色を尊んだが、金色は土徳に代わる金徳を連想させる色だったからである（五行思想）。盧陵王の復辟（帝位復帰）を旗印に揚州で反乱を起こした李勣の孫李敬業らの兵が一時は10万以上にも達し、中央でも宰相が太后に皇帝への実権返上を進言したことは、王朝簒奪への反撥が無視できぬ程に強いことを物語っていた。反乱を2か月で平定した武太后は、翌年「垂拱」と改元、おいの武承嗣を宰相に任じ、銅匭（投書箱）を朝廷前の広場に設置して密告を奨励、酷吏を登用して政敵を徹底的に排除した。

　垂拱4年（688）、「宝図」（白石に「聖母臨人、永昌帝業」の文字あり）が見つかったとして献上され、太后には「聖母神皇」の尊号が奉戴された。追い詰められた唐室諸王は山東で反乱を起こしたが敢えなく鎮圧され、武氏による革命は時間の問題となったが、彼女はあくまでも慎重であった。礼制を変更して服喪期間を父母ともに3年間とし、自らのブレーンたる「北門学士」に『臣軌』『列女伝』などの書物を編纂させ、神都に「明堂（万象神宮）」を建設して武太后自ら元日儀礼

則天文字（武周新字）一覧

第1次制定（12字）〈載初元年正月（689）〉	曌（照）　帀（天）　埊（地）　𤔲（正）　秊（年）　🜩（月）　🜨（日）　〇（星）　𥦦（君）　忠（臣）　𧡪（載）　𡔈（初）
第2次制定（1字）〈天授元年9月（690）〉	𥡴（授）
第3次制定（2字）〈証聖元年正月（694）〉	𨭖（證）　𦬠（聖）
第4次制定（1字）〈証聖元年4月（695）頃〉	圀（國）
第5次制定（2字）〈聖暦元年正月（697）〉	囝（月）　𡆠（人）

を挙行し、使用する暦を夏正（1月を正月とする）から周正（11月を正月とする）に変更し、「則天文字（武周新字）」と呼ばれる文字を制定するなど、一定の時間をかけて武氏は新たな権威を創出することに努めた。女性が皇帝となることを正当化するためには、仏典をも利用した。5世紀前半、北涼の曇無讖が漢訳した「大雲経」には「浄光天女が南天竺の王位を継ぐ」との予言が記されているが、載初元年（690）、武太后の寵愛を得た怪僧薛懐義の名のもと、僧法明らが「大雲経疏（大雲経神皇授記義疏）」なる注釈書を撰述し、「太后は弥勒仏の下生であり、唐に代わって閻浮提（人間界）の主となる」との予言を記した。大雲経は全国諸寺に備えられ、女帝誕生の理論的支柱となった。長安では民衆を動員した武氏の即位請願運動が繰り広げられ、睿宗も譲位を願い出た。武太后は固辞の末にこれを受け入れ、皇帝（聖神皇帝）に即位した（在位690〜705）。国号は「周」、元号は「天授」と改められ、睿宗は武氏に改姓のうえ皇嗣となった（武周革命）。

　武則天（退位の際に中宗が奉った尊号が「則天大聖皇帝」であったことによる呼称）は、中国史上初の女帝である。女性は政治に容喙すべきでない（「牝雞の晨」、『尚書』牧誓）という儒教的価値観から彼女に対する評価は概して芳しからず、中宗の皇后韋氏の行状とも相俟って「武韋の禍」と貶称されてきた。しかしその治世は反乱や飢饉も少なく、比較的安定した平穏の時代であったと言ってよい。

　武則天は即位すると、周の文王を始祖とする「七廟」（宗廟）を神都洛陽に建設し、武氏一族を王に封建して皇帝としての威儀を正した。革命に協力した者を重用したのみならず、彼らが推薦した者を定員外の官吏（試官・員外官）として次々と採用した。いわゆる濫官政策（非正規のポストの濫発）であるが、一方で成績の上がらぬ者は即座に罷免していたことも見逃せない。また全国諸州に「大雲寺」を設置し、即位の際に利用した仏教を道教に優先して保護を加えた（仏先道後）。その一方で、用済みとなった酷吏を謀反の容疑で逮捕・処刑して、人

心収攬の一助とした。

　内政には精彩を放った武則天であるが、外交面では苦杯を嘗めた。貞観年間に崩壊した東突厥は、682年以降唐朝の支配を離れ、691年に即位した黙啜（カプガン）可汗（在位692〜716）の時に遊牧帝国の復興を成し遂げた（突厥第二帝国）。そしてその勢いを駆って、武周王朝に対する侵掠と和親とを繰り返しつつ、外交的圧力を加えてきたのである。天冊万歳2年（696）、遼東の営州で反旗を翻した契丹・奚族は一気に河北に侵入したが、羈縻体制下では内地にまとまった防衛軍を置いていなかったため、周朝はこれに即応できなかった。武則天の子となること、自らの娘を皇室に嫁がせること、「降戸」（第一帝国崩壊時の突厥遺民）を返還することを条件に、黙啜が反乱討伐を約束すると、武則天は彼を「遷善可汗」に冊立して応じ、その後の交渉の結果、降戸の返還・単于都護府の地の割譲・種子と農具の援助などが約束された。しかし突厥が討伐軍を出すことはなく、武則天は河北に「武騎団」を置く一方、親族の武懿宗を総大将とする20万の討伐軍を派遣して、翌年、反乱は終熄した。ところがその直後、黙啜は「突厥は代々李氏の恩を受けてきたのであり、唐朝再興のために挙兵する」として武氏との婚約を破棄、河北に侵攻して来た。武周の派遣した30万の討伐軍はその猛攻の前になすすべ無く、突厥は殺戮を繰り返しつつ漠北へ撤収した。以後、王朝の国防政策は大きく転換し、8世紀初頭には節度使が辺境に列置されることになる。

　67歳で即位した武則天にとって、後継者を誰にするかは喫緊の課題であった。末子の旦（もと睿宗）を皇嗣としたものの、天授2年（691）には洛陽で武承嗣を皇太子とするための請願運動が起こるなど、皇族となった武氏一族の動きは活潑であった。父系社会において女帝が誕生したことで、後継者を実子（母とはもと異姓）とするか同姓の親族とするかという問題が生じたのである。苦悩する武則天に対し、宰相狄仁傑が廬陵王（もと中宗）を配所から召還するよう進言し、問題は

決着を見た。聖暦元年（698）、房州（湖北省）に幽閉中の廬陵王が病気治療を名目に家族とともに神都に移送されると、武承嗣は失意のうちに病死、皇嗣が遜位を申し出て廬陵王は皇太子に冊立される（李顕と改名。翌年、皇太子は賜姓により武氏と改姓）。

　晩年の武則天は「天下泰平」の演出に熱心であった。万歳通天元年（696）には神嶽（嵩山）で封禅の儀を挙行したほか、前年に焼失した明堂に代わる建造物「通天宮」を神都に建立、西周時代に王権の象徴とされた「九州鼎」も鋳造した。こうした演出の背後で、武則天の寵愛をめぐる熾烈な争いが展開していた。明堂の焼失も、武則天の気を引こうとした薛懐義の仕業とされる。彼に代わって武則天の愛情を受けたのが近侍の張易之・張昌宗兄弟（「二張」）である。女帝は彼らのために「控鶴府」なる役所を設けて文学の士を集めた。皇位継承に固執する武氏一族も二張に取り入った。

　皇帝の寵愛を背景に二張が専横を極める中、80歳を超えた武則天が病床に伏すと、官僚勢力の二張・武氏一族に対する批判が高まった。神龍元年（705）正月、張柬之（前宰相）・桓彦範（司刑少卿）らが禁軍を率い、皇太子を奉じて宮中に突入、クーデタを敢行した。張兄弟らは斬殺、武則天から帝位を譲られて、皇太子が再び帝位に即いた（中宗）。武太后は宮中に幽閉されたが、中宗は百官を伴い太后に拝謁し「則天大聖皇帝」の尊号を奉る。同年2月、国号は「唐」に復され、国家の諸制度が高宗時代のものに戻され、神都は東都と改称、老子を「玄元皇帝」として道先仏後の政策が復活する。11月、武太后は82歳で世を去り、高宗が眠る乾陵に「皇后」として合葬されて女帝の時代は幕を閉じたかに見えた。だが、唐朝の復活がただちに、則天武后の存在と政治を全否定したわけではなかった。次の女帝を目指す者が蠢動していたのである。

３）クーデタの時代、そして「開元の治」

　中宗の皇后韋氏は関隴貴族の出であったが、夫が高宗のあとを継いで皇帝となるや直ちに自らの父を宰相に押し上げさせるなど、権力欲の強い女性であった。その後、夫とともに政治の荒波に翻弄され、配所で世を儚んでいた矢先、にわかに神都に召され再び政治の本流に立ち戻ったのである。朝廷では、張柬之らクーデタの功労者が宰相に就任していたが、武三思ら武氏一族の勢力も健在であった。両勢力が角逐する中、武三思は韋皇后と結託して、張柬之らを王に祭り上げて実権を剥奪する。

　濫官政策により人々の歓心を買いつつ、韋后と娘の安楽公主、武三思らは専権を振るった。かかる異常事態に対し、神龍３年（707）、皇太子（李重俊）は禁軍を動かしてクーデタを敢行、武三思父子を殺害するも韋后らには及ばず、結局敗死してしまう。こののち、韋后とその側近の専横は止めどなくなり、自ら筆をとって辞令を出す（斜封官）など法的秩序を破壊する行為が目立った。事態を危惧した中宗に対し、景龍４年（710）、韋后と安楽公主は毒殺を以て報いた。末子の李重茂を皇帝（殤帝）とした韋后は女帝の座を目指したが、相王（睿宗）の子李隆基（685〜762）と武后の娘太平公主（665〜713）がその前に立ちはだかった。相王を奉じて挙兵した彼らは、韋后らを殺害し、殤帝に迫って相王に譲位させたのである。

　復辟した睿宗（在位710〜712）は李隆基を皇太子とし、韋后らによる政治的混乱の収拾に努めたが、動乱の火種はまだ燻っていた。太平公主の政治力はおいの皇太子を凌駕し、睿宗もまた彼女の影響下にあったからである。太極元年（712）、睿宗が譲位して皇太子が28歳で即位（玄宗、在位712〜756）したが、実権は依然として睿宗上皇、そして太平公主の手中にあった。政治的に追い詰められた玄宗は、翌年クーデタにより実権を奪還、武則天の退位後長らく続いた混乱はここ

にようやく終熄する。

　45年間続いた玄宗の治世は、3つの元号で彩られる。先天（712～713）は玄宗が名ばかりの皇帝であった時代、開元（713～742）は政治に熱心に取り組んだ時代、天宝（742～756）は爛熟と弛緩の時代である。史書における「開元の治」の描写は、経済的繁栄（物資の豊富さ、低廉な物価）と良好な治安に尽きており（開元年間半ば）、「貞観の治」と同じく甚だ抽象的である。二つの時代は、動乱の時代を承けて安定を志向した点で共通している。

　姚崇（姚元崇、姚元之。650～721）と宋璟（663～737）は「開元の治」を演出した名宰相とされる。恩蔭出身の姚崇は卓越した事務処理能力と現実的な政治感覚によって玄宗の治世を支え、科挙（進士科）出身の宋璟は経済感覚に乏しかったが剛直・清廉な人柄により政権に緊張感をもたらした。

　開元年間は、唐初に確立した政治・社会の諸制度が行き詰まりを見せ始めた時代でもあった。特に問題となったのが財政と兵制である。当時、王朝の歳入は戸籍に登録された成年男子の数に左右されたが、武周時代以来、勝手に本籍地を離れる逃戸の問題が顕在化していた。その背景には、兵制つまり府兵制が抱えていた潜在的な問題がある。隋は南北朝を統一すると、関中地方以外の軍府を大幅に削減した。唐はこの制度を引き継いだため、結果として軍府（折衝府）は長安周辺に集中することとなった（武周時代に神都洛陽周辺に折衝府が増置された）。府兵は税役負担を免除されていたが、定期的に課される上番（衛士）の負担は過重であり、法禁を犯して他所へ逃亡する者が少なくなかった。8世紀初頭、唐朝の人民把握は深刻な状況に陥っていたのである。開元12年（724）、宇文融が中心となって行った括戸政策は、軍府州などからの逃戸を寄寓地で「客戸」として附籍し軽税を徴収するというもので、1年足らずの間に80万以上の客戸（当時の登録戸数の10％以上に相当する）が登録されたという。客戸の公認はのちの両税

法成立に道を開いた。

　8世紀初頭以来、唐朝は北辺を中心に節度使を設置し防衛体制を強化したが、これを維持するには、大運河による江南からの物資輸送を強化する必要があった。開元22年（734）、漕運の責任者となった裴耀卿は運河の改修・浚渫を行うとともに、中継倉を整備し運送船を効率的に運用することによって、穀物輸送量を増大させ輸送コストの大幅な削減に成功した。

　「開元の治」の実務を支えたのは、宇文融・裴耀卿ら財務官僚であったが、彼らの多くは関隴貴族の出身であった。非関隴系でありながら政権中枢で活躍したのが張説・張九齢ら科挙出身者であり、両勢力はしばしば対立した。なお、唐朝が登録戸数で隋の大業年間の数字を越えた（891万戸）のは天宝14載（755）、つまり安史の乱の直前である。国家財政は一見潤沢になったが、その裏では財務官僚による厳しい租税の取り立てが行われ、民衆の暮らしは必ずしも安楽ではなかった。

4）安史の乱——恩寵政治の果てに

　開元25年（737）、玄宗の治世は絶頂期を迎える。この年に頒行された律令格式は、唐朝による法典編纂の一つの完成形であり、この後はこれを追補する法典（格後勅の類）が編まれた。また、この年に死刑となった者は僅か58人で、貞観4年（630）の29人に迫る快挙として喧伝された。だが天下泰平が謳歌される中、政治の弛緩は始まっていた。皇太子の廃立問題はその一端にすぎない。当時玄宗が最も寵愛していた武恵妃（則天武后の親族）は、実子寿王の立太子を秘かに願っていた。その意を察した宰相李林甫（？～752）が策を弄して皇太子を廃位に追い込み、寿王の立太子を皇帝に繰り返し進言した。その矢先に武恵妃が病没し、玄宗は苦悩の末、長子忠王（後の粛宗）を皇太子とする。

李林甫は関隴貴族の出身で、開元22年（734）に宰相となるや次々と政敵を追い落とし、3年後には彼に並ぶ者など存在しなくなっていた。玄宗が政治への情熱を失う中、政治は李林甫の意のままに行われた。その彼にして一目置かざるを得なかったのが楊貴妃（719～756）である。もと寿王の妃であった彼女は出家して「太真」（女道士）となったのち天宝3載（744）に玄宗の後宮に入り、翌年には貴妃となった。皇帝の寵愛を一身に集める楊貴妃の意向は政治をも動かし、彼女が引き立てた人物——楊国忠（？～756）と安禄山（705～757）は、やがて政界で重きを成していった。

　楊国忠は本名を楊釗といい、楊貴妃の従祖兄にあたる。学問は嫌いであったが頭の回転は速く、楊貴妃のつてを得て蜀の兵卒から監察御史に任ぜられ、やがて後宮や朝廷に誼を得、ついには李林甫の知遇を得るに至った。李林甫は新たに抜擢した人材を政敵の追い落としに利用しており、楊釗もその手足として大いに働いた。やがて、楊釗は李林甫の腹心として政界で相応の地位を得、天宝9載（750）には玄宗より「国忠」の名を賜った。

　一方の安禄山は、唐の北辺で生を得た胡人である。ソグド人を父に、突厥人の巫女を母にもった彼は幼名を軋犖山（ソグド語で roxšn、明るい・光の意）といい、父の姓に従い康禄山と名乗った（のち母の再婚に伴い、安と改姓）。東北辺境で諸蕃互市郎（貿易ブローカー）をつとめていた彼は、幽州節度使張守珪の部下（捉生将）として頭角を現し、やがて平盧兵馬使、平盧軍使と昇進を重ね、天宝元年（742）には初代の平盧軍節度使を拝命するに至った。翌年、入朝して玄宗に謁見した安禄山は、即座に帝の心をつかみ、天宝3載には范陽（幽州）節度使を兼任、同9載には武将でありながら王に封ぜられる栄誉に浴し、その翌年には河東節度使をも兼任した。

　安禄山に対する楊貴妃の寵愛ぶりは、尋常ではなかった。天宝10載（751）の禄山の誕生日、玄宗と楊貴妃は莫大な祝いの品を与えたが、

さらに楊貴妃は錦繍の襁褓を禄山に履かせ輿に乗せて宮人に担がせ、3日間大騒ぎしたという。

　皇帝と寵姫の恩寵を得て擡頭してきた安禄山にとって、楊国忠など恐るるに足らなかったが、李林甫だけは頭の上がらぬ存在であった。片や楊国忠にとって李林甫は頼みの綱とも言うべき人物であったが、李林甫にとって、急速に力をつけてきた楊国忠はいずれ除くべき政敵であった。それゆえ天宝11載（752）、人事に託けて楊国忠を都から追い払うことにしたのである。ところがこの謀略は李林甫の死によって頓挫し、一転、楊国忠は後任宰相として専権を振ることとなった。かねてより不仲であった安禄山と楊国忠が玄宗の恩寵をめぐって激突するのは、もはや時間の問題であった。

　天宝13載（754）正月、安禄山が入朝するや、楊国忠は彼に謀反の疑いがあることを玄宗に直訴した。ところが禄山を信頼する玄宗はこれに耳を貸さず、禄山は3月に都を出発、楊国忠の追っ手がかかるのを恐れた彼は、船で黄河を下り昼夜兼行で范陽に帰還した。翌14載になると両者の対立は激しさを増し、玄宗が仲裁しても効果は無かった。そして同年10月、安禄山は密勅を偽造、「君側の奸」楊国忠の討伐を旗印として、史思明（ソグド人）らとともに范陽で20万の兵を挙げるに至った。

　反乱軍は恐るべき速度で河北平原を南下し、12月には東都を陥れ、翌年（756）正月、安禄山は洛陽で帝位に即いた（大燕皇帝。聖武と改元）。しかし反乱討伐の詔勅を受けて各地で義勇軍が組織され始めると戦線は膠着、朝廷側の反撃に手を焼いた安禄山は范陽への撤退を検討し始めた。戦局を一変させたのが6月の潼関陥落である。楊国忠の進言を信じた玄宗が、長安防衛の要衝を固めていた名将哥舒翰（突騎施出身）に出撃を命じ、反乱軍に大敗を喫したのである。

　潼関失陥の報を受けた玄宗らは秘密裏に長安を脱出したものの、不満をもった禁軍兵士が楊貴妃・楊国忠らを馬嵬駅で殺害、玄宗は失意

のうちに成都に落ち延びてゆく。一方、別行動を決意した皇太子は翌月、霊武（朔方）で皇帝に即位し（粛宗、在位756〜762）、郭子儀（漢族）・李光弼（契丹出身）らを中心とする朝廷軍が結集し、さらに粛宗の援軍要請を受けたウイグル軍がこれに加勢して、唐朝側の本格的な反撃が始まった。

翌年（757）正月、安禄山が子の安慶緒により暗殺されると、反乱軍の勢いは急速に衰え始めた。9月に広平王（のちの代宗）が率いる15万の唐朝軍が長安を奪還、10月には洛陽も回復し、粛宗が長安に入城した。そして12月、范陽の史思明が唐朝に帰順したことで、鄴（河北省安陽）に拠る反乱軍の命運は尽きたかに見えた。

ところが、乾元元年（758）6月、唐朝による史思明暗殺計画が露見し、史思明は再び反意を抱く。9月、朔方節度使郭子儀・河東節度使李光弼ら9節度使・20万の兵に攻撃された安慶緒の救援要請を受け、史思明は范陽から出撃（父殺しの罪を咎め、慶緒を殺害）、翌年（759）3月、鄴で唐朝軍と激突した。戦いは暴風により両者とも潰走、范陽に戻った史思明は皇帝に即位（大燕皇帝。順天と改元）、翌年（760）、洛陽に入城したが、戦局はそのまま膠着した。

上元2年（761）3月、史思明が子の史朝義に殺害されると、反乱軍は大いに動揺した。史朝義が皇帝に即位したものの、史思明麾下の将帥は彼の命令に服さなかった。唐朝側にも動きがあった。762年4月、玄宗上皇と粛宗が相次いで崩御し、代宗が即位した（在位762〜779）。即位に際して発生したクーデタを宦官が抑止したため、代宗朝では宦官の発言力が増大し、のちの宦官跋扈の伏線となった。

反乱を鎮圧に導いたのは、結局のところ外部勢力——ウイグル軍であった。宝応元年（762）、唐朝軍との決戦を前に、史朝義はウイグルの牟羽可汗に援軍を要請したが、同じ時期、唐朝も僕固懐恩（鉄勒出身）を派遣しウイグル軍の加勢を願っていた。両者を天秤にかけたウイグルは唐朝側につき、史朝義は洛陽を棄てて河北に敗走、麾下の有

力部将が次々と唐朝側に寝返る中、宝応2年（763）正月に幽州で自殺、その首はかつての部下李懐仙（奚族出身）の手で長安に届けられた。

大反乱が終熄しても政治の動揺は続いた。広徳元年（763）、吐蕃が長安に侵攻し代宗が陝州に蒙塵したかと思えば、同2年には、ウイグルとの結託を疑われた僕固懐恩が反乱を起こし、吐蕃軍とともに一時長安に迫った。反乱は僕固懐恩の死によって収まったが、唐朝全盛期の輝きは完全に失われていた。

4．大帝国の衰亡

1）統治システムの再建——権塩法と両税法

安史の乱を鎮圧するため、朝廷は各地で挙兵した官私の部隊のリーダーを次々と節度使・観察使に任命したが、それらの多くは反乱後も「王朝の藩屏（藩鎮、方鎮）」として安堵された。藩鎮の兵士はすべて傭兵であったため、朝廷の軍事費負担は、府兵制時代とは比較にならないほど重くなっていた。ところが王朝の把握する人口は、反乱前の2～3割程度に落ち込んでいたため、従来の税制による収入では全く足りない。そこで乾元元年（758）に「権塩法」すなわち塩の専売制が導入された。中国大陸では特定の地域でしか塩が産出されず、王朝が塩の生産を管理することは可能であった。権塩法は当初、官が塩を買上げ・販売するという方式（官売法）を採っていたが、後には官許商人に免状を与えて販売を請け負わせる方式（通商法）に移行した。いずれの場合も、原価に対して十倍以上の塩税が課され、それによる収入は歳入の過半を占めるに至った。唐朝はこれによって財政危機を乗り越え、権塩法は清末まで続けられた。

財政の逼迫により、朝廷は全国の徴税吏に過剰なノルマを課した。その結果、各地で多様な税目が作られ、税制は混乱を極めた。この問

題を解決すべく考案されたのが両税法である。建中元年（780）、財務官僚出身の宰相楊炎の提案にかかる新税制は、農民の家産を銭額で評価して戸等を設定し、耕作面積と戸等に応じて銅銭と穀物を徴収する制度であり、銅銭部分については折納（布帛などで納付）が認められていた。両税法の施行によって従来の複雑な税制は簡素化されたが、銭納原則を立てたことで「銭重貨軽（銅銭高、反物安）」の現象を惹き起こし、農民を苦しめることとなった。

２）藩鎮の乱──安史の乱の「残り火」

安史の乱の最末期、反乱軍を見限って唐朝に投降する武将が相次いだ。なかでも反乱軍側の節度使であった李懐仙（営州出身の奚族）、張 忠志（幽州出身の奚族。李宝臣の姓名を賜与）、田 承嗣（平州出身の漢族）、薛嵩（高宗朝の名将薛仁貴の孫）は、それぞれ盧龍軍節度使、成徳軍節度使、魏博軍節度使、昭義軍節度使に任ぜられ本領を安堵された。このうち薛嵩は大暦８年（773）に死去、藩鎮内部では「河朔の旧事」に従い父子間での権力委譲が画策されたが、子の薛平は朝廷側に出奔して計画は潰え、昭義軍節度使は朝廷の管理下に入った。しかし残りの３節度使（河朔三鎮、河北三鎮）は、朝廷に楯突く「反側」藩鎮として、唐朝にとって頭痛の種であり続けた。

河朔三鎮と同じく唐朝が手を焼いた藩鎮に、「河南二鎮」──平盧軍節度使と淮西節度使がある。前者は、もと辺境防衛のために営州に置かれた節度使であるが、乾元元年（758）、節度使侯希逸（平盧出身）が安史の反乱軍に押され海路を山東半島に移動、乱後、半島の大半を領州とする大藩鎮に成長した。永泰元年（765）、侯希逸が麾下の将兵に放逐され、高句麗人の李懐玉（のち正己と改名）が節度使に擁立されると、朝廷はこれを追認した。後者の淮西節度使も平盧軍と深い関わりをもつ。事実上の初代節度使李 忠臣（本名董秦）はもと幽州節度使に仕え、のち侯希逸らとともに海路を山東半島に渡り、反乱軍と

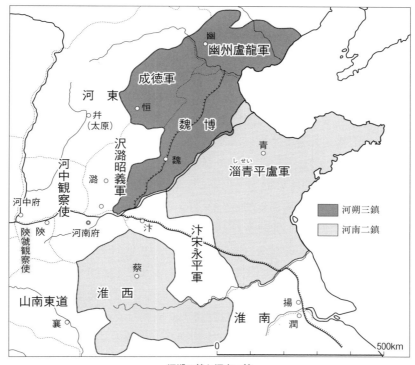

河朔三鎮と河南二鎮

戦った武将である。大暦14年(779)に彼が放逐された後に節度使となった李希烈も、若き日に平盧軍に従軍し李忠臣と甘苦を共にした武将である。淮西節度使は、平盧軍節度使の「分身」とも言うべき存在であった。

　代宗の大暦10年(775)から徳宗(在位779～805)の貞元2年(786)まで、朝廷と河北・河南の藩鎮の間で断続的に戦闘が展開された(藩鎮の乱)。朝廷の意向に背く魏博節度使に対し代宗が討伐を命じたことに始まるこの戦乱は、皇帝の威光を笠に着て横暴を働く宦官に対する藩帥の反撥、「河朔の旧事」をめぐる朝廷と節度使の綱引き、討伐を命じられた節度使連合軍の結束の脆弱さなど、各勢力の多様な側面

を露呈させつつ10年ものあいだ続く。この間、建中３年（782）には河北三鎮・河南二鎮の大連合が形成され、その翌年には淮西節度使討伐を命じられた涇原節度使朱泚が長安で反乱を起こし反乱節度使連合と連携、徳宗は長安西郊の奉天に蒙塵するなど、王朝存続の危機に見舞われたこともあったが、最終的には、皇帝の任命無しではその地位を安定させることのできぬ節度使権力の脆さが露呈し、反乱は終わりを告げた。朝廷と藩鎮は互いに矛を収め、皇帝を僭称した朱泚と李希烈のみが敗死した。

　藩鎮の乱後、「河朔の旧事」に基づく節度使ポストの継承要求を、朝廷はほとんどそのまま承認した。こうした徳宗の政治姿勢は、後世の史家から「姑息」と非難されるが、それはまた、節度使・武人全般に対する皇帝の不信の根深さを示している。徳宗が禁軍の統率を宦官に一任したのもこれに起因するが、結果としてこれが９世紀における宦官跋扈を招いた。もと対吐蕃戦線に置かれた辺境防衛軍に過ぎなかった神策軍は、763年の吐蕃侵攻により蒙塵した代宗を保護、直後に起こった僕固懐恩の乱でも長安を防衛し、朱泚の乱においても都を追われた徳宗を保護するなどして皇帝の信頼を得、禁軍の地位を勝ち取った。徳宗時代、神策軍は皇帝の親衛軍として総兵数15万を擁し、長安城内と近郊に駐屯する諸部隊は２名の護軍中尉により統率された。

３）「元和中興」── 憲宗朝の光と闇

　本来後宮の雑務を取り仕切ってきた宦官は、禁軍を掌握したことでいよいよ専横の度を増した。宮中で必要な物資を外部から調達することを当時「宮市」と称したが、その使者となった宦官による買い叩きや横領などの不正行為には目に余るものがあった。徳宗の皇太子であった李誦が太子侍読の王叔文・王伾、さらには少壮官僚であった柳宗元・劉禹錫らとともに政治刷新を企てたのは、こうした背景からである。貞元21年（805）正月、徳宗が崩御し皇太子が帝位に即い

たが（順宗）、前年に発症した風疾のため皇帝は言葉を発することができず、政治は自ずと側近の王叔文らに委ねられた。彼らはまず塩鉄・度支など財務関連ポストに就き、次いで人事工作により宦官から兵権を剥奪しようとした。だが、これに気づいた宦官側の巻き返しにより策謀は敢えなく頓挫、同年8月、政治に興味を失った順宗は皇太子に譲位して憲宗が即位する（在位805〜820）。

　憲宗は早々に王叔文の一派を中央政界から放逐すると、節度使の交代人事を朝廷が掌握するための策を講じた。永貞元年（805）、四川の剣南西道節度使を20年以上つとめた韋皋が在任のまま死去した。成都では腹心の劉闢が留後を自称し節度使任命を要求したが、朝廷はこれを許さず、後任を中央から派遣した。ところが劉闢がその入境を実力で阻止したため、朝廷はやむなく彼の要求を認めた。すると劉闢は更に隣接する2つの節度使兼任を要求してきたため、元和元年（806）正月、憲宗は討伐を決意、神策軍を中心に征討軍を編成し、同年9月に成都を陥れ、劉闢を捕縛し長安で処刑した。

　同じ元和元年、陝西北部の夏綏銀節度使でも、節度使交代をめぐって朝廷と藩鎮との間で意見が対立し、地位の継承を要求した武将が官軍により討伐された。その翌年（807）には、浙西観察使李錡の反乱が鎮圧された。李錡は皇族に連なる人物で、徳宗朝の末年に藩帥となるや、「進奉」の名目で中央の要人に賄賂を送り、次なる昇進を狙っていた。李錡の行状を知った憲宗はその更迭を企図、追い詰められた李錡は反旗を翻したが、翌月には捕縛され、反乱はあっけなく終わった。

　即位早々、朝廷に楯突く藩鎮を相次いで押さえ込んだ憲宗であったが、本丸の河朔三鎮・河南二鎮に対しては慎重に事を運んだ。元和4年（809）、成徳軍節度使王士真が死去し、子の王承宗が軍務を代行するが、朝廷はこれを認めず承宗の官爵を剥奪、神策軍を中心とする討伐軍が組織され、魏博・盧龍両節度使もこれに参加した。しかし戦況

元和中興期の藩鎮（譚其驤主編『中国歴史地図集』第5冊、地図出版社、1982年より転載）

は膠着し、翌年には王承宗が納税と朝廷人事の受入を条件に講和を申し入れ、朝廷は彼を節度使に任命、争いは両者痛み分けで結着した。

　元和7年（812）、魏博節度使田季安が死去すると、節度使内部で跡目争いが勃発、結局、有力将校の田興が実権を掌握した。朝廷では討伐すべきかどうかが議論されたが、憲宗は不出兵を決断、田興は朝廷に帰順した上で節度使に任命され、「弘正」の名を賜った。河朔三鎮に対し、憲宗は自らの主導の下に節度使を任命したのである。

　だが、河南二鎮に対する憲宗の対応はこれと対照的であった。元和9年（814）、淮西節度使呉少陽が死去すると、子の呉元済は喪を秘して軍務を掌握し、翌年には周辺地域への侵攻を始めたため、朝廷は呉元済の官爵を剥奪、諸道の節度使に討伐を命じた。これに対して呉元済は成徳の王承宗、平盧軍節度使李師道に救援を求め、王承宗らは朝廷に彼の赦免を要求した。長安では対淮西強硬派の宰相武元衡が刺客に暗殺されたが、憲宗は後任に同じく強硬派の裴度を任命し、不退転の決意を示した。元和12年（817）、戦争の長期化に伴い、淮西では食糧事情が悪化、朝廷側でも停戦論が擡頭したが、裴度が憲宗を説得して最前線に赴任、直後に官軍が淮西の本拠地蔡州を急襲し呉元済は降伏し、翌年、淮西節度使は分割解体された。

　淮西の敗北を見た平盧の李師道は、元和13年（818）に朝廷に帰順を申し出たが、憲宗はこれを許さず、諸道節度使に李師道討伐を命令、李師道は翌年敗死した。平定された平盧軍節度使は、その後3つの節度使に分割され、ここに河南二鎮は朝廷に服従する「順地」となった。

　河南二鎮が平定されたことで、長年朝廷を苦しめてきた反側藩鎮は鳴りを潜め、憲宗の治世は「元和中興」として称讃された。しかしその舞台裏は必ずしも磐石とは言い難かった。皇帝の側近としてまず、神策軍を掌握する宦官の存在があった。官僚には科挙出身者・恩蔭出身者が混在し、利害に応じて宦官とも手を結んだ。藩帥や地方長官からは「進奉」「羨余（予算の使い残し）」と称して中央要人への賄賂が

届けられた。「中興」の陰で政治は弛緩していた。憲宗自身も晩年は神仙を好み、方士が献上する「長生薬（金丹）」の過剰摂取から体調を崩し、その副作用から側近の宦官にしばしば暴力を振るった。元和15年（820）正月、憲宗は後宮で急死するが（享年43）、当時から宦官による暗殺が取り沙汰されていた。

4）宦官と党争——「定策国老、門生天子」

憲宗の急逝を受けて即位した穆宗（在位820〜824）は遊興好きの浪費家で、政治には無関心であった。憲宗に重用されてきた宦官吐突承璋による謀略を排して穆宗を即位させた功績から、梁守謙・王守澄の2人の宦官が護軍中尉となって禁軍を掌握し、朝廷人事にも介入した。憲宗時代にほぼ「順地」となった河朔三鎮も、節度使に人を得なかったため、相次いで反側藩鎮となった。「元和中興」が河北で得た成果は、あえなく水泡に帰したのである。

長慶2年（822）、宮中で宦官とポロに興じていた穆宗が落馬し、一時身体の自由を失う事態に陥った。帝の身辺にはごく少数の宦官が侍り、急遽、長子が皇太子に立てられた（のちの敬宗）。朝廷では、憲宗の信任厚かった宰相裴度と彼を敵視する李逢吉の党派が激しく対立し、宦官や官僚もいずれかの側についた。やがて裴度は宰相を解任され節度使に転出、宦官王守澄と結託した李逢吉がほしいままに政治を行った。

長慶4年（824）、穆宗が急死し（享年30。死因は丹薬による慢性中毒とされる）敬宗（在位824〜826）が即位したが、16歳で即位したこの皇帝は父帝にも増して政治を顧みず、昼を過ぎても朝廷に臨御せず、諫言にも耳を貸さなかった。政界では依然として李逢吉が宦官と結託し専権を振るっていたが、綱紀の緩みは如何ともし難かった。

宝暦2年（826）、李逢吉派の妨害にもかかわらず裴度が外藩より入朝すると、そのまま宰相に復帰、のち李逢吉は節度使への転出を命じ

られ、政界での影響力を失った。その直後に敬宗が身罷った。即位して3年、奇矯な行動はエスカレートし、宦官に対する暴力は激しくなっていた。劉克明ら宦官の外、ポロ仲間・力士らとの飲酒の席上、帝が用足しに立った隙をねらって宦官らが凶行に及んだのである。劉克明は王守澄からの奪権を目論み、憲宗の子絳王の擁立を図ったが、それを察知した王守澄らは穆宗の子江王を奉じて対抗、神策軍を動かして劉克明らを殺害し、江王を即位させた（文宗、在位826〜840）。

　文宗は父（穆宗）や兄（敬宗）とは違い、穏やかで生真面目な青年であった。宦官勢力排除の宿願を胸に秘め、彼は真摯に政務に取り組んだ。大和3年（829）、浙西観察使から兵部侍郎となった李徳裕（李吉甫の子）と吏部侍郎の李宗閔とが宰相の地位を争ったが、結局、宦官の後押しを得た李宗閔が宰相となり、老宰相裴度が推した李徳裕は再び節度使に転出した。「牛李の党争」と呼ばれる権力抗争の始まりである。両派の対立は根深く、元和3年（808）に催された制科（勅命による科挙の特別試験）にまで遡る。その答案で牛僧孺と李宗閔は宰相李吉甫の政治を酷評して評判を取るが、却って李吉甫に疎まれ干されてしまう。父の名誉を汚されたとする李徳裕と、自らの出世を邪魔されたとする李宗閔・牛僧孺との確執は、やがて宦官と官僚を巻き込んだ党争へと拡大してゆく。

　翌年、李徳裕は剣南西川節度使を拝命するが、直後に難問が降りかかった。吐蕃の維州副使悉怛謀が唐への帰順を求め、部下と共に成都にやって来たのである。李徳裕はこれを承けて維州を占拠、朝廷にこの地の確保を進言するが、朝廷ではこの年宰相となった牛僧孺がこれに反対、文宗も彼の意見を支持し維州城は吐蕃に返還され、悉怛謀らは強制帰国となった。ところが吐蕃が彼らを国境で処刑したため、文宗はこの処分を後悔し、大和6年（832）、牛僧孺を節度使に転出させ、代わって李徳裕を成都から呼び寄せ兵部尚書とした。文宗は李宗閔らの朋党を不快に思い、彼らと距離を置く李徳裕に期待を寄せたのであ

る。

　ところがここに思わぬ伏兵が現れた。多藝と才知で薬売りから大臣に成り上がった鄭注と、李逢吉のおいで一度は流人に身を落としながら官界に返り咲いた李訓が、宦官王守澄の取りなしもあって、文宗の心をつかみ抜擢されたのである。大和８年（834）、宦官と結んだ鄭注らはまず李徳裕を藩帥に転出させ、次いで李宗閔も地方長官へと追いやった。党争の主役は全て地方に放逐され、朝廷は文宗の信任を得た鄭注・李訓とその一派が取り仕切ることとなった。

　鄭注と李訓は、文宗が宦官排除を望むと知るや、その実行を帝に持ちかけた。大和９年（835）５月、文宗はまず彼らの提言に従って、王守澄の力を削ぐべく仇士良を護軍中尉に抜擢し、王守澄には実権のない高位のポストを与えて権力を奪い、やがて死を賜った。これと相前後して、鄭注は長安に隣接する鳳翔節度使に転出し自ら指揮できる軍事力を手に入れ、同年11月、王守澄の葬儀で護衛をつとめるという名目で親衛隊を率いて入朝、葬儀の場で仇士良ら宦官を粛清しようとした。ところが功を焦った李訓は、「甘露が降った」との瑞祥に事寄せて宦官をおびき寄せ、伏兵して一網打尽にしようと画策した。宦官をおびき寄せるところまでは事がうまく運んだものの、一陣の風が幔幕を吹き上げて伏兵の存在が露見し、策謀は失敗に終わった。反撃に出た仇士良は神策軍を動員して長安城内で関係者を捕縛・殺害、逃亡を図った李訓は処刑され、鄭注も鳳翔で殺害された。「甘露の変」とよばれるこの事件に対する文宗の関与は、直ちに宦官の知るところとなり、この後、文宗は鬱々たる日々を過ごした。

　文宗の末年、宮中では後継者をめぐる暗闘が繰り広げられた。大和６年（832）に皇太子となった文宗の長子が開成３年（838）に急死すると、敬宗の子陳王が皇太子となった。ところが同５年（840）正月２日、仇士良らが詔勅を偽造して文宗の弟潁王を皇太弟に擁立、皇太子は陳王に降格された。文宗が崩御する２日前の出来事であった。こ

252

うして即位したのが武宗（在位840〜846）である。

武宗は即位すると、李徳裕を宰相に返り咲かせ、政務を一任した。長らく続いた党争は、李徳裕の専権を以て終熄したのである。武宗擁立の立役者仇士良は、会昌元年（841）に観軍容使となり、神策軍全体を統括し権力を振るった。しかしその専権ぶりが武宗の反感を買ったため、同3年に致仕した（翌年、官爵を剥奪、財産も没収）。

武宗は皇子時代から道術に熱中しており、即位後は趙帰真ら大勢の道士を宮中に招き入れていた。会昌元年には後宮内に「九天道場」を建設して自ら法籙（邪気を祓う御札）を受け、さらに「望仙観」を築いた。会昌5年（845）、趙帰真らの勧めもあり、武宗は全国の仏寺を破壊し僧尼を還俗させる勅令を発した（両京・地方都市の一部寺院を除く）。仏教以外にも、マニ教・祆教（ゾロアスター教）・景教（ネストリウス派キリスト教）が排斥の対象とされた（会昌の廃仏）。

宰相となった李徳裕が力を入れて取り組んだ課題の一つに、ウイグル帝国崩壊に起因する諸問題がある。840年頃、内紛と疫病、天候不順が原因となり、8世紀半ば以降強盛を誇ったウイグル帝国がキルギスに駆逐され解体、大量のウイグル難民が発生した。唐朝は巡辺使を派遣して情報を収集するとともに、ウイグル各部の帰順の意志を探り、同時に北辺の節度使に警戒を命じた。一方で李徳裕は、和蕃公主としてウイグル可汗に嫁いでいた大和公主（憲宗の娘）の身柄引き取りにも心を砕き、会昌3年（843）、救出に成功した。また、新興勢力たるキルギスと外交交渉も行い、唐からキルギスに可汗の称号を与えることで合意した。

会昌6年（846）、武宗が危篤に陥ると、憲宗の子光王が宦官によって「皇太叔」に擁立され、帝が崩御すると帝位に即いた（宣宗、在位846〜859）。武宗に子があったにもかかわらず宦官らが光王を世継ぎに選んだのは、皇子時代、彼が周囲から「不慧」と目され自らもまた言葉を発しなかったからに他ならない。しかし皇帝となってからの宣

253

宗は「小太宗」の異名を取るほどに精勤であった。彼は即位するや、宰相の李徳裕を更迭する一方、憲宗弑逆に関わった宦官・官僚を粛清した。次いで廃仏令を撤回し、世情の不安を取り除いた。威厳をもって政務に取り組む皇帝を前に宦官の専横は鳴りを潜め、政治は正常を取り戻したかに見えた。

　しかし宣宗の治世が終わると、宦官勢力はすぐに息を吹き返した。大中13年（859）、宣宗が皇太子を定めぬまま危篤に陥ると、宦官はまたしても次の皇帝の擁立に走った。宣宗は自らの第3子を皇太子とするよう宦官に委嘱したが、別の宦官が宣宗の長子を皇太子に立てるべく画策し、結局、後者の皇子が皇帝に即位した（懿宗、在位859〜873）。懿宗は仏教を篤く信仰したが、政治には全く興味を示さぬ皇帝であった。咸通14年（873）、長安西郊の法門寺から仏骨を迎えた時も、莫大な出費を危惧する官僚の諫言には一切耳を貸さなかった。地方で頻発する軍乱を憂うるでもなく、懿宗は長安城の内外で宴を頻繁に開きその浪費は止まることがなかった。遊興にふける皇帝を尻目に、宦官は専権を振るい、宰相でさえ宦官の意に背くことはできなかった。咸通14年、懿宗が危篤となった時も、宦官が後継者を決め、懿宗の崩御後、皇帝に即位させた（僖宗、在位873〜888）。かくして、穆宗から僖宗に至る6代の皇帝はいずれも宦官の手によって立てられたのである。後世の史家が「定策国老、門生天子」（宦官が皇帝を決める）と評する所以である。

5）黄巣の乱——沈みゆく大帝国

　都で宦官が専横を極め、官僚が党争に明け暮れていた頃、地方では動乱の兆しが現れていた。穆宗の即位直後から、反側藩鎮と朝廷との争いが再燃し、幾たびか戦闘が行われたが、宣宗の大中年間になると、順地とされる地域で「軍乱」、つまり、藩鎮麾下の将兵が暴動を起こし節度使を放逐する事件が続発するようになった。原因は当時横行し

ていた進奉・羨余にある。中央の要人に賄賂を送って順地の藩帥となった官僚は、任地からも賄賂を送って中央政界への復帰・昇進を懇願する。その賄賂の原資となるのが、将兵の給与を掠めて得られる資金である。将兵の暴動は、節度使のそうした不正行為に対する不平不満が蓄積・爆発したものに他ならない。王朝の統治機構は末端から腐蝕し始めていた。

大中13年（859）12月に浙東で起こった裴甫の乱は、地元出身の土豪により指揮された反乱である。当初100名ほどであった反徒を朝廷は「草賊」と呼んだが、僅か３か月の間に３万人に達した反乱軍は次々と城市を陥落させ、浙東観察使だけでは鎮圧できぬ事態に立ち至った。隣接する藩鎮からも援軍が駆けつけたがこれも役には立たず、最後は安南都護として対南詔戦争で勇名を馳せた王式が観察使に起用され、綱紀の粛正と兵力の増強を行い、反乱は翌年６月、ようやく鎮圧された。

咸通３年（862）、徐州で軍乱が発生し武寧軍節度使が放逐されると、王式はその後任として徐州に赴任した。「驕兵」として恐れられた武寧軍節度使の親衛軍に対し、王式は容赦のない粛清を行った。これにより徐州は平静を取り戻したかに見えたが、将兵の朝廷に対する不満は燻り続けていた。その後、西南辺境を侵す南詔に対抗すべく、徐州からも2000の兵が桂州（広西桂林）に派遣された。３年で交替するはずの遠征は６年を過ぎても帰郷が許されず、更に１年の延長を徐州の藩帥が承諾したことを知るに及び、将兵の不満は爆発した。咸通９年（868）７月、糧料判官龐勛をリーダーとする徐州の将兵は任務を放棄し、途中の州県で掠奪を繰り返しつつ、ひたすら郷里を目指した。知らせを聞いた朝廷はとりあえず彼らの罪を赦し湖南で武装解除するが、将兵は私費で再武装し、９月、武寧軍節度使の領内に到着した。武寧軍では王式によって軍を追われた将兵が無頼の徒と化していた。彼らは進んで反乱軍に加わり、龐勛も武装解除に応じなかったため、節度

使は彼らとの対決を決意する。ところが、反乱軍の勢いは討伐軍を凌駕し、遂には朝廷が節度使連合による討伐軍を組織、反乱は翌年9月に至ってようやく終熄した。

　8世紀後半に塩の専売が始まって以来、唐朝は塩の密売（私塩）行為に対し厳罰で臨んできた。塩に課される税率は異常なまでに高く、私塩は多少の危険を冒しても十分に見返りが期待できるビジネスであった。官憲の手を逃れるため、私塩商は武装し、相互の連絡を緊密にした。乾符元年（874）に山東で反乱を起こした王仙芝も、翌年これに加勢した黄巣も、ともに私塩商であった。自然災害が続発したにもかかわらず、州県が被害を正しく報告せず、十分な賑恤が行われなかったことが、深刻な飢饉をもたらし、各地に流民が発生、やがて彼らは盗賊と化した。王仙芝や黄巣は彼らを吸収し、州県の衙門（官庁）を襲撃したのである。

　王仙芝も黄巣も、何か大望があって挙兵したわけではない。それゆえ、事が大きくなって朝廷が事態の解決に乗り出してきた時、懐柔のために出された条件（免罪と官職の授与）の前に彼らは激しく動揺した。朝廷の揺さぶりによって二人は袂を分かち、やがて王仙芝は戦死、黄巣はその勢力を吸収して「衝天大将軍」と号し自立を志す。

　こののち黄巣軍は、抵抗の弱い地域・財物の豊かな城市を襲撃して江南から嶺南へと流れていった（「流寇」）。広州では蕃坊（外国人居留区）を襲撃し、ムスリムやゾロアスター教徒を大量虐殺したと伝えられる。ただ一方で、慣れない南方の地での暮らしは疫病の発生を招いた。黄巣は部下の勧めを納れ、北帰して大事を図ることを決意、湖南から長江に出て東に下り、広明元年（880）7月に「天補大将軍」を自称すると、配下の軍勢は加速度的に増加し60万を数えた。同年11月、黄巣軍は東都を陥落させ、翌月には潼関を陥れて長安に迫った。僖宗は護軍中尉田令孜の率いる500名の神策軍に守られて秘密裏に長安城を脱出、城内がパニック状態となる中、黄巣軍が入城する。

黄巣は入城するとすぐに大明宮で皇帝に即位した。国号の「大斉」は彼の出身地に因み、元号の「金統」は土徳の唐朝に代わって統治者となることを意味している。黄巣軍は、黄巣の制止命令を無視して長安城内で掠奪を繰り返し、当初歓呼の声で迎えた都の人々の期待を裏切った。皇帝が成都に蒙塵する中、藩鎮連合による官軍は黄巣に対する包囲網を形成し、大軍を擁する黄巣は次第に窮地に追い込まれた。長安周辺の農民に対する収奪は激しくなり、麾下の将校には黄巣を見限って唐朝に寝返る者も現れた。挙兵時から黄巣に従ってきた朱温（852〜912）もその一人である。唐に帰順した朱温は、中和2年（882）、僖宗より「全忠」の名を賜り、宣武軍節度使（汴州）に任命された。

　唐朝は黄巣討伐のために各地に援軍を要請し、代北の沙陀族もこれに応じた。かつて西突厥に従っていた彼らは、9世紀初頭に吐蕃の支配を逃れてオルドスに移動、唐朝の配下に入った。朱邪赤心のとき龐勛の乱討伐で功績を挙げ大同軍節度使を拝命、「李国昌」の姓名を賜った。のち朝廷との関係が一時悪化していたが、李国昌は子の李克用（856〜908。独眼龍の異名で知られる）とともに討伐参加を許されたのである。

　騎兵を主力とする沙陀軍は、黒衣を身に纏っていたことから「鴉軍（カラス部隊）」の名で恐れられ、進撃を重ねた。そして中和3年（883）に長安を奪還、李克用は河東節度使を拝命し、以後、太原を根拠地として強盛を誇ることになる。

　長安を追われた黄巣軍は河南方面に移動したが、その勢力は依然として衰えず、蔡州節度使秦宗権を破り降伏させ、連携して淮水流域で勢力を拡張した。宣武軍節度使朱全忠は、中和4年（884）3月、李克用軍の加勢を得て黄巣軍を挟撃、作戦は成功し黄巣軍は敗走するが（6月に自殺）、その後設けられた宴席で李克用の暗殺を企てる。辛くも難を逃れた李克用は、朱全忠を不倶戴天の敵として終世怨み続ける

こととなる。

6）唐王朝の滅亡——軍閥割拠時代へ

中和5年（885）、僖宗は成都から帰還したが、長安城内は荊棘が生い茂り野生動物が跳梁する荒廃ぶりで、皇帝の号令も河西・山南・剣南・嶺南の数十州に及ぶに過ぎなかった。黄巣の乱は、唐朝がもはや全国を自らの手で統治してゆく能力を喪失したことを満天下に知らしめたのである。大反乱ののち各地で軍閥が割拠し、「五代乱離」とよばれる分裂時代が事実上始まるが、唐朝が滅亡するまでには今少し時間を要した。

黄巣軍が長安に入城した際に禁軍が潰滅したため、護軍中尉田令孜は避難先の蜀で「新軍」を編成し、神策軍の再建を図った。傭兵を養う財源として彼が着目したのが、解池（山西運城）の塩である。専売品である塩は塩鉄使の管轄であったが、実際には河中節度使王重栄が管理し収入の一部を朝廷に上納していた。田令孜は塩の管理権を王重栄から取り上げようとして、彼に別の節度使への異動を命じ、邠寧節度使朱玫らに圧力をかけさせた。ところが王重栄がこれに屈せず、河東節度使李克用に援軍を要請したため、事態は軍事衝突に発展した。光啓2年（886）、恐れをなした田令孜は僖宗を伴い強引に興元府（漢中）に逃れたが、これに朱玫が反撥して王重栄と連合し長安に入城、粛宗の玄孫を皇帝に奉じ新政権を樹立した。その後、僖宗の命を受けた鳳翔節度使李茂貞（本名は宋文通、この功績により姓名を賜る）らが朱玫軍と戦い戦況は膠着、やがて長安で内紛が起こり朱玫は殺され、クーデタは終熄した。

光啓4年（888）2月、僖宗が危篤となり急遽長安に帰還、文徳元年（888）3月、崩御すると、宦官楊復恭による新帝擁立が行われ、僖宗の弟が即位した（昭宗、在位888〜904）。昭宗は覇気に満ちた青年で、宦官の専横に不満を抱いており、大順2年（891）、楊復恭を謀反

の嫌疑で罪に問うた。楊復恭が漢中（陝西南部）に拠って抵抗すると、昭宗は李茂貞らにこの討伐を命じた。ところが、この討伐戦の過程で発言力を増した李茂貞と昭宗の仲が険悪となり、景福２年（893）、昭宗は神策軍に李茂貞討伐を命じた。しかし、神策軍は李茂貞に大敗を喫し、却って李茂貞を勢いづかせてしまった。乾寧元年（894）に楊復恭を捕縛（長安で公開処刑）した李茂貞は、翌年、隣接する節度使の紛争に介入する。ところが、これが河東節度使李克用との対立に発展してしまい、急速に南下する李克用軍に恐れをなした昭宗は蒙塵、李茂貞は昭宗に謝罪し、李克用は晋王に冊封されて太原に引き上げた。

　その後、宦官一掃を目論む昭宗を排除すべく、光化３年（900）に宦官が宮中クーデタを企てるという茶番劇を織り込みつつ、政局は昭宗の保護をめぐる李茂貞と朱全忠の権力抗争へと向かう。朱全忠は、宣武軍節度使として大運河のターミナル汴州に拠点を置いたため経済的には優位にあったが、圧倒的な軍事力を擁する李克用の勢力はやはり脅威であった。そのため朱全忠は隣接する勢力との戦いに重きを置き、中和４年（884）から光啓３年（887）までの間に蔡州の秦宗権・徐州武寧軍節度使時溥・天平軍節度使（山東）朱瑄らを次々に打倒し、配下に収めていった。その上で、河朔三鎮に揺さぶりをかけて李克用を牽制し、さらに天復元年（901）、太原と長安の間に位置する河中護国軍節度使を兼任して、その南下を完全に遮断することに成功した。

　天復元年、朱全忠は大軍を率いて汴州を進発、昭宗の洛陽行幸を実現すべく、長安に向かった。宦官が昭宗の鳳翔行幸を企てる中、朱全忠軍が長安に迫り城内はパニック状態となる。混乱を避けるため昭宗は鳳翔府に赴くが、李茂貞軍が朱全忠軍に大敗して屈服、朱全忠は長安で宦官を虐殺し昭宗を迎え入れる。朱全忠は梁王に封ぜられ、昭宗の庇護者となった。天復４年（904）、昭宗は長安から洛陽に移り、「天祐」と改元、このとき長安の宮室や民間の建造物は解体され洛陽に移送された。

朱全忠による洛陽遷都の強行に対して李茂貞らは激しく反撥、全忠討伐の檄を全国に飛ばしたが、朱全忠は刺客による昭宗殺害でこれに応じた。そして詔勅を偽造して昭宗の子を皇太子とし、柩前で即位させた（哀帝。のち後唐時代に昭宣帝の諡号を贈られた）。朱全忠は新帝の兄弟をすべて殺害させ、翌年には、以前より疎ましく思っていた門閥貴族出身の官僚を虐殺し亡骸を黄河に沈めた（白馬の変）。朱全忠は禅譲革命への道を突き進もうとし、天下統一の前に立ちはだかる敵である淮南・河北・河東の諸勢力に兵を向けた。しかし容易に敵を屈服させることはできず、却って窮地に追い込まれる危険性すらあると悟ったとき、朱全忠は禅譲を勧める周囲の意見に従った。天祐4年（907）、哀帝から譲位の内意が伝えられ、宰相らが勧進を行うと、哀帝は梁王への禅譲を宣言、朱全忠は唐の元号を去り「朱晃」と改名し、汴州で皇帝に即位した。国号は「大梁」、元号は「開平」と定められたが、泰平の世の到来はまだ遠い先のことであった。

5．隋唐制度史の基調

1）士庶の別と良賤制

　士庶の別と良賤制は、隋唐王朝の制度を貫く原則である。魏晋時代以来、九品官人法を通じて各地の名族は世襲的に官に登用され、やがて特権的な貴族階層を形成して士族・世族などと呼ばれるようになっていた。「士庶の際に至りては実に天より隔たる」（『宋書』王弘伝）のことば通り、士人と庶民の社会的地位には大きな懸隔が存したのである。北朝の流れを汲む隋唐王朝では、魏晋南朝に較べ皇帝権力が強かったこともあり、制度上、官（流内官）となる資格を有する者を士人と見なした。士人には、流刑以下の罪について原則として実刑が科されず、また課役（租調庸の負担）が免除されるなどの特権が付与さ

れ、5品以上の高官には、官人永業田が支給され、課役免除が一定範囲の親族にまで拡大されるなど更なる恩典が与えられた。

　庶民つまり良民の下に設けられた身分が賤民である。最下級の賤民たる官私の奴婢は、財物と見なされ人格を認められない（名のみで姓をもたない）。奴婢より一等上の賤民が、官戸と部曲・客女である。彼らは財物と見なされず一定の範囲で人格も認められるが、独立した戸籍をもたない（姓名を有する）。官戸がもう一段解放されたものが雑戸（独立戸籍をもち、特定官庁で番上勤務）、特殊技能で官に奉仕する賤民が工戸・楽戸であり、工戸・楽戸の一段解放されたものが太常音声人である（戸籍をもつ）。良賤の身分は世襲されるが、恩赦等により賤民が解放されて良民となることもあった。

2）礼と法

　伝統中国の社会において、礼（礼制）と法（律）とは社会秩序を規定する「車の両輪」であった。礼制は儒教倫理に基づく社会のモラルを規定し、法制は強制力を以て礼の考えを守らせ実現させるために定められた。隋唐王朝では、礼典と律令法典の編纂に力を注ぎ、礼典として隋・煬帝の時に『江都集礼』120巻、唐・太宗の時に『大唐儀礼（貞観礼）』100巻、高宗の時に『永徽五礼（顕慶礼）』130巻、玄宗の時に『開元礼』150巻をそれぞれまとめ上げ、律令については別表の如く、ある時期まではほとんど皇帝の代替わり毎に編纂が行われた。但し、律（刑法典）については隋の開皇3年（583）律で12篇500条の体裁が整い、刑罰体系についても唐の貞観律で完成形態に到達したと考えられ、以後は個別条文の修正がなされたに過ぎない。一方、令（非刑法典）は行政機構の改編がなされるたびに手直しが必要であった。これに格（追加法令）と式（施行細則）が加わって、一つの法典のごとく機能したのである。玄宗の開元25年（737）に完成した律令格式は唐代法典の集大成と言ってよく、以後、唐朝ではこうした法典が編

隋唐王朝の法典編纂

	皇帝	完成／頒行年	律	令	格	式	その他	備考
隋	文帝	開皇元（581）	○					
		開皇2（582）		30				27篇30巻
		開皇3（583）	12					律12篇12巻500条
	煬帝	大業3（607）	18	30				律18篇18巻
唐	高祖	武徳7（624）	12	30＋1				令31巻（うち目録1巻）
	太宗	貞観11（637）	12	30	18			留司格18巻
	高宗	永徽2（651）	12	30	18＋7	14		留司格18巻、散頒格7巻
		永徽4（653）					律疏30巻	
		麟徳2（665）		○	○	○		
		儀鳳2（677）		○	○			
	則天武后	垂拱元（685）	○	○	6＋2	20		留司格6巻、散頒格2巻。計帳式・勾帳式を追加
	中宗	神龍2（706）	○	○	7	20		散頒格7巻
	睿宗	太極元（712）		○	10	○		
	玄宗	開元3（715）		○	○	○		開元前格10巻
		開元7（719）	12	30	1＋9	20		開元後格10巻（留司格1巻、散頒格9巻）
		開元19（731）					格後長行勅6巻	
		開元25（737）	12	30	10	20	律疏30巻 格式律令事類40巻	令27篇30巻。開元新格24篇10巻。式33篇20巻
	徳宗	貞元元（785）					格後勅	留中不出
	憲宗	元和2（807）					格後勅30巻	全て開元新格以後の勅
		元和13（818）					格後勅30巻	
	文宗	大和7（833）					格後勅50巻	
		開成4（839）			10			開成詳定格10巻
	宣宗	大中5（851）					大中刑法総要格後勅60巻	貞観～大中までの雑勅
		大中7（853）					大中刑律統類12巻	

注）律・令・格・式欄の数字は巻数、○印は巻数未詳を示す。

まれることはなかった。律・令はともに「経典」に等しい存在となり、社会の現実に対応するための法令は「格後勅」などの形でまとめられたのである。

3）官制

隋唐王朝の官制は、魏晋以来の九品官制を発展させたものである。官品は、1品〜9品までの9等に分かれ、3品までの各品は正・従に、

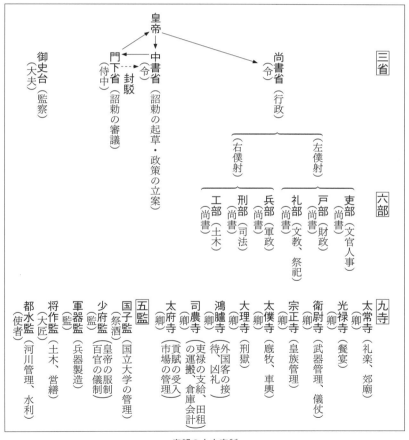

唐朝の中央官制

4品以下はさらに上・下に分かれる。つまり正1品～従9品下までの30等級が設定されている。官人（官僚）に与えられる官職には散官・職事官・勲官の3種がある。散官は官人機構における階級を示すもので、職事官が実職の内容を示す。勲官は本来軍功に対する恩典であったが、のち広く国家に対して功績のあった者に与えられた。さらに皇族・功臣には爵位（王・公・侯・伯・子・男）が賜与された。

　9品以上の官人は「士人」として遇され、種々の特権が与えられた。官吏登用との関係で重要なのは、5品以上の官人や爵位の保有者などの子弟が成人すると、一定の官品が与えられる「任子」（恩蔭）の制度である。九品官人法は隋初に廃止されたが、官僚となった貴族の子弟はこうしたルートで官界に入ることができたのである。隋代に始まる科挙（貢挙）は貴族の子弟のみならず庶民にも官人への門戸を開くものであったが、合格者に約束された官品は任子よりもかなり低かった。

　隋唐王朝の中央官制は、三省を中心に構成される。中書省（隋では内史省）は皇帝の意志を代弁する組織で、詔勅の起草、政策の立案、上奏に対する回答文案の作成など、皇帝の書記局としての機能を果たした。門下省は中書から送られてきた案件を審議し、異議ある時にはこれを差し戻すこともあった（封駁）。尚書省は門下省の同意を得た事項を施行する機関であり、吏・戸（もと民部）・礼・兵・刑・工の六部を尚書都省が統轄した。但し行政実務の大半は、九寺（太常・光禄・衛尉・宗正・太僕・大理・鴻臚・司農・太府）・五監（国子・少府・軍器・将作・都水）により行われた。なお、官吏の不正を弾劾する組織として御史台が置かれた（長官は御史大夫）。

　地方には約300の州（一時、郡と呼称）の下に1500ほどの県が置かれ、徴税と治安維持を中心とする行政の実務を担っていた。州の長官たる刺史（郡の場合は太守）は、官吏の勤務評定の報告や貢納品の献上などのために年末に朝集使を上京させ、また5月までに計帳（租税台

帳）を尚書省に届けるため計帳使を派遣した。

　なお、唐初より監察区分として州の上に10（のちに15）の「道」が
置かれていたが、開元年間、玄宗が各道に採訪処置使を置き広域行政
官としての任務を委ねるようになると、その位置づけは俄然重いもの
となった。安史の乱を契機に全国に節度使が置かれると、道は事実上
細分化され、藩鎮が地方統治の実質的な単位となった。

４）税制──租調庸制から両税法へ

　隋唐王朝が令に定めた公課を「課役」という。課とは割り当てて徴
収する、役は労働力を徴発する意であり、その内容は、丁（成人男
子）に租（粟）・調（絹もしくは麻布、および綿）と歳役（年間20日）を
課すというものであった。このうち歳役は庸（絹もしくは麻布）で代
納することが認められ、のちに通例となった。この外、雑徭とよばれ
る労役が課され、地方官庁で必要とされる役務に供された。課役の制
度は、成人男子などに田地を分給する均田制（下表を参照）を前提と
すると考えられるが、北魏に始まるこの田制が隋唐時代に十分に機能

唐代均田制の概要

	永業田	口分田
丁男（21〜59歳）	20畝	80畝
18歳以上の中男		
老男・篤疾・廃疾		40畝
寡妻妾		30畝
官人永業田	職事官：正１品60頃〜従５品５頃	
職分田	京官：１品12頃〜９品２頃 地方官：２品12頃〜９品２頃50畝	
園宅地	良口３口以下に１畝、３口ごとに１畝 賤口５口に１畝、５口ごとに１畝	

※１頃＝100畝、１畝＝240歩、１歩＝５尺。１尺＝29.6cm。

していたかは疑わしい。

　8世紀半ばに起こった安史の乱を契機に、朝廷の統治能力は大きく低下した。とりわけ戸籍・計帳への登録人口が激減したことにより、租調庸を根幹とする国家財政は危機的状況を迎えた。反乱が終熄に向かう中、財務官僚はなりふり構わず農民から租税を徴収し、税制は混乱した。先述の両税法は、税目を簡素化してかかる混乱を収拾すべく提案された制度である。

5）軍制——府兵制から募兵（傭兵）制へ

　隋唐王朝の兵制は、西魏・北周の府兵制を継承したものである。隋の府兵制は王朝末期に崩壊したが、唐朝はそれを再建し、平時における軍務の担い手を調達した。府兵は、長安（のちには洛陽も）の周辺に集中的に設置された軍府（折衝府）に集められ、冬季に教練を受けた。府兵には、一定周期で課される衛士（国都の警備。1か月）の上番勤務が課された。課役は免除されたが、兵士としての装備は自弁することとなっていたため負担は軽くなかった。

　戦時における兵士の調達は臨時の募兵（当時「兵募」とよばれた。実際には徴兵と大差なかったであろう）により行われ、朝廷は「行軍」、すなわち、臨時の遠征軍を編成して軍事行動を起こした。東突厥の瓦解以来7世紀末までの間、常備兵力をもたない唐朝の辺境防衛は、ほとんど羈縻政策に依存していた。したがって突厥帝国が再興し、北辺の諸民族の動きが活潑化すると、唐朝の軍事体制は再編を余儀なくされ、辺境に10の節度使が設置された。同じころ、府兵制は農民の逃亡により機能不全に陥り、国都の警備体制も再建する必要があった。そこで唐朝は、衛士を確保するため開元9年（721）に彍騎制を導入し、開元25年（737）には辺境の軍鎮に常駐する兵士を調達すべく長征健児制を実施した。安史の乱後、節度使が国内に列置されると、王朝は100万を超える傭兵を抱えることとなり、軍事費（主に傭兵の給与）の

調達に頭を悩ませることとなる。

6．隋唐時代の社会と文化

1）貴族制社会の変質

　隋唐王朝は、鮮卑系の遊牧国家の系譜を引く。無論、魏晋以来の貴族社会は5世紀以降の華北においても息づいていたが、全く異質の論理をもつ人々が支配層となった北魏では貴族のあり方も変容し、隋唐王朝でもそれは受け継がれた。

　隋末の混乱も収まり社会が安定すると、唐朝は貴族秩序の再編に着手した。貞観12年（638）に編纂された「貞観氏族志」は、唐室李氏を頂点とする王朝の秩序によって貴族の社会秩序を再規定したものである。はじめ太宗は、六朝以来の山東貴族（崔・盧・李・鄭の各氏）がなお高い社会的地位を有していることを不快に思い、全国から族譜を集め史籍を調べ上げ、「氏族志」を編纂するよう命じた。ところが完成したものを見ると、黄門侍郎（4品官）の崔民幹を第1位としていたため、作り直しを命じたのである。「わが官爵を軽んじ世間の評判に流されているのは、怪しからぬ」というのが太宗の言い分であった。再度進呈された「氏族志」では、全9等のうち皇族を第1位、外戚を第2位とし、崔民幹は第3位に降格された。

　高宗の顕慶4年（659）、氏族志が改訂され「姓氏録」として上進された。改訂の理由は、新たに皇后となった武氏の家が氏族志に掲載されていないためであった。編纂に当たった官僚は、皇后の一族を第1位に加え、以下、王朝の官品の高下に従いランクを決定した。このため、軍功により5品の勲官を与えられた者も「貴族」となり、人々はこれを「勲格」と呼んで軽んじたという。

　則天武后は、政治権力を掌握する過程で敵対勢力（武川鎮軍閥や関

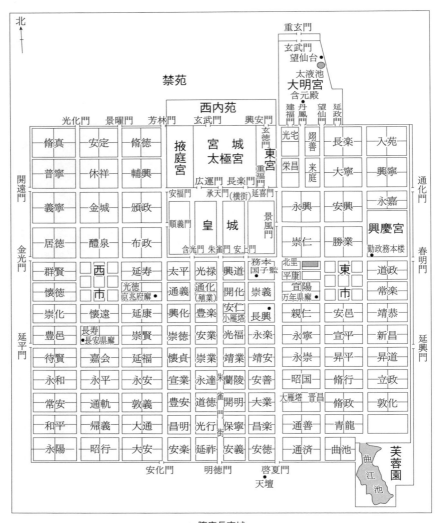

隋唐長安城

隴貴族）を排除してゆくが、これは任子制によって官僚を代々輩出し社会的地位を維持してきた彼らにとって大きな痛手となった。8世紀初頭、数十年続いた武后の時代が終わった時、関隴貴族出身者にも、

隋唐洛陽城

任子ではなく科挙によって官界入りした者が多く見られた。8世紀以降、科挙が主要な官途となった一因である。

2）長安と洛陽——都の風景

　隋唐長安城は東西約10km、南北約9kmの規模を誇る史上空前の都城である。『易経』の乾卦の爻（☰）が地上に反映されたとする土地（龍首原）に造営されたこの都城は、宮城・皇城を中央北辺に配しつつ、左右対称に作られた人工的な都市であった。宮城は太極宮と呼ばれ、

コラム **隋唐洛陽城**

　隋唐洛陽城は、隋の煬帝が即位直後の大業元年（605）に建設した「東京」を基礎とする。隋末の戦乱でかなりの破壊を被ったが、唐代になって増補されその領域は当初のプランより東側に大きく拡張された。宮城・皇城と外郭城正南門「定鼎門」を結ぶ都城の中軸線が西側に大きくずれているのはそのためである。

　唐代の長安については、北宋・宋敏求（1019〜1079）による『長安志』10巻（現行本は20巻）が現存しており、清朝の考証学者徐松（1781〜1848）の手になる『唐両京城坊攷』の記述とも相俟って、かなり詳細なイメージを得ることができる。それに対して洛陽については、宋敏求が著した『河南志』20巻が散逸して残らず、徐松が『永楽大典』から抄出した『元河南志』が拠るべき史料となっているけれども、その内容は『長安志』の濃密さには遠く及ばない。

　ともあれ、これまで唐代の洛陽について知ろうとすれば、徐松の著作をまずひもとき、考古発掘の成果をこれに若干加味するというのが「常道」であった。なぜなら、近現代の洛陽市街が隋唐洛陽城の上に形成されていて（特に宮城・皇城などの核心部分）、発掘調査があまり期待できなかったからである。それでも市街地周辺・郊外を中心に進められた考古学的な発掘調査が進展するにつれて、文献資料では知り得なかった事柄が、徐々に明らかとなってきた。たと

含嘉倉の穀物貯蔵穴

えば、いわゆる文化大革命中になされた「含嘉倉」遺跡の発掘は、従来知られていなかった唐代穀倉（窖）の実態を仔細に伝える貴重なものである（余扶危ら編『隋唐東都含嘉倉』文物出版社、1982年、全60頁）。

　20世紀末から本格化した都市再開発の奔流が考古発掘の進展を促した嫌いはあるが、観光資源ともなり得る隋唐洛陽城については、行政が史跡の保存・保護を積極的に後押しした面もある。2009年にはじまる「隋唐洛陽城国家遺址公園」建設はその一例であろう。その結果、則天武后ゆかりの「明堂」や「天堂」、宮城の正南門たる「応天門」などについて発掘調査が行われ、明堂・天堂については遺址公園の主要なパビリオンとなっている（遺跡保護の手法や建造物「復原」の是非については当然議論がある）。また、定鼎門遺跡は、発掘された遺跡の一部を建物で覆う形式の博物館として公開されており、門の構造を遺跡の様子から窺い知ることができる。

隋・唐

定鼎門遺跡博物館の内部（上）と外観（下）

皇帝の居所であり朝廷の所在地であった。南に隣接する皇城には、中央官庁のオフィスが集められた。宮城と皇城の間には「横街」と呼ばれる街路が東西に走り、承天門（宮城の正南門）と朱雀門（皇城正南門）の間は「承天門街」と呼ばれる道路で結ばれていた。幅はいずれも150m あり、承天門前は時に広場として用いられることもあった。皇城南門の朱雀門から外郭城正門の明徳門を結ぶ街路が朱雀門街で、同じく幅150m、両側に歩道と水路を配し柳並木で彩られたこの道路は、南北のメインストリートであり東西（万年県と長安県）の境界線でもあった。城内は108の坊で区画され、朱雀門街を挟んで東西に公設市場が配された。

　高宗の時、太極宮が低湿で住みづらいとの理由から、太宗が建てた避暑離宮に居所を移して「大明宮」とした。開元年間には玄宗が興慶宮を居所とし、8世紀後半以降は大明宮が皇帝の居所となったため、政治の中枢は南北の中軸線からやや東にそれた場所に移り、朱雀門街の東（街東）と西（街西）では街の雰囲気に変化が生じた。朝廷に近い街東には官僚の邸宅が集中し、歓楽街が付随的に発生した。これに対して街西は庶民街となり、西市にはソグド人など西域からの商人が多く集まった。

　洛陽は、隋の煬帝が新たに建設した都城であったが、隋末唐初の戦乱でかなり破壊され、唐朝がこれを「東都」としたのは高宗の顕慶2年（657）のことであった。その後、則天武后が権力を掌握すると、この地は政治の中心となり、武周王朝では「神都」と称し帝国の首都となった。しかし唐代の洛陽は、政治の中心であった時期よりも王朝の陪都として機能した期間の方がはるかに長かった。東都洛陽には、西京長安に置かれたのとほぼ同じ官職が置かれていたが（分司）、中央官僚にとって東都への異動はほとんどの場合、左遷を意味した。

3）隋唐文化——南北朝貴族文化の集大成と国際性

　隋唐時代は、長期にわたる南北分裂が終焉し中華が統一された時代である。そのため隋代から唐初にかけての時期、南北朝の貴族文化を総合する書物が著され、また国家を挙げての文化事業が行われた。たとえば陸徳明『経典釈文』は、経書の主要語彙の読みと解釈について漢魏六朝時代の種々の学説を検討して見解を示したものであり、孔穎達を総裁として編纂された『五経正義』は、周易・尚書・毛詩・礼記・春秋左氏伝について、漢魏以来の注に加え、六朝時代に発展した義疏（経義についての解説）の成果を選択的に取り入れて編集したものである。

　唐初には、前代王朝の歴史書も精力的に編纂された。南朝の梁・陳、北朝の北斉・北周・隋について編まれた紀伝体の史書はのちに正史となり、東晋から南朝にかけて十数種の史書がつくられた晋朝についても、太宗の肝いりで『晋書』130巻が編纂された（太宗は宣帝紀・武帝紀・陸機伝・王羲之伝の史論を執筆）。また、漢魏から六朝時代にかけて発達を見た修史機構は唐朝で整備され、天子の言動を記す「起居注」から「実録」（皇帝の一代記。編年体）を組織的に編纂し、さらに国初から何代かの皇帝の時代をまとめて紀伝体の「国史」を撰述する体制が確立した。

　隋唐文化のもう一つの特徴として「国際性」がある。中華を統一した隋唐帝国は、北アジアから中央アジア、そして南海へと興味の対象を広げた。その結果、長安や洛陽にはユーラシア大陸の各地からさまざまな人や物が集まり、都の文化を華やかなものとした。「唐代三夷教」として知られるマニ教・祆教・景教は言うに及ばず、仏教界においても8世紀にインドから渡来した善無畏や金剛智が密教経典を漢訳してその普及につとめ、中国密教の基礎を作った。また、ソグド人は長安・洛陽のみならず各地の主要都市にコロニーを設け、中央アジア

のソグディアナ（現在のウズベキスタン・タジキスタンの一部）から
キャラバンによって運ばれてくる西アジア・中央アジアの物産を売り
さばき、代わりに中国の特産品である絹や錦を西方に輸出した。盛り
場では西域からもたらされた音楽が奏でられ、舞姫の踊りも「胡旋
舞」と呼ばれるエキゾチックなものが流行した。

　異国情緒や辺塞の風物は、詩人の感性をも刺激した。西域人の血を
引いたとされる李白は自由奔放な詩を詠み、盛唐の気風を体現した詩
人として著名である。また岑参や高適は辺塞詩人と称され、西域の風
物や従軍生活、異民族の文化に取材した作品に秀作が多い。

　但し、文化に貴族的なものや国際性が強く看取されるのは8世紀ま
でであり、それ以降の唐代文化は民族的・復古的な色合いを帯びてく
る。古文復興運動の旗手とされる韓愈（768〜824）は強硬な排仏論者
であったし、中唐を代表する詩人である白居易（772〜846）は民衆の
生活を平易に表現した詩を数多く詠んだ。こうした流れは宋代にまで
受け継がれ、のちに「唐宋八大家」と称される欧陽脩や蘇軾らに強
い影響を与えた。

◉──参考文献
池田温ほか編『世界歴史大系　中国史2──三国〜唐──』（山川出版社、1996年）

氣賀澤保規『絢爛たる世界帝国──隋唐』（中国の歴史06、講談社、2005年）

森安孝夫『シルクロードと唐帝国』（興亡の世界史05、講談社、2007年）

妹尾達彦『長安の都市計画』（講談社選書メチエ223、講談社、2000年）

石見清裕『唐代の国際関係』（世界史リブレット97、山川出版社、2009年）

荒川正晴『オアシス国家とキャラヴァン交易』（世界史リブレット62、山川出版社、
　　2003年）

氣賀澤保規『則天武后』（中国歴史人物選4、白帝社、1995年）

森部豊『安禄山──「安史の乱」を起こしたソグド人』（世界史リブレット　人018、
　　山川出版社、2013年）

徐松撰、愛宕元訳注『唐両京城坊攷』（東洋文庫577、平凡社、1994年）

辻　正博「隋唐国制の特質」（『岩波講座世界歴史6』岩波書店、2022年所収）

索　引

あ

安史の乱……………239 〜 244, 265, 266
安帝（後漢）………………119 〜 121
韋后………………………237
異姓諸侯王……………69 〜 74, 78
殷墟………………………27 〜 31
陰陽家……………………53
塢………………………209, 210
ウイグル…………………243, 253
宇文護……………………187, 189
宇文泰…………172, 184, 186, 187
宇文融……………………238, 239
宇文邕……………………189
雲崗……………………181, 200
永嘉の乱……………161, 163, 165,
……………174, 176, 177, 189
衛氏朝鮮…………………84
衛青………………………82, 89
慧遠………………………199
易………………………48
易姓革命…………………34
塩鉄会議…………………95
塩鉄専売………………74, 86 〜 88
王羲之……………………207, 273
王充………………………151
王叔文……………………246, 247
王世充……………………224, 225
王導………………………164, 166
王弼………………………197
王莽………………94, 97, 100 〜 104,
……………106 〜 111, 116, 118, 132,
……………………140, 151, 159, 187
恩蔭………………238, 249, 264

か

何晏………………………197
開元の治………………237 〜 239
開皇の治…………………215
会昌の廃仏………………253
外戚…………16, 100, 101, 106, 116,
……………118, 119, 121 〜 124, 128 〜
……………130, 141, 150, 164, 215, 267
外朝………………………94, 95
課役………………260, 261, 265, 266
科挙…………10, 133, 190, 191, 204, 216,
……………238, 239, 249, 251, 264, 269
榷塩法……………………243
曠騎制……………………266
霍去病……………………82, 89, 94
霍光………………………94 〜 97
郭子儀……………………242
河朔三鎮………………244 〜 250, 259
華佗………………………147, 148
括戸政策…………………238
河南二鎮………………244 〜 250
含嘉倉……………………270, 271
宦官…………100, 119 〜 126, 128 〜
……………130, 141, 146, 150, 242, 245 〜
……………247, 249 〜 254, 258, 259
宦官の虐殺………………259
官戸………………………261
環銭………………………52
桓帝（後漢）……………122 〜 124
官品…………78, 133, 170, 190 〜
……………192, 263, 264, 267
寒門・寒人………………167, 168
咸陽………………52, 61 〜 68
関隴貴族…230, 231, 237, 239, 240, 267, 268
甘露の変…………………252
魏徴………………………227
契丹………………16, 17, 235
羈縻政策…………………266
蟻鼻銭……………………52
客戸………………………238

275

牛耕	52	玄宗（李隆基）	237 〜 242, 265, 272
宮市	246	献帝（後漢）	128, 131, 132,
九章算術	147		137, 138
牛僧孺	251	元帝（漢）	97, 98
汲冢書	197, 202	元帝（東晋）	164, 208
九品官人法	124, 132, 133, 160, 161, 190,	元帝（梁）	172, 173, 187, 188
	191, 218, 260, 264	玄武門の変	226 〜 228
裘甫の乱	255	元和中興	246 〜 250
牛李の党争	251	伍	51, 109
驍果	222	項羽	28, 68 〜 72
郷官	220	桓温	165, 178
仰韶文化	22 〜 24	高歓	172, 184 〜 186
羌族	120, 140	貢挙	216, 264
匈奴	14, 15, 56, 64, 65, 71, 78,	黄巾の乱	125 〜 128, 198
	81 〜 86, 89, 93, 94, 99,	高句麗	110, 188, 221 〜
	104, 109, 110, 115, 139,		225, 229, 230
	153, 154, 163, 174 〜 177	侯景	172, 185
竟陵の八友	205	興慶宮	272
居延漢簡	76, 77, 85, 103, 108	寇謙之	198, 200
キルギス	253	甲骨文	27 〜 31, 33, 36
均田制	15, 181, 194, 195, 265, 266	孔子	3 〜 6, 8, 14, 40, 48
金文	29, 34, 36, 38, 39, 41	高祖（漢）	71 〜 74, 81, 90,
均輸法	87		98
鳩摩羅什	199	高祖（隋）	215
孔穎達	273	高祖（李淵、唐）	223 〜 227
勲格	267	高宗（李治、唐）	216, 229 〜 232, 267, 272
郡県制	52, 62, 73 〜 75, 192, 216	黄巣	254 〜 258
郡国制	73, 74	豪族	116, 118, 120, 121, 123, 133, 136,
景教（ネストリウス派キリスト教）	253		141, 142, 150, 152, 164, 168, 186, 209
卿・大夫・士	41	公孫龍	53
景帝	73, 78 〜 80	光武帝（後漢）	111, 115 〜 116, 118, 151
経典釈文	273	孝文帝（北魏）	169, 181, 182, 184,
啓民可汗	222		187, 191, 200, 208
頡利可汗	228	孝廉科	87, 88, 216
建安七子	154, 204	胡亥	67, 69
玄学	197, 199, 204, 205	顧愷之	207
祆教（ゾロアスター教）	253	呼韓邪単于	99
元后	100 〜 103	呉起	52
犬戎	39	酷吏	87 〜 90, 97, 233, 234
憲宗（唐）	246 〜 250	護軍中尉	246, 250, 252, 256, 258

五胡⋯⋯⋯⋯⋯⋯⋯174 〜 179	周口店上洞人⋯⋯⋯⋯⋯⋯4, 22
五言詩⋯⋯⋯⋯⋯⋯⋯153 〜 155	儒家⋯⋯⋯⋯48, 53, 57, 98, 132
故主故吏⋯⋯⋯⋯⋯⋯⋯⋯143	儒学⋯⋯65, 66, 76, 80, 87 〜 89, 91, 104,
五銖銭⋯⋯86, 87, 106, 107, 109, 116	⋯⋯118, 121, 126, 141, 142, 148 〜 153
呉楚七国の乱⋯⋯⋯⋯⋯79 〜 81	秀才科⋯⋯⋯⋯⋯⋯⋯⋯216
戸調⋯⋯⋯⋯⋯⋯⋯⋯⋯193	朱全忠（朱温）⋯⋯⋯257, 259, 260
五斗米道⋯⋯126, 127, 153, 198	周礼⋯⋯56, 102, 107, 108, 186, 191, 201, 216
古文復興運動⋯⋯⋯⋯⋯274	荀子⋯⋯⋯⋯⋯⋯⋯⋯35, 57
渾天儀⋯⋯⋯⋯⋯⋯⋯147, 153	春秋⋯⋯⋯⋯⋯12, 13, 25 〜 27, 40,
	⋯⋯⋯⋯48, 89, 96, 118, 151, 197

さ

災異説⋯⋯⋯⋯⋯⋯96, 103, 151	順帝（後漢）⋯⋯⋯⋯121 〜 123
蔡倫⋯⋯⋯⋯⋯⋯10, 146, 206	順帝（宋）⋯⋯⋯⋯⋯⋯169
沙陀⋯⋯⋯⋯⋯⋯⋯⋯⋯257	循吏⋯⋯⋯⋯⋯⋯⋯⋯97, 98
左伝⋯⋯⋯⋯⋯25 〜 27, 42, 47	蕭衍⋯⋯⋯⋯⋯⋯⋯170, 205
三長制⋯⋯⋯⋯⋯⋯⋯⋯194	商鞅⋯⋯⋯⋯⋯⋯⋯⋯⋯52
三武一宗の法難⋯⋯⋯⋯200	貞観の治⋯⋯⋯⋯223 〜 230, 238
私塩⋯⋯⋯⋯⋯⋯⋯⋯⋯256	尚書⋯⋯⋯34, 35, 40, 48, 89, 107, 118, 149
塩と鉄の専売⋯⋯⋯⋯⋯86	⋯⋯⋯⋯⋯⋯⋯⋯⋯234, 273
史記⋯⋯⋯6, 10, 12, 28, 31, 34, 36, 39, 40,	昭帝（漢）⋯⋯⋯⋯⋯94 〜 96
⋯⋯⋯42, 44, 46, 47, 51 〜 55, 65, 68,	章帝（後漢）⋯⋯⋯⋯115 〜 119
⋯⋯⋯⋯69, 90, 104, 120, 144, 201	蕭統⋯⋯⋯⋯⋯⋯⋯171, 205
詩経⋯⋯13, 25, 33, 36, 44, 45, 48, 65, 153	蕭道成⋯⋯⋯⋯⋯⋯⋯⋯168
竺法護⋯⋯⋯⋯⋯⋯⋯⋯198	昭明太子⋯⋯⋯⋯⋯171, 205
始皇帝⋯⋯⋯⋯⋯57, 61〜 67, 69,	諸子百家⋯⋯4, 5, 10, 11, 53, 56, 65, 104
⋯⋯⋯⋯⋯⋯⋯⋯⋯81, 104	胥吏⋯⋯⋯⋯⋯⋯7, 192, 220
資治通鑑⋯⋯⋯⋯⋯⋯⋯50	新羅⋯⋯⋯⋯⋯188, 229, 230
州刺史⋯⋯⋯89, 126, 141, 168	讖緯説⋯⋯⋯97, 103, 148, 149, 151
徙戎論⋯⋯⋯⋯⋯161, 176, 191	秦王政⋯⋯⋯⋯⋯⋯⋯57, 61
爾朱栄⋯⋯⋯172, 183, 184, 186	神策軍⋯⋯⋯246, 247, 249, 251 〜
氏族志⋯⋯⋯⋯⋯⋯⋯⋯267	⋯⋯⋯⋯⋯253, 256, 258, 259
司馬懿⋯⋯⋯⋯⋯⋯138, 160	進士科⋯⋯⋯⋯⋯⋯216, 238
司馬睿⋯⋯⋯⋯⋯⋯⋯⋯164	秦宗権⋯⋯⋯⋯⋯⋯257, 259
司馬炎⋯⋯⋯⋯⋯⋯⋯⋯161	新天師道⋯⋯⋯⋯⋯⋯⋯198
司馬遷⋯⋯⋯⋯10, 12, 69, 201	神都⋯⋯⋯233, 234, 236 〜 238, 272
四部分類⋯⋯⋯⋯⋯⋯12, 201	進奉⋯⋯⋯⋯⋯247, 249, 255
徙民⋯⋯⋯⋯⋯⋯⋯⋯⋯210	水経注⋯⋯⋯⋯⋯⋯⋯⋯202
謝安⋯⋯⋯⋯⋯165, 166, 199	睡虎地秦簡⋯⋯⋯⋯⋯⋯77
斜封官⋯⋯⋯⋯⋯⋯⋯⋯237	隋書⋯⋯⋯⋯11, 12, 216, 220
謝霊運⋯⋯⋯⋯⋯⋯⋯⋯205	垂簾聴政⋯⋯⋯⋯⋯⋯⋯232
	鄒衍⋯⋯⋯⋯⋯⋯⋯⋯⋯53

索引

嵩山	200, 232, 236
西域都護	99, 110
成周	35, 40, 41
姓氏録	267
姓族詳定	182, 187, 191
清濁	123, 170, 191, 192
清談	163, 197, 199, 205
斉民要術	202
赤眉	111, 115
赤壁の戦い	131, 134, 159
石勒	177, 199
世説新語	154, 205, 208
折衝府	238, 266
折納	244
戦国策	25, 55
禅讓	16, 102, 131, 132, 134, 137, 159 〜
	161, 165, 166, 169, 170, 172 〜 174,
	185, 187, 195, 215, 224, 260
宣帝（漢）	96 〜 100
宣帝（陳）	173
宣帝（北周）	189, 201
占田・課田制	193, 194
賤民	261
羨余	249, 255
宋璟	238
桑弘羊	85, 88, 89, 95, 96
荘子	53, 197
宗周	34, 41
曹操	127, 128, 130, 132, 134, 137, 141,
	154, 159, 176, 193, 195, 203, 204
曹植	154, 204
曹丕	102, 114, 132, 137, 154,
	159 〜 161, 195, 204
宗法	36
則天武后（武則天）	230 〜 236,
	267, 271, 272
則天文字	233, 234
ソグド人	210, 240, 241, 272, 273
村	209, 210
孫権	131, 133 〜 138,

	141, 152, 159, 160, 208
孫子	53
尊王攘夷	43
孫臏兵法	53

た

大運河	221, 229, 239, 259
大雲経	234
太極殿	209
大興城	216, 221, 224
大司馬	54, 94, 97, 100, 101
太初暦	75, 92
泰始律令	195, 196
太宗（李世民、唐）	226 〜 229, 261,
	267, 273
代宗	242 〜 246
太武帝（北魏）	167, 179, 181, 198, 200
太平公主	237
太平道	126, 127, 153, 198
大明宮	257, 272
度田収租	194
竹書紀年	28, 29, 31, 38, 39, 202
竹林の七賢	154, 197, 204
中正八損	161, 190
中宗（唐）	232, 234 〜 237
張説	239
張角	126, 127
張家山漢簡	74, 76
張騫	83, 84
張衡	127, 147, 148, 153
長城	51, 56, 64, 76, 77,
	81, 218, 221
長征健児制	266
長孫無忌	229 〜 231
張陵	127, 198
褚遂良	230
陳勝呉広の乱	67, 74
陳の後主	218
陳霸先	173
陳蕃	124, 128, 143

定策国老、門生天子·····················250, 254	
狄仁傑·····························235	
鉄製農具···························52	
天可汗····························228	
天皇··························61, 232	
田承嗣····························244	
田令孜·························256, 258	
道安····························199	
陶淵明····························205	
道家·························53, 153	
潼関·························241, 256	
道教········126, 127, 148 〜 153, 179, 189,	
·······················196 〜 202, 219, 234	
竇建徳····························225	
逃戸·····························238	
党錮の禁·······················123 〜 126	
刀銭····························52	
党争··························250 〜 254	
唐宋八大家··························274	
董仲舒·······················87 〜 89, 151	
道武帝·························179, 200	
『唐両京城坊攷』························270	
独眼龍····························257	
都護府·······················228, 229, 235	
土断·······················165, 166, 169, 194	
突厥·······189, 218, 221, 222, 225, 226,	
·······················228, 230, 235	
吐蕃·························229, 243, 251	
杜預·····························197	
吐谷渾····························228	
曇曜·····························200	

な

内朝··························94, 95	
南越·························81, 84, 89	
南詔····························255	
二聖····························232	
二世皇帝························61, 67 〜 69	
任子·······················78, 264, 268, 269	

は

裴度··························249 〜 251	
廃仏···179, 181, 189, 198, 200, 201, 253, 254	
排仏論····························199	
裴耀卿····························239	
博士弟子員··························88	
白村江の戦い·························230	
覇者·········42 〜 44, 46, 47, 50, 53, 55	
八王の乱·········161 〜 164, 167, 176, 209	
藩鎮の乱·······················244 〜 246	
半両銭····························61	
淝水の戦い···················165, 166, 178, 179	
賦·························153, 154	
武韋の禍····························234	
苻堅·······················166, 178, 179, 199	
巫蠱····················85, 89, 92 〜 94, 96	
布銭·······················52, 107, 109	
武川鎮軍閥·······223 〜 226, 230, 231, 267	
仏教························148 〜 153, 179,	
·····················181, 189, 196 〜 201,	
·····················219, 234, 253, 254, 273	
仏図澄····························199	
武帝（漢）·······················80 〜 94	
·························100, 104, 106	
武帝（晋）·························161	
武帝（宋）·······················166, 167	
武帝（南斉）·························169	
武帝（梁）·····················170 〜 172, 192,	
·····················199, 200, 204, 205	
武帝（陳）·························173	
武帝（西晋）····················174, 176, 190	
武帝（北周）····················189, 201, 218	
府兵制·······················186, 238, 243, 266	
符命···················102, 103, 107, 149, 151	
焚書坑儒····························65	
文心彫竜····························206	
文成公主····························229	
文帝（漢）·····················73, 78, 79, 90	
文帝（魏）····················160, 204, 209	
文帝（宋）····················167, 168, 204	

文帝（陳）·······173
文帝（西魏）·······186
文帝（隋）·······133, 174, 189, 190, 192,
·······215 ～ 220, 224
文明太后·······181
兵家·······53
兵戸·······220
平準法·······87
辟召·······219
北京原人·······21
騈儷文·······9, 205
坊·······209, 272, 274
法家·······52, 57, 87
龐勛の乱·······257
封建·······26, 30, 35, 36, 65, 69, 71, 73,
·······74, 78, 79, 81, 94, 100, 234
方士·······62, 64, 66, 90 ～ 92, 250
封禅·······62, 64, 90 ～ 92, 116, 232, 236
墨子·······49
穆天子伝·······38, 202
冒頓単于·······81
北門学士·······233
法顕·······199

ま

マニ教·······253, 273
名家·······53
明経科·······216
明帝（後漢）·······115 ～ 119, 152
明帝（魏）·······160, 208, 209
明帝（東晋）·······164, 208
明帝（宋）·······168, 170
明帝（南斉）·······170
明帝（北周）·······189
明帝（隋）·······220, 224
明堂·······102, 107, 116, 181, 233, 236, 271
孟子·······5, 14, 53, 57
文選·······206

や

楊炎·······244
楊貴妃·······240, 241
楊堅·······16, 189, 215, 216
楊玄感の乱·······222
楊国忠·······240, 241
煬帝（楊広）·······16, 188, 200, 214, 215,
·······218, 220 ～ 225, 261, 270, 272
姚崇·······238

ら

濫官政策·······234, 237
陸機·······204
六鎮·······186, 215
六鎮の乱·······171, 182 ～ 184, 210
陸徳明·······273
李克用·······257 ～ 259
李斯·······65 ～ 69
李勣·······231, 233
李宗閔·······251, 252
律令格式·······230, 239, 261
李徳裕·······251 ～ 254
李茂貞·······258 ～ 260
里耶秦簡·······61, 77
劉淵·······163, 176
劉徽·······147, 202
劉義隆·······167
龍山文化·······4, 23 ～ 25
劉秀·······111, 115, 151
劉備·······114, 128, 131, 134,
·······137 ～ 139, 159, 160
劉邦·······68 ～ 74,
·······104, 144
龍門·······200
劉裕·······166
李膺·······123, 124
梁冀·······122, 123
両税法·······238, 243, 244, 265, 266
良賤制·······260
良民·······261

呂后……………………………72, 73
李林甫…………………………239 〜 241
輪台の詔………………………85, 93
臨朝称制………………72, 73, 117, 119 〜
………………………122, 124, 128, 232
霊帝（後漢）…………………123 〜 126, 128

老子………………53, 54, 80, 197, 198, 236

わ

和帝（後漢）………119 〜 121, 139, 140, 146
和帝（南斉）…………………………170
和蕃公主………………………229, 253

執筆者紹介 (執筆順)

冨谷至（とみや・いたる）　総論
　編者紹介は奥付頁に記載

吉本道雅（よしもと・みちまさ）　先秦
　1959年生まれ。
　京都大学大学院文学研究科博士後期課程研究指導認定退学。
　現在、京都大学大学院文学研究科教授。京都大学博士（文学）。
　・著書
　『史記を探る－その成り立ちと中国史学の確立－』（東方書店、1996年）、『中国先秦史
　の研究』（京都大学学術出版会、2005年）
　・翻訳
　愛新覚羅烏拉熙春著『最後の公爵　愛新覚羅恒煦』（朝日新聞社、1996年）、ローター
　ル・フォン・ファルケンハウゼン著『周代中国の社会考古学』（京都大学学術出版会、
　2006年）
　・編著
　『京都と北京－日中を結ぶ知の架橋－』（角川書店、2006年）

鷹取祐司（たかとり・ゆうじ）　秦・漢
　1965年生まれ。
　京都大学大学院文学研究科博士後期課程研究指導認定退学。
　現在、立命館大学文学部教授。博士（文学　京都大学）。
　・著書
　『秦漢官文書の基礎的研究』（汲古書院　2015年）
　・論文
　「漢代の死刑奏請制度」（『史林』88巻5号　2005年）、「秦漢時代の刑罰と爵制的身分
　序列」（『立命館文学』608号　2008年）など

角谷常子（すみや・つねこ）　後漢・三国鼎立
　1958年生まれ。
　京都大学大学院文学研究科博士課程単位取得退学。
　現在、龍谷大学特任教授。博士（文学）。
　・編著
　『東アジア木簡学のために』（汲古書院　2014年）
　・論文

「秦漢時代における家属の連坐について」（冨谷至編『江陵張家山二四七號墓出土漢律令の研究』朋友書店　2006年）

藤井律之（ふじい・のりゆき）　魏晋南北朝

1974年生まれ。

京都大学大学院文学研究科博士課程中退。

現在、京都大学人文科学研究所助教。京都大学博士（文学）。

・著書

『魏晋南朝の遷官制度』（京都大学学術出版会、2013年）

辻　正博（つじ・まさひろ）　隋・唐

1961年生まれ。

京都大学大学院文学研究科博士後期課程中退。

現在、京都大学大学院人間・環境学研究科教授。京都大学博士（文学）。

・著書

『唐宋時代刑罰制度の研究』（京都大学学術出版会、2010年）、『中国前近代の関津と交通路』（編著、京都大学学術出版会、2022年）、『中国訴訟社会史の研究』（共著、夫馬進編、京都大学学術出版会、2011年）

◇編者紹介

冨谷至（とみや・いたる）

1952年生まれ　京都大学大学院文学研究科博士後期課程中退。
文学博士。
京都大学人文科学研究所教授を経て
現在は、京都大学名誉教授。

・著書

『文書行政の漢帝国』（名古屋大学出版会、2010年）

『中国義士伝――節義に殉ず』（中央公論新社　中公新書、2011年）

『四字熟語の中国史』（岩波書店　岩波新書、2012年）

『木簡・竹簡の語る中国古代――書記の文化史（増補新版）』（岩波書店、2014年）

『漢簡語彙――中国古代木簡辞典』（岩波書店、2015年）

『漢簡語彙考証』（岩波書店、2015年）

森田憲司（もりた・けんじ）

1950年生まれ　京都大学大学院文学研究科博士課程単位取得退学。
奈良大学文学部教授を経て
現在は、奈良大学名誉教授。

・著書

『元代知識人と地域社会』（汲古書院、2004年）

『北京を見る読む集める』（大修館書店　あじあブックス63、2008年）

『北京を知るための52章』（共編、明石書店、2017年）

概説中国史　上 – 古代―中世

2016年2月10日　初版第1刷発行
2024年5月31日　初版第7刷発行

編　者　　冨　谷　　　至
　　　　　森　田　憲　司
発行者　　杉　田　啓　三
発行所　株式会社　昭　和　堂
〒607-8494　京都市山科区日ノ岡堤谷町3-1
振替口座　01060-5-9347
TEL（075）502-7500 / FAX（075）502-7501

©冨谷至・森田憲司ほか　2016　　　　　印刷　亜細亜印刷

ISBN 978-4-8122-1516-6
＊乱丁・落丁本はお取り替えいたします。
Printed in japan

本書のコピー、スキャン、デジタル化の無断複製は著作権法上での例外を除き禁じられています。本書を代行業者等の第三者に依頼してスキャンやデジタル化することは、たとえ個人や家庭内での利用でも著作権法違反です。